U0542645

杨金荣

江苏泰州人，历史学博士，南京大学出版社编审、学术出版中心主任，江苏省首批新闻出版行业领军人才，南京大学信息管理学院教授、出版研究院导师。2000年应邀为美国Grinnell College历史系访问学者，2006年应邀为澳大利亚La Trobe University社会科学院、2007年应邀为台湾"中研院"近代史研究所高级访问学者。主持省级重点课题两项、国家社科基金重大招标项目子课题一项，在《南京大学学报》《江海学刊》《中国出版》《中国编辑》等核心期刊发表历史学、编辑出版学论文30余篇，代表作《胡适晚年自由主义的困境》（北京三联，2004）是国内第一部胡适晚年研究专著，被美国国会图书馆及哈佛、耶鲁、普林斯顿等30多所大学图书馆收藏。多次应邀赴美国、韩国、摩洛哥、中国台湾等国家和地区参加学术会议。主持《中华民国史》等国家重点图书出版规划项目、《钓鱼岛问题文献集》等国家出版基金资助项目、《南京大屠杀史》等国家丝路书香工程和中华学术外译项目近30项，先后获第三届中国出版政府奖提名奖、第五届中华优秀出版物奖提名奖等国家级奖项。

学术出版研究与探索

杨金荣 著

南京大学出版社

图书在版编目(CIP)数据

学术出版研究与探索 / 杨金荣著. —南京：南京大学出版社，2021.5
ISBN 978-7-305-24177-2

Ⅰ.①学… Ⅱ.①杨… Ⅲ.①出版工作—研究—中国 Ⅳ.①G239.2

中国版本图书馆CIP数据核字(2020)第270460号

出版发行	南京大学出版社
社　　址	南京市汉口路22号　邮　编　210093
出 版 人	金鑫荣
书　　名	学术出版研究与探索
著　者	杨金荣
责任编辑	田　甜
照　　排	南京紫藤制版印务中心
印　　刷	南京爱德印刷有限公司
开　　本	718×1000　1/16　印张21.5　字数270千
版　　次	2021年5月第1版　2021年5月第1次印刷
ISBN	978-7-305-24177-2
定　　价	168.00元

网　　址：http://www.njupco.com
官方微博：http://weibo.com/njupco
官方微信：njupress
销售咨询热线：(025)83594756

＊ 版权所有，侵权必究
＊ 凡购买南大版图书，如有印装质量问题，请与所购图书销售部门联系调换

序　言

　　人类经过了五次信息技术的变革,包括语言的产生、文字的发明、造纸印刷术的发明、现代通信技术以及电子计算机的发明和应用。造纸和印刷术的发明,是出版史上划时代的大事件,自此以后,每一次重大信息技术的变革,都带动了出版的繁荣。可以说一部出版变迁史,也是一部信息技术发展的历史。

　　20世纪90年代开始,电子计算机的普及与应用,直接推动了出版的变革。我个人的经历是这一历史变迁的最好注解。我最早接触出版实务是在研究生二年级,与同门师兄弟在南京大学共同编辑出版国家二级学会会刊《中国元史研究通讯》。我们翻译国外学术论文、书评,搜集学术信息,发布新出版论著目录,编辑设计、交印刷厂录排、现场校对,印制装订后,码堆、分发、邮寄,编印发全程参与。在印刷厂,我看到工人师傅在活字陈列架前,熟练到可以闭上眼睛捡取任何一个铅字,这是他们一生练就的本领,其成就感,如同今天照排公司的熟练操作工在电脑键盘上盲打一样。编辑在稿本上每增删一句话,工人师傅都要搬动沉重的铅印版,增加或剔出若干活字条。改红的背后,是排印厂工人师傅额外的艰辛。有了这样的体验,我做编辑后,遵循改稿一原则,可改可不改的,原则上不改,大概也与此经历有关。第二年,这份学术通讯就开始尝试电脑录排,新的信息技术就这样叩响了编辑出版的大门。研究生毕业时,学位论文基本交由电脑公司录排,针式打印,字迹带有绣花点纹,造字还不甚熟练,不少字只得空在那里,需要手工填写,但录排信息化已经不可逆转。进入电脑时代后,那些终身练就了盲捡铅字的印刷厂工人,需要在新技术裹挟的潮流里重新寻找自己的未来。

1995年初秋,《辞海》编辑出版项目的负责人在全国性的编辑培训班上,介绍未来多媒体呈现《辞海》条目内容的设想,中国改革开放前哨的出版人,已经在思考出版与多媒体的融合。信息技术以前所未有的步伐推动出版业的变迁。

本千年起,网络出版异军突起,电子商务一步一步改变传统出版的地图。移动通信的发达,手机恰到好处的功能性设计,改变了人们的阅读方式,手机阅读成为最受年轻一代青睐的阅读方式,电子书也成为纸本书的出版伴侣。信息技术推动了出版业的重新整合,网络出版、线上销售、无纸化阅读成为出版业的新视窗。近年来,编辑出版的智能化、在线图书营销VR场景化等已经引起出版人的思考,千年不遇的新冠疫情,加速了出版生态与业态的改变,有识之士在思考后疫情时代,如何借助新兴5G技术助推云出版。

最近三十年,信息技术对出版产业的影响,超越了此前一千年传统出版业的变革。新技术的应用大大提高出版效率,出版的生产力获得解放,市场化的空间也随之海阔天高。

伴随中国现代化的征程,社会事业的进步、文化产业的繁荣是出版发展的又一推动力量。

1992年,中共十四大提出了社会主义市场经济建设的理论。这是中国社会在姓资姓社的短暂争论、徘徊后,一次经济社会建设的总动员。出版内容的思想宣传文化属性与出版产品的市场化运营的要求,决定了出版产业的市场化从下游起步。

发行的放开,批发领域产生了"二渠道",零售渠道产生了"独立书店",他们都是相对于传统计划经济体制下国有新华书店的存在。与之同时,一些民营公司开始以合作的形式,从幕后走向前台,借助出版社获得书号,做大了图书出版产业的蛋糕,也在中国传统出版体制内产生了鲶鱼效应。一些原先依靠行业、部委或大学的出版社,开始用市场化的办法激活出版主体的能动性。

出版产业的市场化有两大标志性事件。一是出版社改制,出版社改成了有限公司,事业单位改成了企业,尽管是渐进式改革,老人老办法,新人新办法,出版单位用人完全企业化,实现了从原先的经营的市场化到用人制度的企业化。二是出版企业股份化改制上市,完全引入现代企业管理制度。2007年12月,辽宁出版传媒在上交所挂牌上市,成为国内第一家被批准将编辑业务和经营业务整体上市的出版企业。此后,中国出版集团及地方出版发行集团等几十家出版企业陆续登陆中国资本市场。

信息化对出版的影响是看得见的硬件变化,市场化对中国出版的影响则是体制性、制度性的软件变化,两者都为繁荣学术文化出版做了铺垫。

2000年,《国民经济和社会发展第十个五年计划纲要》首次提出了"文化产业"的概念。2005年,国务院下发《关于非公有资本进入文化产业的若干规定》,2007年,中共十七大提出大力发展文化产业,推动文化大发展、大繁荣,将"文化产业占国民经济比重明显提高,国际竞争力显著增强,适应人民需要的文化产品更加丰富"列入全面建设小康社会的奋斗目标。文化产业,从最初概念的提出,到上升为国家战略层面,其跃升的幅度与速度都是罕见的。中国加入世贸组织,融入全球经济一体化后,提升文化服务业的比重,提供丰富的文化产品,显得越来越迫切。中国五千年灿烂的历史文化,成为取之不竭的出版文化资源。新千年的最初十年,中国的出版经历了一个迅速壮大的过程,每年图书出版的种数达到40余万种。自国民经济和社会发展第十一个五年规划以来,国家加大扶持文化产业的政策力度,就学术图书出版而言,国家出版基金资助项目、国家社科基金后期资助项目等一批标志性的国字号工程,每年都会资助出版一批优秀学术著作,更有国家社科基金"中华学术外译"项目、经典中国国际出版工程和国家丝路书香出版工程项目,扶持具有中国价值和文化特色的优秀作品走向海外,输出到"一带一路"国家。文化大繁荣、大发展背景下的出版业,促进了全民阅读和书香社会建设,给崛起中的大国文化自信增添了力量。

技术、市场和文化政策的合力,推动了出版的巨大变迁。汇集于此的若干文字正是在这一宏大的社会文化变迁下的思考与探索。既有出版前沿问题的追问,也有系统的专题性研究,有这一时期不同阶段的研究论文,也有烙有时代印痕的实践案例,有学院视角的学术探寻,也有产业视角的个案研究,既是出版人个体的学与思,知与行,也是出版人在社会文化变迁中留下的一段身影。

出版是时代思潮的晴雨表,是社会文化变迁的投影。出版的研究与探索,也深深烙上了社会文化的时代印痕,希望这些具有个人实践体悟与研究取向的文字,可以有助于读者窥知学术出版在整个出版大潮中产生的涟漪。

杨金荣

2020年12月28日于南京大学出版研究院

目 录

序言 ··· 1

思与言

什么是好的编辑 ··· 3
什么是好的学术出版 ·· 6
学术出版品牌建设之问 ··· 24

出版论语

市场经济机制下的大学出版改革 ·· 33
精品战略与高质量出版 ··· 39
出版的"边际地带" ·· 43
学术出版的新常态 ·· 48
澳大利亚高等出版教育的定位、特点与启迪 ························· 53
出版语境下的南京大屠杀史研究 ·· 64
南京大屠杀史研究与出版的学人群体 ··································· 73

出版视域下的大陆胡适研究 …………………………………… 83
王云五与台湾商务印书馆 ……………………………………… 91
胡适与《脂砚斋重评石头记》的影印发行 …………………… 97

时与潮

在台北发布新书 ………………………………………………… 115
我与南京大屠杀史研究出版二十年 …………………………… 124
出版营销：一个人的叙事 ……………………………………… 174
"中华优秀出版物"诞生记 ……………………………………… 215
"江苏好书"约稿记 ……………………………………………… 220

出版手记

历史学家萧启庆教授印象 ……………………………………… 229
爱荷华河边：访著名作家聂华苓 ……………………………… 241
台岛出版交流记 ………………………………………………… 248
《南京大学报》出版千期厄言 …………………………………… 260
编余书事 ………………………………………………………… 263

学术书评

《内陆亚洲历史文化研究》出版 ………………………………… 271
考镜源流　传评得当 …………………………………………… 274

拓荒巨人的思想光彩 ………………………………………… 277
空山灵雨在　长忆落华生 …………………………………… 281
中美敌对与冲突的由来 ……………………………………… 284
第一个脚印 …………………………………………………… 286
另一种历史 …………………………………………………… 289
用生命书写华章 ……………………………………………… 293

序与跋

"左""右"逢源的出版教育 …………………………………… 299
看得见的历史 ………………………………………………… 304
元代驸马蔡梦祥其人其事考 ………………………………… 309
寓乐于记 ……………………………………………………… 322

后记 …………………………………………………………… 325

———— 思与言

什么是好的编辑[*]

各位新同事,大家上午好!

刚才的入职仪式,很有画面感。新人职业开启之时,配备导师,也是一个很有建设性的设计。各位新同事大多数是硕士研究生毕业,也不乏博士研究生者,在学术上,你们已经获得业师的指点,顺利完成了学业。系统的学术训练也为各位未来的事业生涯奠定了非常好的基础。出版是文化产业,产业有其自身的发展规律与要求,出版社为各位配备导师,目的是让大家更好更快地从学术生活转入编辑出版的职场生活。

新人中绝大多数入职编辑岗位。我就借此机会和编辑新人说几句话,我简单归纳为一二三。

一、好的编辑应该怀揣欢喜心

什么是欢喜心,就是知道自己所从事的工作的意义,内心非常欢喜自己的工作。西方的谚语说,Choose a job you love, and you will never have to work a day in your life.孔子他老人家也说过,知之者,不如好之者,好之者,

---

[*] 此系2018年8月27日南京大学出版社新人入职典礼上的讲演。

不如乐之者。两者的寓意异曲同工，入职编辑出版者，要真心喜欢这份工作，以从事编辑出版为乐。事实上，与作家、学者打交道，通过自己的努力，为读者奉献精美的精神食粮，赓续人类文明薪火传播，是非常值得欢喜的事业。

图书出版是内容产业。出版社都有自己的出版板块与方向，就像大学有自己的特色学科一样。在座的每一个人，有7年或更长年限的专业学习，只要充分发挥自己的专业特长，找到自己的编辑出版方向，既用学术知识支撑编辑工作，又在编辑工作中提高自己，就一定会心生欢喜，修得正果。

二、好的编辑应该拥有两种品性：悟性和韧性

悟性对于编辑工作来说很重要。信息化的时代，获取信息的渠道是开放的、多元的，但是如何理解信息，消化信息，并对信息做出反应，这就涉及悟性。一则新闻，一条微博，一句交谈，甚至饭桌上的一句话，同样是编辑，有人可能习而不察，有人可能见人之所未见，开发出有价值的选题，有没有悟性，或者悟性的高低，从中可以窥见一斑。悟性从哪里来，悟性来自熟能生巧，来自职业思维的敏感。编辑应该多关注图书业界的动态，多关注一些大社名社的好书，多养成一点编辑的职业思维。

韧性，其实是做好一切工作所必需的条件。编辑工作需要积累，积累资源，积累人脉，积累经验，而这些需要持久的努力。记得有一年高考作文题目是一幅漫画，标题是"此地无水"，说的是一个人挖井，东挖几锹，西挖几锹，没有坚持下去，最终错过汩汩清泉。这幅漫画很有哲理性。我们做任何事情都切忌浅尝辄止，需要有坚韧的意志力量。编辑做选题，很忌讳像漫画中的挖井人，没有韧性，这其实是对自己的职业规划不负责。天生我材必有

用,你擅长什么,你喜欢什么,你就坚定地做什么,古人说,锲而不舍,金石可镂。检视中国编辑出版的历史,凡是有成就的编辑,无不是长期坚守某一领域的选题狩猎者、图书的魔术师。

三、好的编辑应该有三种能力:与学者(作者)对话,与市场对话,与国际对话

与学者或作者对话,是要赢得学者或作者的认可,靠什么?靠学养,靠编辑的作品,靠服务,靠沟通,要尽可能结识名家、大家,与他们交朋友,拿到最优秀的书稿。古人说,"交友以自大其身",能够编辑名家、大家的作品,确实可以提升编辑与出版人。与学者或作者对话,就是做最优秀的作品,把好书做到极致;与市场对话,就是在做好书的基础上,把书做对。书做得好,还要卖得好,这就需要了解阅读对象,把握市场脉动,踩准营销节奏;与国际对话,就是把国际资源为我所用,包括选题资源、市场资源,引进一切优秀的精神成果,同时把中国文化、中国价值、中国成果的精品图书推向世界。

好编辑的成长路径有多种,就像研究同一个课题有不同的视角一样,在此我也只是谈一点个人的一得之见。

中国传统思想中有两点最闪光的教育理念,一是因材施教,一是教学相长。作为新编辑导师,我们要根据新人不同的岗位,给予不同的指点、引导;另一方面,在这个瞬息万变的时代,我们也要向新人学习,他们身上有我们老编辑需要诚恳学习的东西。因为人工智能的时代,本身就是深度学习的时代。

谢谢大家!

什么是好的学术出版

如果问一家出版社的老总,好的学术图出版的标志是什么,他多半会以自家出版社为例,说出有多少学术图书入选国家重点图书出版规划,有多少学术图书获得国家出版基金的资助,有多少学术图书获得国家及省部级大奖,有多少学术图书"走出去"云云。概括言之,入选国家重点图书出版规划项目、获得国家与省级出版资助,获得出版大奖以及走向海外,在出版人眼中是好的学术图书出版的标签,也是好的学术出版的标志。

一、现有学术出版的标签

(一)重点图书出版规划

出版社越来越重视国家重点图书的五年规划,虽然没有经费,没有证书,甚至连一个标识也没有,但是这是不折不扣的国字号认证,是后续申报国家出版基金和各类国家大奖的重要入场券。因此,入选国家重点图书出版规划项目,就有了一个好的"血统",好比寒窗苦读的学子,考入985或211高校,有了一个好的"出身"。例如,入选国家重点图书出版规划项目,申报国家出版基金资助就可以不受名额限制,拥有绿色通道。这样的"名头",有多重要呢？2020年,一家出版社通常仅有两个申请国家出版基金的名额。尽管,没有或没有来得及申报国家重点图书出版规划项目的优秀学术图书所在多有,也会有不是国家重点图书出版规划项目的书稿成功申请到国家出版基金资助,但国字号的重点图书出版规划项目显然是出版社不能忽视的学术出版标签。

我个人自2010年开始重点策划学术图书选题,在自己熟悉的专业范围内陆续申请9项国家"十一五"、"十二五"和"十三五"重点图书出版规划项目,我以此为例,归纳一下影响入选国家重点图书出版规划的几个因素。

（1）学术研究切合国家经济社会发展的需要。《钓鱼岛问题文献集》是2014年补报为"十二五"国家重点图书出版规划项目的。2012年日本政府所谓把钓鱼岛收归国有,钓鱼岛问题急速走入学术研究的视野。这套选题具有鲜明的服务社会现实的取向。2019年年底,该书获得第五届郭沫若中国历史学奖（三等奖）,中国历史研究院历史研究所所长卜宪群教授点评这套书获奖时,一个重要的理由就是服务于现实。

《非洲资源开发与中非能源合作安全研究丛书》则是基于南京大学中国非洲问题研究会的多年研究积累。南京大学从20世纪50年代开始就研究非洲问题,并成立了国家一级学会中国非洲问题研究会。这套选题的申报,恰逢习近平主席就任国家主席后第一次出访非洲大陆不久,选题切合了国家高度重视与非洲合作交流的战略意向。

（2）有区域特色且有全局意义的课题。《南京大屠杀全史》是南京地区高校、科研机构学者在张宪文教授的统领下,历经十年努力,完成了72卷4000余万字的《南京大屠杀史料集》的基础上研撰而成的110万字巨作,

代表了中国学者研究南京大屠杀史的水平。南京大屠杀历史事件虽然发生在南京，却是中国抗日战争史上重大的历史事件，成为中日历史遗留问题之一。《区域社会发展与社会冲突比较研究：以江南淮北为中心（1680—1949）》，作者马俊亚教授是国内著名的社会经济史、区域社会史研究专家，该书从区域经济社会研究出发，探讨了全局性历史的课题。

序号	书名	著作者	入选重点规划	备注
1	《全球视域下的国际关系》	朱瀛泉 主编	十一五国家重点	18卷
2	《南京大屠杀全史》	张宪文 主编	十二五国家重点	3卷
3	《非洲资源开发与中非能源合作安全研究丛书》①	甄峰、黄贤金 主编	十二五国家重点	6卷
4	《区域社会发展与社会冲突比较研究》	马俊亚 著	十二五国家重点	1卷
5	《钓鱼岛问题文献集》	张生 主编	十二五国家重点	10卷
6	《中国禁毒史》	朱庆葆 主编	十三五国家重点	4卷
7	《大运河与中国古代社会》	马俊亚 著	十三五国家重点	4卷
8	《中华民国艺术史》	蓝凡 著	十三五国家重点	4卷
9	《中国宗族文化史》	汪小洋 主编	十三五国家重点	6卷

① 该项目系共同申请。

（3）具有出版特色与优势的选题。南京是民国首都，南京大学是民国历史研究重镇，有教育部人文社会科学重点研究基地"南京大学中华民国史研究中心"，南京大学出版社以民国史出版为重要特色，出版过《中华民国史》(4卷本)、《中华民国专题史》(18卷)，在海内外产生过重要影响。上海大学蓝凡教授的《中华民国艺术史》(4卷本)入选"十三五"国家重点图书出版规划项目，与南京大学出版社出版民国历史文化的学术图书的多年积淀有很大关系。

（4）其他具有学术优势的选题。大学出版社的学术母体，是所在的大学，其学科群影响甚或决定了大学出版社的选题方向。《全球视域下的国际关系》是南京大学历史学院国际关系研究院朱瀛泉教授主持的项目。朱瀛泉教授是中国自己培养的第一位国际关系史的博士研究生，他的导师王绳祖教授是中国国际关系史研究主要开拓者、中国国际关系史研究会创会会长。这套选题基于南京大学历史学院在该领域科学研究、人才培养的多年的学术积累，堪称厚积薄发。朱庆葆教授主编的《中国禁毒史》(4卷本)，马俊亚教授的《大运河与中国古代社会》，汪小洋教授的《中国宗族文化史》，都是作者在各自领域多年学术积累的优势研究项目，也切合了南京大学出版社长期出版中国历史文化学术图书的中长期规划。这是出版社的"小规划"与国家出版管理职能部门的"大规划"的对接。

一家出版社能否获得国家重点图书出版规划的项目，关键取决于自身的中长期规划。学术类出版社中，大学出版社其实最容易找到方向，那就是依靠母体的学术资源，重点开发母体的优势学科，像清华大学出版社的计算机板块，东南大学出版社的建筑板块，中国矿业大学出版社的煤矿与安全板块，南京师范大学出版社的教育板块，南京大学出版社的民国史和国际关系史板块等等，都是母体优势学科的体现。大学出版社母体的优势学科决定了出版社的重点板块。重点板块的开发需要时间的积淀,需要有标志性的作品,出版人无论是对于学术进展还是研究动态,都要有充分的了解和掌握。因此,出版社的长远的"小规划"是准备,国家层面的"大规划"是机会,机会是留给有准备的人的。

(二) 出版资助

学术图书属于小众读物,如果没有出版资助出版难以为继。通常学术研究课题都有各类基金资助,如国家社科基金重大招标项目、重点项目、一般项目,有教育部重点项目和一般项目,各省市也会有重点项目、一般项目。学者在申请项目时,已经自觉不自觉预设了作者的角色,预留了出版资助。

除了个人科研经费、大学或科研单位给予的出版资助,还有几种途径可以申请出版资助。一是国家社科基金后期资助,主要资助那些没有申请过国家社科基金科研项目但已经杀青的书稿,基本上可以申请到等同于国家社科基金一般项目的经费,一般六成归书稿著作人,相当于对其研究项目的追认。这种补偿机制,对人文社会科学研究者是一种事后肯定和鼓励,另外四成归书稿出版单位,相当于出版资助。但作者需要结项,如果不能结项,出版单位就会被连累,拿不到本来可以拿到的四成出版资助。这里有一个程序性的技巧,即先申请,后出版,作者就有积极性。如果先出版,后申请,出版社会比较被动。这几年,社科基金后期资助办法也在不断优化中,资助项目在全国范围内选择学术出版单位,因此,学术出版的品牌越发重要。

一些省份会有精品学术著作的补贴。一般来说,会奖励给那些有影响的作者,或者有一定规模的大型学术著作。现在政府因为加强资金使用的监管，多采取事后补贴形式。但这种补贴难免受到评委和主事者主观偏好的影响。

出版社最希望申请到国字号"国家出版基金"，这是目前最高规格的出版资助。我以自己熟悉的、近十年来手头项目申请到的国家出版基金为例说明。

序号	国家出版基金资助项目	备注
1	《区域社会发展与社会冲突比较研究》	十二五国家重点图书
2	《钓鱼岛问题文献集》(10卷本)	十二五国家重点图书
3	《非洲资源开发与中非能源合作安全研究丛书》(6卷本)	十二五国家重点图书
4	《南京大屠杀史》英日文版(2卷本)	纪念抗战胜利70周年主题出版，不占指标
5	《中国禁毒史》(4卷本)	十三五国家重点图书
6	《李顿调查团档案文献集》(21卷本)	
7	《中国幼教之父——陈鹤琴》	音像出版

国家重点图书出版规划项目在申请国家出版基金方面有显著优势。上述表格中只有《南京大屠杀史》英日文版、《李顿调查团档案文献集》和《中国幼教之父——陈鹤琴》不是国家重点图书出版规划项目。这其中存在一个马太效应，即越是重点图书出版规划项目越容易得到国家出版基金的资助，早期是在科研环节，后期是在出版环节。这其中的内在逻辑就是学术价值判断，包括学术选题、学术研究的队伍、学术研究的累积优势等。无论是申报国家重点图书出版规划项目，还是申请国家出版基金，这些项目都已经从

全国成千上万的图书项目中胜出了。按照这一逻辑,学术图书的获奖者也应该多半从中遴选出。事实也正是如此!

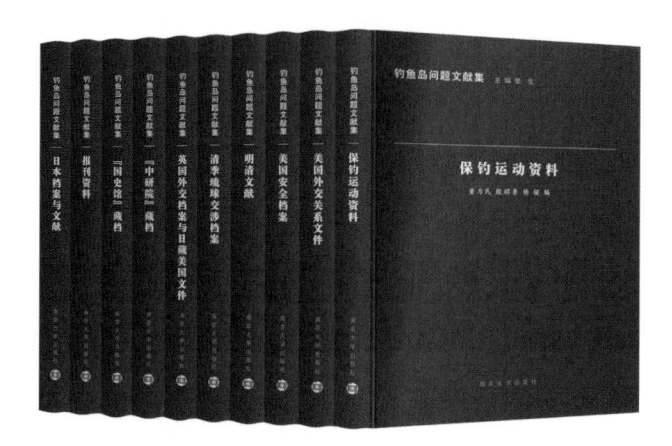

国家出版基金资助项目《钓鱼岛问题文献集》

(三)获奖

如果入选国家重点图书出版规划项目是对选题含金量的检验,评奖则是对学术出版质量的全面检阅。

评奖有两个范畴。一是学术圈的奖,这是对作者学术贡献的认可、认定。学术奖有五大系统,就人文社会科学而言,包括社科院系统,主要面向中国社科院、各省市的社科院;教育部系统,主要面向大学;军队系统,主要是部队内部的奖;党校系统,主要面向中共中央党校和各省市自治区的党校;政府系统,主要是各省市哲学和人文社会科学系统面向所在行政区划内所有著作者,每两年评选一次哲学社会科学著作。

另一个范畴是出版系统的评奖,分国家和地方两个大的层级。面向学术图书的国家级有两大奖,一项是中国出版政府奖图书类奖,其前身是中国图书奖。南京大学出版社《中国思想家评传丛书》开山之作《孔子评传》曾获此殊荣,《中国思想家评传丛书》2007年获得第一届中国出版政府奖图书类奖,这是南京大学建社36年获得的唯一中国出版政府奖。2013年,笔者策划编辑的《南京大屠杀全史》(3卷)获得中国出版政府奖图书奖提名奖,与正奖擦肩而过,但也是与《中国思想家评传丛书》一道成为南京大学出版社建社30多年仅有的两个最高奖。另一项是中华优秀出版物奖,这是由中国出版协会颁发的奖,是半官方的国家级出版类奖,2015年,笔者所策划编辑的《共和肇始:南京临时政府研究》获得中华优秀出版物奖提名奖。这两套书的领衔主编都是张宪文教授,都在同一年出版,后者在2012年年初出版,前者在2012年年末出版。

地方层面的省级出版系统面向学术图书的评奖,由原来的优秀图书奖改为省级层面的出版政府奖图书奖。

下表以最近十数年笔者个人策划编辑部的部分获奖学术图书为例,读者与编辑同人从中可以窥见一二。

序号	获奖图书	著作者	获奖项目	时间
1	《孙中山评传》	茅家琦等	江苏省第八届优秀图书奖一等奖(出版奖)	2001.12
2	《中国抗日战争史》	张宪文等	江苏省第八届哲学社会科学优秀成果一等奖	2003.12
3	《中华民国史》	张宪文等	江苏省第十届优秀图书奖一等奖(出版奖)	2006.12
4	《中华民国史》	张宪文等	江苏省第十届哲学社会科学优秀成果一等奖	2007.12
5	《端方与清末新政》	张海林	第五届高等学校科学研究优秀成果奖(人文社会科学)二等奖	2009.12

续　表

序号	获奖图书	著作者	获奖项目	时间
6	《崇拜与记忆:孙中山符号的建构与传播》	陈蕴茜	第六届高等学校科学研究优秀成果奖(人文社会科学)三等奖	2013.3
7	《南京大屠杀全史》	张宪文等	第三届中国出版政府奖图书奖提名奖	2013.10
8	《南京大屠杀全史》	张宪文等	江苏省第十三届哲学社会科学优秀成果一等奖	2014.10
9	《共和肇始:南京临时政府研究》	张宪文等	第五届中华优秀出版物奖图书奖提名奖	2015.02
10	《南京大屠杀全史》	张宪文等	第七届高等学校科学研究优秀成果奖(人文社会科学)一等奖	2015.12
11	《中华民国专题史》	张宪文等	江苏省第十四届哲学社会科学优秀成果一等奖	2016.11
12	《钓鱼岛问题文献集》	张生	江苏省第十四届哲学社会科学优秀成果一等奖	2016.11
13	《南京大屠杀史》英文版	张宪文等	江苏省出版政府奖一等奖	2018.01
14	《钓鱼岛问题文献集》	张生	江苏省出版政府奖一等奖	2018.01
15	《钓鱼岛问题文献集》	张生	第五届郭沫若中国历史学奖三等奖	2019.12
16	《中华民国专题史》	张宪文等	第八届高等学校科学研究优秀成果奖(人文社会科学)一等奖	2020.01
17	《钓鱼岛问题文献集》	张生	第八届高等学校科学研究优秀成果奖(人文社会科学)二等奖	2020.01
18	《李顿调查团文献集》	张生	江苏省第十六届哲学社会科学优秀成果一等奖	2020.10

无论评哪一种奖,除了考量学术成果知识生产的创新贡献,所产生的社会反响,还要考虑学术出版的加工与生产质量,即编校、装帧设计质量。学术成果奖作为好的学术出版标签,其影响因子还是比较大的,尽管学术成果奖评选会有这样那样的不足。

(四)学术外译

尽管中国图书版权贸易仍然是大比例入超,即购买海外版权量远超输出版权量,说明中国还只是一个出版大国,远非出版强国。中国学术文化出版的影响力与中国悠久的历史、潜在的文化消费市场、强大的品牌消费力相比,不是十分相称。尽管如此,中国学术著作走向海外已经起步,虽处在扶上马、送一程的阶段,多数还需要国家给予资助。目前最为标志性的是国家社科基金中华学术外译项目。其程序,首先由著作人或出版单位预报书目,推荐值得外译的学术著作目录。全国哲学社会科学办公室组织专家遴选书目,予以公布。申请翻译者须提供 1.5 万字左右的译文,出版社要提供海外出版合作方愿意出版该书的出版合同。在此基础上,国家社科基金办再度优选,最后公布正式入选名单。译稿完成后,还必须由国家社科基金办组织专家审读译稿,给出修改意见,最终批准是否在海外出版销售。经过这一系列程序,能够最终走向海外的学术著作,确实已属凤毛麟角了。

这里以 2015 年以来《南京大屠杀史》外译出版为例,介绍学术外译的一般情况。

2014 年,笔者约请原《南京大屠杀全史》的作者推出面向社会公众的读本《南京大屠杀史》,这本书成为近年来南京大屠杀史成研究成果走向海外的重要底本。这本著作的多语种外译出版,占尽天时地利人和。在时间的节点层面,2014 年,全国人大常委会通过了关于每年 12 月 13 日为南京大屠杀死难同胞国家公祭日的决定,首个国家公祭日,国家主席习近平亲临南京大屠杀遇难同胞纪念馆公祭;2015年10月,南京大屠杀档案列入世界记忆遗产名录,南京大屠杀史研究成果成为世界历史记忆的一部分;2017年12月13日,是南京大屠杀惨案发生80周年,习近平主席再次来到南京公祭,国家元首四年之中两度来到同一个历史现场,极为少见。2018年,原国家新闻出版广电总局发文要求,把南京大屠杀史研究成果作为重要的主题出版图书,向海外推广。正是在这一背景下,《南京大屠杀史》多语种海外出版有了较大的进展。

《南京大屠杀全史》获教育部人文社会科学优秀成果一等奖

《南京大屠杀史》外译出版,既是在普及历史,也是在创造历史。南京大屠杀史研究成果多语种海外出版本身就是探索。笔者在出版实务之外,开始有意识积累资料,边开拓工作,边展开理论探索。2017年,获得南京市百名优秀文化人才资助项目,开展南京大屠杀史成果"走出去"研究;2019年,又申请南京大屠杀史与国际和平研究院的重点研究项目"南京大屠杀史研究成果海外多语种出版路径研究"(19YJY005),并获得立项,希望通过《南京大屠杀史》海外出版的经验总结与理论探索,为主题类学术成果国际化提供有益借鉴。

《南京大屠杀史》外译出版列表(截至 2020 年 8 月 31 日)

语种	海外出版公司	出版国家	出版时间	资助项目	备注
英语	美国圣智出版集团	新加坡	2018.08	国家丝路书香工程	2018 年 4 月,伦敦书展出版签约;同年 8 月,全球首发式
韩语	景仁文化社	韩国	2017.12	中华学术外译项目	2017 年 12 月 10 日,南京首发式,12 月 14 日韩国首发式,2018 年获中国版协输出版优秀图书奖
希伯来语	金奈拉·泽莫拉出版社	以色列	2020.01	中华学术外译项目	以色列著名汉学家撰写前言
阿拉伯语	指南针出版社*	阿联酋	2021	中华学术外译项目	
哈萨克语	阿里·法拉比哈萨克国立大学出版社	哈萨克斯坦	2021	中华学术外译项目	
波兰语	对话学术出版社	波兰	2021	中华学术外译项目	与外研社联合申报
印地语	皇家柯林斯出版社	印度	2020.12	自筹	德里大学教授撰写导读,皇家科柯林斯出版社印度分公司总编辑撰写译序
泰语	吉普赛出版社	泰国	2021	版权输出	
西班牙语	克里欧语言出版社	墨西哥	2021	版权输出	与外研社联合申报

* 《南京大屠杀史》阿拉伯文版原先与埃及希克迈特出版社合作,哈萨克文版原先与阿如纳出版社合作,后分别改与阿联酋指南针出版公司和阿里·法拉比哈萨克国立大学出版社合作。

（五）规模

"出版或者灭亡"（publish or perish）的学术文化，大学青年教师非升即走的考核机制，每年成百上千的人文社会科学的博士毕业论文要出版，林林总总列队等候在出版之路上。但这些学术图书基本是单体的，出版社似乎更偏好丛书、系列学术图书，如同高个头在人群中总易引起别人的关注一样，大体量的丛书、系列化的学术图书也确实更容易在茫茫书海中有显示度。有些书，如学问大家的文集，本身就是洋洋大观，自成一体，不可分割，自不待言。这里所说的是既可单独出版，又能以丛书形式出版者。例如，北京商务印书馆的"汉译世界学术名著系列"，江苏人民出版社的"海外中国研究丛书"，其中的每一本书，都可以单独出版。有规模的丛书其实是一个学术著作群，或者说是学术板块，通常留给读者的信息更具包容性，也更有想象空间，实际是一个可以统摄所有名下著作的标签，或者是铭牌，有时比单体的学术图书更容易成为品牌。

具规模的学术丛书另有一个特征，就是有相当的出版时间跨度，因此，在品牌建设、维护和营销方面具有持久性，这是丛书组织者、出版者以及下游的发行、销售者都乐意看到的。对终端读者而言，容易产生阅读消费黏性，通常会买了其中的一部书，会持续跟进，选购其他品种。

有些大学以学校命名出版一套某某大学文库，作为学校学术建设的一部分，有其必要，但从出版的视角观之，不同学科的成果放在一起，一旦按照学科分类或图书分类法，就星散在书海之中了。但这样的套书有一个非常好的审核机制，基本是大学学术委员会遴选出来的，已经替出版社严把了一个学术关。这一点，后续还会论及。

南京大学出版社用了近20年的时间出版的201部《中国思想家评传丛书》被称为20纪规模最大的思想文化出版工程，其开山之作《孔子评传》获得过中国图书奖(中国出版政府奖图书类奖的前身),丛书整体获得中国出版政府奖图书类奖。规模不是好的学术出版的必要条件,但是有时好的学术出版确实需要一定的规模。

入选重点规划、国家出版基金资助、各类大奖、对外输出,且有一定规模,每个标签都很亮丽,集合在一起是不是好的学术出版?

是,也不是。

二、好的学术出版需要一种内在的看不见的东西

学术出版是大学出版的天然使命。在审批制条件下,大学出版社成立的初心是为大学的教学科研服务,将大学知识生产的最新成果推向读者。大学的学术资源成为源源不断的学术出版资源。中国现代大学的形成,多半借鉴了欧美大学的学术建制,在最初大学的学术机构中有专门的出版委员会,负责大学的学术出版。留美归来的胡适博士就担任过北京大学第一任出版委员会主任委员。中国最早的现代大学之一国立东南大学,也成立过出版委员会。如今,中国的大学出版在强调其运营的市场属性时,被视为文化产业的一部分;在强调文化安全、意识形态属性时,被视为宣传思想文化的方面军,在学术组织的序列中找不到她的身影,虽然有的大学出版社自己定位为教育、研究、出版一体的机构,但在大学当局眼里并没有在学术组织架构的层面给予认同。

当今大学对于出版的定位是模糊的。

社会上经常讨论什么是好的教育?钱学森之问是最经典的拷问。知名民国史研究专家、浙江大学陈红民教授曾经组织学术工作坊讨论什么是好的历史学?每个行业、每个学科都可以这样躬身自问。我且效颦作抛砖引玉之问,什么是好的学术出版?

有学人批评中国的学术出版每年制造大量的精品垃圾,虽然失之苛严,但也是责之深,爱之切,出于对学术出版的呵护。中国学术出版最缺乏的是好的学术出版机制,即对选题的高水准的学术论证制度和对书稿的匿名审查制度。

以职司学术出版的大学出版社为例,欧美的大学出版社的学术选题需经过学校的学术委员会投票通过。2013年,笔者曾访问过美国夏威夷大学出版社和宾州州立大学出版社,接触过夏威夷大学的学术委员会的一位华裔教授。夏威夷大学出版社每一个学术选题都要经过学术委员会论证,委员们投票决定哪些书稿可以列入选题,哪些书稿会被否决。这有点类似于中国大学高评委对职称的评审。相比较而言,中国大学的学术委员会除了对本校的学术文库会有论证把关,出版社组织或接纳的学术书稿,学校学术委员会概不过问,学术著作的出版与否取决于学术编辑或出版社自身的选题论证结果,更有甚者,有时学术价值的判断会让位于市场价值的判断。

《中国思想家评传丛书》是一个例外。其出版留下了一个值得研究的范式。笔者所指导的南京大学出版专业的两位研究生曾同时选择了《中国思想家评传丛书》作为学位论文的研究对象。一位着重研究其学术规范,一位着重研究其装帧设计。中国出版人至今没有一部自己的《芝加哥手册》,没有建立起严格的体系化的学术出版规范。2012年,原国家新闻出版总署发文对学术图书出版提出规范性的要求,聊胜于无,比较粗放。而201部《中国思想家评传丛书》早在1990年出版《孔子评传》时就初步确立了学术出版规范,有中英文简介、中英文书名和目录,有"词语""人名"和"文献"分类索引,这是在努力与世界学术出版规范接轨。

《评传丛书》的书稿评审机制对中国学术出版有重要贡献。

笔者曾经编辑过多部《评传丛书》,包括《荀子评传》《朱元璋评传》《方以智评传》《黄丕烈评传》《惠栋评传》《左宗棠评传》《康有为评传》《孙中山评传》等,担任过《评传丛书》编辑小组的副组长,与《评传丛书》的几位副主编如茅家琦、林德宏、蒋广学、巩本栋诸位老师有过接触,也在蒋广学常务副主编的引领下到主编匡亚明教授的住处请益,对《评传丛书》的书稿运作流程及机制有近距离的了解。南京大学中国思想家研究中心是一个专门的机构,负责约稿,三位文史哲领域的学术大家(副主编)负责各自领域的学术书稿的审查,提出退改、退稿或撤换作者等权威性结论。有些书稿,副主编也会不拘一格约请合适的人选审稿。笔者曾受邀参加《拓跋宏评传》书稿的审稿,我硕士毕业于中国培养元史及北方民族史最好的学术机构之一——南京大学元史研究室,师从著名蒙元史专家陈得芝教授,虽然只学得一点皮毛,受邀审稿,应该是顶了老师的光环。笔者建议作者应该写出传主身上游牧文化与农耕文化冲突的张力,以凸现拓跋宏这位北方民族英主在中国思想史上的地位。我当时是一位青年编辑,承担这样的工作诚惶诚恐。从书稿的审查机制看,《评传丛书》的运作是今天的学术出版所缺乏的。南京大学中国思想家研究中心等于是组织了一个学术出版的动态审查队伍,替201部《评传》书稿做了质量把关人。

　　邀请专家对拟出版的学术书稿秘密审查并出具意见,很容易令人想起陈寅恪替哲学家冯友兰《中国哲学史》出具的审查报告。陈寅恪的报告称赞其上册,"取材精审,持论正确,允宜列入清华丛书",也暗批其"推测解释古人之意志","所著中国哲学史者,即其今日自身之哲学史者也。其言论愈有条理统系,则去古人学说之真相愈远"。下册的报告,也批评冯氏著作食洋不化,"取西洋哲学观念,以阐明紫阳之学,宜其成系统而多新解",又批评其有关道家受新儒家影响之研究不够,没有超越。冯友兰是20世纪最有影响的中国哲学史家之一,他的著作要列入清华丛书出版,尚且需要专家审查,可见当时学术书稿接受专业审查不是孤例。陈寅恪先生的一句"允宜列入清华丛书",是及时发放了出版的通行证。今天的学术书稿最关切的是有没有抄袭、雷同,把关之道是借助机器查重复率,绝少邀请专家出具秘密审查报告。好的学术出版机制需要继承与开新,但道虽无阻却漫长。

著名历史学家何炳棣先生在他的回忆录《读史阅世六十年》一书中,曾经披露,他的著作在20世纪70年代交美国加州大学出版社,出版社邀请了一位教授出具了一份秘密报告。三四年前,我拜托前辈学长现在美国西雅图大学文理学院的梁侃教授联系美国的大学出版社(包括哥伦比亚大学、华盛顿大学、芝加哥大学等)出版英文版《南京大屠杀史》,后来梁侃教授给了一份英文的评审提纲,与何炳棣教授70年代在加州大学出版社的秘密审查报告的提纲竟差不多。可见,美国大学出版社对学术书稿的审查有始终如一的尺子。

可以说,没有好的学术出版的审稿机制,就不会有好的学术出版。

好的学术出版,必须是每一部学术著作要有新贡献,或者贡献了新材料,例如研究民国人物,利用了新公布的日记、书信及其他档案材料,或者是新的研究成果,这种新成果或者是建立在新材料的基础上,或者是借助其他学科的新理论、新方法,从旧材料里产生出了启人深思的新观点。

好的学术出版,要能正确评估书稿的重要性。这就需要对所涉及的专业有比较深入的研究,需要放到学术史的大背景下去考量。必须是每一部学术著作都不平庸,除了"取材精审",还须"持论正确",必须对已有之学术成果充分了解。特别是要知道有没有与之竞争的著作。例如,几年前,海峡两岸的历史学家联手研撰民国史。中国社科院与台北"中研院"的学者合作,南京大学张宪文教授与台湾"中研院"院士张玉法教授合作,前者合作的是通史性著作,上下两册,后者合作的成果是18卷的专题性著作,就若干重大专题合作研究,两者在规模、题材、撰写方法上都有较大不同,不存在竞争性。

好的学术出版还应该有好的表达,好的文字风格,好的组织架构。张纯如女士的著作《南京暴行:被遗忘的大屠杀》,是一部非虚构作品,作者为了写好这部书做了大量的调查,查询了许多档案材料。1997年出版后,连续雄踞《纽约时报》畅销榜十多周,在全世界被翻译成10多种文字,中文版自问世以来,一直畅销不衰,连续印刷40余次,创造了同类书的销售传奇。所以如此,是因为作者曾在美国约翰斯·霍普金斯大学修读过写作学的硕士学位,又有在报社工作的经历,非常熟悉写作技巧。

好的学术出版,还应该有好的学术批评。1919年,北京大学教授胡适出版了著名的《中国哲学史大纲》,梁启超于1922年3月在北京大学三院公开演讲"评胡适的《哲学史大纲》",连讲两天,胡适还要到场替他介绍,内心虽然不快,也承认"有讨论的价值",谢谢他的批评。用世俗的眼光看,这不是到自己的地界来砸场、给难堪吗?这件事胡适如实写在了他的日记里。这就是100年前中国的学术批评。虽然梁启超的演讲与学术出版无直接关系,但是因学术出版而起,是学术出版的延伸。

与好的学术出版直接关联的是好的学术书评。著名华裔汉学家杨联陞先生曾经在台北"中研院"做过题为"书评经验谈"的报告,强调书评的重要。杨先生写过许多汉学书评,评论西方汉学家"卖的中国膏药"。他说,"一门学问之进展,常有赖于公平评介",委婉批评中国学人没有像西洋、日本那样"养成良好的风气"。他说,就史学而言,《美国历史评论》比中国人自己创办的《史学评论》早了100多年,现代学术批评的传统远甚中国。

如果没有对学术出版物的公正的评介,怎么可能推进学术的进步?学术出版的社会贡献与价值又如何体现?

好的学术出版,应该有好的选题审核制度,有书稿的审查制度,有健康的学术批评机制。

好的学术出版离我们还远吗?

学术出版品牌建设之问*

各位书业同人：

大家好！深秋的重庆，气候宜人。我们相聚山城，省视书业人不改的初心，为图书也为中国书业的未来寻觅理想的空间。

我讲演的题目是：学术出版品牌建设之问。

一、科技学术出版会否形成一个大的增长点

一直以来，人文学术出版是大学学术出版的重头戏。甚至可以说，大学学术出版对人文学术出版形成了一定的依赖。这是因为，人文出版的成果独特的人文底蕴更容易引起文化上的共鸣，获得社会认可，产生社会影响。南大社提出学术立社，品牌兴社，更多的是靠像《中国思想家评传丛书》这样优秀人文学术图书铸就的。在今后相当一段时间内，我们立足母体南京大学，依托其丰沛的人文学术资源，陆续推出一批有南大学科与学术特色的图书产品，仍是南大社的重要出版路径。例如，《钓鱼岛问题文献集》刚刚获得第五届郭沫若中国历史学奖，本月20号，将在北京人民大会堂举行隆重的

---

* 此系2019年11月重庆"中国特色书店高峰论坛"上的演讲，沈卫娟博士对此演讲有贡献，收录时略有改动。

颁奖仪式,作者和出版社都应邀参加颁奖活动,就是一个生动的例证。大学社出版人文学术图书是荣誉所在,品牌所系,接下来,南大社将推出一批十三五重点图书出版划项目:如《中国禁毒史》《大运河与中国古代社会》《中国当代文学批评史论》《西方美学经典文本》《中国宗族文化史》《新兴大国崛起与全球秩序变革》,这其中,有多部人文学术图书还是国家出版基金资助项目,如《中国禁毒史》《新兴大国崛起与全球秩序变革》《中国现代图像新闻史》等。

但是人文学术出版不是学术出版的全部。

今年暑期,有一部特别火的电视剧《小欢喜》,剧中那位让人怜爱的英子,到南京大学读中国最好的天文学的执着选择,不仅让人们认识了南京大学天文与空间科学学院,也引发公众关注学科与科学的话题。事实上,一流学科的建设,带动的一流学科建设的出版可能会改变大学学术出版的地图,人文学术与科技学术出版比翼的图景也会在不远的将来到来。

我们南大社今年招聘了一位天文学博士,这是我们建社35年招收的第一位全日制科学博士。她的加盟,将推动我们的一流学科天文学学术图书的出版。除了天文学,我们在物理学、大气科学、地质学等一流学科也开始布局深耕。《卫星轨道力学算法》《天文参考系概论》《实测天体物理》《天文望远镜原理和设计》等一批学术图书,陆续获得国家出版基金以及国家和省科技出版基金资助,《等离子体自传》等面向大众的学术图书还获得全国优秀科普著作,《介电体超晶格》一书,版权输送到德国德古意特出版社。这些来自大学一流学科的学术著作,构成学术出版板块的重要组成部分。

共和国成立70年来,科学技术的发展发生翻天覆地的变化。科技学术出版的潜在作者和读者队伍都在迅速壮大,科技学术出版与人文学术出版比翼双飞,是其时矣!

二、品牌建设能否引进与输出共舞

出版品牌建设，面临引进与输出，两种不同方向的版权交易。现在中国一般图书的一半选题，来自购买引进版选题，不少出版社在出版文化的开放与交流中，通过规划引进版选题，创建自己的品牌。

现代学术文化史，也是一部学术文化引进交流的历史。现代出版史也深深烙上学术文化输入的印痕。商务印书馆是近代中国学术出版的旗帜，"汉译世界学术名著丛书"源源不断地出版是中国学术输入、借鉴、吸收的写照，也是商务出版品牌铸造的过程。

南大社"当代学术棱镜译丛"前后推出了一百余种域外学术前沿研究著作，产生了像《消费社会》《景观社会》《白领》等一批经久不衰的畅销作品，形成了一批跨学科的学术研究指南系列，成为南大社品牌图书的一大亮点，也成为南大社学术品牌的一部分。

输入的过程，不是一蹴而就，不是一两个"五年计划"，而是一个漫长的厚积薄发的过程，可能跨越几代人，需要出版者有长远规划，当作百年事业来经营、呵护。"汉译世界学术名著丛书"是这样，"海外中国研究丛书"是这样，"当代学术棱镜译丛"也将是这样。从理论上说，只要汉译作品涉及的研究没有停滞，只要国内学术界有这方面的需要，学术引进与出版就只有逗号与分号，没有句号。

输出与引进就像是一枚金币的两面。除了正常的市场化的版权输出，现在政府也有许多政策鼓励学术走出去。例如国家丝路书香工程、中华学术外译项目、中国图书对外推广工程，国家这些图书走出去工程，有遴选机制，有资金支持，大学社不少图书得以入选，在政策与资金的支持下，纷纷走向世界。如南大社《南京大屠杀史》已经成功出版韩文版、英文版、希伯来文版，即将出版阿拉伯文版、哈萨克文版、泰文版、印地文版。现在还出现一个趋势，中国的顶尖科学家的科技著作，国外大出版公司都很愿意出版。除了有一定的商业考虑，更多的是看好中国科技的发展，抢先占领未来的科技出版资源。

无论是市场化的版权输出，还是政策导向的出版走出去，对于大学社的品牌建设无疑是积极的加持，市场化的版权输出显然更符合出版自身规律。大学社如何利用好国家的扶持政策，加快出版的国际化步伐，在国际化的进程中做大做强自身出版品牌，是大学出版人需要回答的又一个问题。

三、产品识别与品牌识别哪一个更重要

越来越多的大学出版社开始着力打造自有的图书品牌，并且迅速赢得读者口碑、占领市场份额。广西师大社很早就有"理想国"，之后建立"新民说"等子品牌，北京大学出版社有"博雅好书""阅读培文"，北京师范大学出版社有"新史学"，浙江大学出版社有"启真馆"，重庆大学出版社有"拜德雅"，南京大学出版社有"守望者"，人民大学出版社也有一个"守望者"，但两家的品牌理念和方向不同，南大社偏文艺，人大社更偏学术。此外，华东师大出版社有"薄荷实验"，上海交大出版社有"文治堂"，武汉大学出版社有"鹿书"，等等。上述大学社的图书品牌，有些下设多个图书方向；有些则专注于一个方向，精耕细作；有的在业内已颇有声名；有的则是新锐品牌。这些品牌是某一类图书的身份。所以会出现这种情况，是因为，产品太多，识别不易，读者已经记不得具体的哪一套书，而出版社的专业分工还没有精细到只出版某一类、某一个小众方向的图书，因此取了一个折中的办法，既区

别于本社其他产品,也区别于其他出版社的同类产品。眼下这个趋势正在扩大。

过去图书产品按"丛书"设计,少则3~5种,多则几十种、上百种,如"简明中国思想家评传丛书",这是产品识别,一目了然,著作者有没有学术影响力,相对容易判断。品牌识别,是"书以类聚",品牌自身内涵如何定义?外延的边界在哪里?恐怕也得有交代。品牌名称具体了,有可能不够包容,宽泛了又可能成为一个什么都可以装的"筐"。

因此,产品与品牌如何共荣共生,相得益彰,这也是大学社品牌建设需要回答的问题。

四、相对小众的图书品牌意义在哪里

大学社人文社科类图书品牌有自己的特点,既有一定的学术性、思想性,又并非艰深的学术专著,而是面向大众精英读者,比高精尖的学术专著更有可读性、趣味性。同样的,这些图书品牌虽然面向大众市场,但却有别于一般的大众市场书,并不单纯追求经济效益,因为大学社在做自己的图书品牌时,仍然坚守着一份初心,那就是坚持图书的品质,坚持图书某些方面的特性——学术性、文学性、思想性,或者社会话题性、趣味性、填补空白性等等。

换言之,这些图书品牌对于读者的学识、智力、审美趣味依然具有一定的挑战性,且是相对小众的,是单纯追求经济效益的民营图书公司不会去做的。这也体现了大学社在服务教学科研的同时,开启民智、激荡思想、提升阅读品位的文化使命。比如南大社也出引进版的小说,但即使是小说,有时候也是一般读者未必能读懂的小说。比如法国作家、诺贝尔文学奖得主克洛德·西蒙的小说,思想家乔治·巴塔耶和莫里斯·布朗肖的作品,一般读者就会连呼"读不懂""读不下去"。确实,这些小说本身带有实验性、先锋性,需要读者具备相当的文学修养和审美品位。那为什么还要去做呢?因为这些小说虽然小众,但正是这类作品,对于拓宽中国读者的视野、挑战读者的阅读水准、刺激国内作家的创作思路有着大众通俗小说不可取代的作用。某种程度上,这也是大学社的一份初心、一种坚持。

南大社年轻的图书品牌"守望者",就秉承了这样的使命。"守望者"书系的特色是文艺、趣味、深度、小众、精美;方向有外国现当代著名作家的文学作品;文化名家的传记、访谈;风格奇诡的博物类作品等,近三年来,已出版约 50 个品种。其中,"守望者·传记"中的《加缪传》获得 2018 年深圳读书月的"十大好书";"守望者·物灵"中的《乌鸦》获得"2019 第四届中国最美书店周·十大好书"。今年的新品《世间万物》《色情》《加西亚·马尔克斯访谈录》《和博尔赫斯在一起》等读者口碑和市场表现都非常好。

五、店社合作维护图书品牌能否有更多创意

图书品牌的铸造、提升,首先是选题内容的遴选,但同时也离不开我们的经销商、各位书店同人的努力,正是通过你们,我们的书才能到达读者手中,才能聚拢人气、赢得口碑。越来越多的独立书店致力于打造美好的阅读空间,打造思想交流的公共空间,成为城市中的文化名片。

南大社"守望者"图书品牌的点滴成长,有赖于书店,尤其有赖于在座各位书店同人的支持和帮助。过去的两年,我们在多家独立书店做新书活动、阅读分享,尝试和一些独立书店共同策划、制作定制图书产品。2019 年是南大社与独立书店更紧密合作的一年。今年夏天,在多家独立书店的大力

支持下，我们设立了以"守望者"为主的南大社人文社科图书专柜，进行品牌宣传和促销活动，极大地提升了我们的品牌影响力和美誉度，也带动了销售。

我们注意到，很多独立书店在宣传、营销、策划中创意无限、活力十足，比如列出特色书单、做主题图书推荐、策划专题活动、做图书定制，等等。

我的最后一个问题：未来，大学社与书店互动合作维护图书品牌是否能有更多的创意？

相信店社彼此之间的紧密合作、深度信任、相互扶持，让我们更有力量也更有信心在学术出版的征途上走得更稳健、更久远。

出版论语

市场经济机制下的大学出版改革

高校出版社如何在社会主义市场经济的大环境下进行自身的改革？本文结合出版工作实践，对这个问题做一点理论的概括与探索。

一、高校出版社面临的机遇与挑战

社会主义市场经济体制的确立，给各行各业注入一股无形的激活力量，出版包括高校出版业无疑面临一次大发展的时代机遇。

首先，在社会主义市场经济条件下，社会广泛拥有市场意识、效益意识、质量意识、竞争意识，这就为大学出版社改革奠定了良好的社会思想基础。

其次，社会主义市场经济为高校出版社的改革提供了内在动力。在以市场为导向的经济型态下，只有变革才能在竞争中不败。市场经济的优胜劣汰规则，迫使高校出版社投身经济改革大潮，寻找自身的变革之路。

再次，高校出版社可以从经济体制改革的经验教训中寻求借鉴，获得启迪，使自己的改革少走弯路。

我国的高校出版社大多在 80 年代成立，其建制与发展模式深深打上了计划经济体制为主体的时代烙印，要适应和面向市场经济，首先要从以下诸方面实现观念的转变。

2001年元月,笔者由美国回国途经香港时,拜访香港中文大学出版社陆国燊社长

（1）对图书的认识要由单纯精神产品的观念向知识（智慧）商品的观念转变。在以计划经济体制为主的时代,人们过于强调图书的精神属性与教化功能,忽视了图书的物质属性与商品属性。其实,图书完全拥有商品的属性,只不过它是以科技、文化知识为主要内涵的知识（智慧）商品。

（2）对出版行为的认识,要由单纯管理的观念向经营的观念转变。在计划经济体制为主的时代,出版社只是被简单地看作文化事业单位,以管理代替经营,忽视了其经营属性。实际上出版工作各个环节都离不开成本核算、收益回报等经营范畴,如果不重视出版的成本与收益,出版运行将难以为继。当然,在我国,出版工作必须符合国家的出版方针与政策,这与出版的经营属性是并行不悖的。

（3）对作者、编辑、读者相互关系的认识,要由过去的作者写什么,出版社出什么,读者读什么的观念,向读者想读什么,作者写什么,出版社出什么的观念转变。无论是对读者还是对作者,出版社都要居于主动地位,主动把握读者需求趋势,主动组织符合国民经济建设和发展需求的书稿。

(4) 对图书市场的认识要由"小市场"观念向"大市场"观念转变。所谓小市场,这里指过去单一的国营新华书店发行渠道,而大市场则指包括国营书店、集体书店、自办发行及海外图书市场等形成的图书销售网络。由"小市场"观念向"大市场"观念转变,就是要扩展图书销售空间。

总之,转变观念是高校出版社在市场经济条件下,抓住机遇,迎接挑战,深化改革的必要前提。做到这一点,大学出版社才能在汹涌的改革大潮中,找到自己应有的位置。

二、高校出版社的角色定位

在市场经济条件下,高校出版社要深化改革,获得长足的发展,必须把握好自己的角色定位,坚持高校出版社自身特色,实现图书的社会效益与经济效益的有机统一。为此,高校出版社应从自己的根本宗旨出发,把主要的选题焦点对准高校的教学与科研。

在图书市场的激烈竞争中,高校出版社紧紧依托高校学科与学术优势,开发独到的高质量的选题,有利于形成出书特色,获得双效益。南大出版社在建社之初,根据国内微型计算机发展趋向,及时组织了南京大学计算机科学系的教师编写了《微型计算机 IBM PC 的原理与应用》一书,该书进入市场后,深受读者欢迎,初版以来累计重印 16 次,印数达 30 余万册。

现在有一种不可取的现象,即高校出版社降格以求,竞相出版中小学教辅资料。造成这种局面固然有较多复杂的社会因素,但从长远利益来看,这是舍本求末,长此以往,高校出版社将丧失自己的特色,缺乏竞争后劲。

高校出版社坚持依靠学术优势,坚持自己的出书特色,也有利于自身走向世界。特别是那些弘扬中华民族悠久历史文化的优秀图书和反映某些科学水平的专著或教材,往往能够赢得世界同行的青睐。例如,南大出版社出版的《中国读书大辞典》《孔子评传》《曹聚仁传》及计算机类图书40余种,同海外进行了版权贸易与合作出版。《中国法制史教程》《现代几何光学》等400余种图书以较高的科学水平和学术价值走向海外图书市场,受到海外读者好评。

三、建立充满活力的发展机制

建立一套完善的激活出版社全体员工潜能,增强全体员工质量意识、竞争意识、敬业意识的机制,是出版改革进一步深化,保持高校出版社出书特色的可靠保证。

2012年4月,笔者访问剑桥大学出版社

(1) 建立全新的人才培养机制

高校出版社对本社员工进行培养,使其不断获得知识更新,是新形势下出版工作的需要。南大出版社在实践中提出了"分阶段"与"一体化"两种人才培养的模式。所谓"分阶段",就是根据员工的不同情况,进行不同层次的培训或进修。例如我社实行的岗前培训、讲座式的定期业务学习、脱产进修、参加全国性编辑学习班或培训班等。南大社还鼓励编辑多参加本学科或相关学科的大型学术会议,以及时把握学术信息与动态,力戒编辑人员只干不学,"坐吃山空"以致荒疏了本学科本专业。

所谓"一体化",是视编辑、出版、发行为有机整体,努力让员工了解编印发各个环节,使编辑人员懂得投入产出、成本核算、市场信息,发行人员也懂得选题信息的预测与反馈。南大出版社几乎所有编辑在不同时间段都要参与发行工作,此外还利用去工厂定稿的机会,了解印刷环节的相关知识。

(2) 建立激励机制

建立激励机制,实际上是把竞争引入高校出版社内部,在员工之间营造奖勤罚懒、奖优罚劣的氛围。要采取一系列具体措施,真正褒奖敬业认真、绩效显著、富于开拓的员工,而对工作马虎、平庸,甚至造成失误、损失的员工,给予必要的处罚,以充分调动全体员工的积极性和主观能动性。

(3) 建立图书质量监控机制

首先要把好选题关,建立选题会审、报审制度,对重大敏感选题或难以把握的选题,要坚持专家会审与上报,坚决摒弃违背党的出版方针政策的选题。

其次,要把好编审关,严格三审制度,避免片面追求速度而放松对书稿的三级审定。

再次,要确保图书的印刷质量。南大出版社每年都要召开印制图书的评优会议,鼓励承印厂精心印制优秀图书。对于承印厂在印刷过程中发现的编校中的问题,出版社除及时补救外,还对承印厂予以奖励。

出版社还应建立图书质量审读制度,专人抽查图书质量,提出审读报告,交有关责任编辑,以督促编校人员工作精益求精;发现有重大质量问题,及时采取补救措施,不让不合格品或废品图书流入社会。

总之,要通过选题确认、书稿编审、印制及成书的审读等诸多环节,建立一系列确保图书质量的机制。

(原载《大学出版》1996年第1期,收录时略有改动)

精品战略与高质量出版

一、时代呼唤精品意识

什么是精品？精品应该是观点正确坚定，时代特征鲜明，选题内容精辟，市场定位精确，内在质量精致，外观设计精美，为广大读者所欢迎等这样一些因素的综合体现。

精品战略就是放眼大的时代、大的市场和出版产业的大的发展，从总体上对图书出版的各要素按精品标准设计的长远策略。

之所以要实施精品战略，首先是图书出版的内在特质所决定的。

现代书籍编辑学的理论认为，较之报纸、杂志等其他形式的出版物，书籍提供给人们的知识，更博大，更系统，更精粹，具有更强的稳定性与生命力。图书在积累和传播人类的科学文化知识方面应该留下更深刻的印痕。这些恰恰是精品图书的内核。

图书业的发展已经到了重要的历史转型期，实施精品战略也是时代的急切呼唤。

改革开放以来，我国的出版业获得长足的发展，但是，出版规模迅速扩大，出书数量成倍增长的背后，图书的质量也在严重滑坡，编校质量合格率不高,无错不成书的现象比较突出。从世界范围看,我国图书的读者定位、用材用料、印刷装帧、风格设计等与世界同行相比,还有较大的距离,图书的重版率、可供书量也远远落后于先进国家或地区。我国出版业现有姿态,显然不能适应社会主义精神文明建设的需要,也不能与世界出版同行相较量。

二、精品的定位与质量监控

实施精品战略,首先应该对精品有较好的定位。

就作者而言,并非名家所有作品都是精品。出版社通过出精品书推出新人的佳话不在少数,关键是我们有无发现人才、发现精品之作的慧眼。就图书的形式而言,精品不等于豪华装帧。英语中有句谚语:不能根据封面判断一本书(Don't judge a book by its cover),就其本意而言,对我们正确认识精品图书很有启迪意义。实际上,装帧设计只要与图书的内容相协和,真正传出图书的气、韵、神,就称得上精美。从图书的容量看,部头大不等于精品。《四库全书》,皇皇巨制,固然是精品,老子的《道德经》五千余言,增一字则长,减一字则短,流传几千年,同样是精品,关键是图书的信息量恰到好处地涵盖了选题的内涵与外延,而不是简单以字数论短长。实施精品战略,必须以精密策划为先导,以精

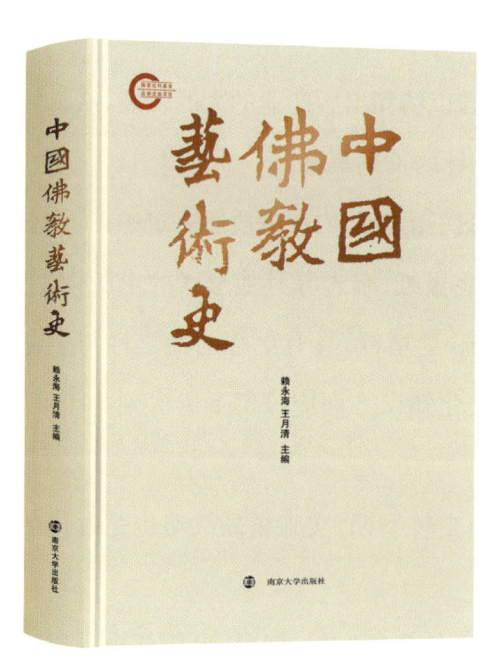

国家社科基金后期资助项目《中国佛教艺术史》

炼选题为前提,以精选作者为保证,编辑、校对、装帧设计、印刷等各个环节都要精益求精、高效有序地运行。

精品选题的确定,必须始终紧紧地把握时代的脉搏。这里所谓把握时代的脉搏,就是要始终坚定不移地坚持中国共产党的领导,坚持正确的政治方向,充分体现社会主义现代化建设中政治、经济、文化、教育、科学技术等各个领域的新成就、新发展。纵观人类出版历史,可以发现这样一个规律,举凡把握了历史脉搏的作品,多能具有长久、稳定、超越时代的生命力,就这个意义而言,时代的,也是历史的,正像民族的也是世界的一样。

精心选择作者,是指或者选择德高望重、功成名就的学术权威、学科带头人,或者选择初露头角、前景看好的中青年,关键是以选题需要为取舍。

对编辑、校对、装帧设计、印刷等诸环节的精益求精,是实施精品战略的具体战术。这里以南京大学出版社出版的"中国思想家评传丛书"的编校质量控制为例,说明对精品的制作环节的有效控制。

(1) 书稿质量控制。"丛书"有专职人员负责各部评传撰著的组织协调,分管副主编、特约审稿人按"丛书"的整体设计要求,督促每一部评传按质按时完成,从源头上为使每一部书稿成为精品设置了第一道质量保证阀。

(2) 审稿质量控制。"丛书"审稿人、副主编、主编对所有书稿"三堂会审",或提出意见要求作者修改,或推倒重来,重新物色作者;即使达到出版

中国南海研究协同创新中心成果《南海文库》

水平,但如果不能代表国内前沿水平,也会重新聘请专家努力写出集海内外研究之大成的作品。

(3) 编辑质量控制。如果说精品图书是金,编辑过程就是一个不断冶炼不断加大成色的过程。"丛书"有一支社长直接负责,由博士、硕士组成的专门编辑小组。编辑根据自身学科专长,充分熟悉有关传主的文献资料和研究动态,加大编辑过程中的投入,确保书稿的质量。

(4) 校对质量控制。校对被称为图书质量的最后一道安全阀。为了保证"丛书"的校对质量,一是聘请在校研究生、退休教授副教授担任兼职校对,弥补编校力量的不足;二是增加校次,在政策上给以扶持;三是指定两名编辑对付印样及重印书再全面审读一次,形成了密檐式的校对质量控制机制。透过"丛书"这一具体实例,不难发现,实施精品战略,依赖于战术上的精密部署和有效控制。

三、积极推进精品图书的书评工作

精品图书需要必要的定位与质量控制,也需要精诚的宣传。不为人知的精品,绝不是完整意义上的精品。目前,我国每年约刊发书评4000篇,是70年代末的十多倍(《文汇读书周报》1997年4月12日头版)。这些图书的评介难免有一些商业化的炒作,精品图书的书评不多,有影响的精品图书的书评更少。作为精品战略的一部分,加强书评工作,特别是加强对精品图书的宣传,是又一重要课题。

(原载《大学出版》1997年第7期,收录时略有改动)

出版的"边际地带"

在编辑出版过程中,或者由于知识辐射面不够,或者由于加工的疏漏,编校主体往往容易忽视编校客体的某些环节或方面,我们将这些环节或方面称为编校的"边际地带"。"边际地带"犹若西方管理学"水桶理论"中的最低的一块木板,它的存在直接决定了编校的质量,笔者试将图书编辑出版中存在的一些共有的"边际地带"提出来,以就教于同人。

一、弄巧易成拙:中文著作中的外文

不少著作为了方便海外学人阅读或图书馆收藏,一般附有外文的内容简介与目录。英文简介与目录在全书中的篇幅很少,中文读者往往对这一部分不太留意,出版社编辑及校对人员对这一部分也容易忽视,进而易造成这一部分编校质量的漏洞,从而影响全书的编校质量。这方面的问题主要有:

(1)一些英文译文对具有丰富文化内涵的概念理解不透,望文生义,辞不达意,造成硬伤性的错误。例如,有一部著作在英文目录中,将"周礼"译为 courtesy of zhou,乍看似无不妥,细作推敲,却大有问题。"周礼"是三礼之一,是六经的组成部分,"周礼"之礼,是礼仪、典制之礼,英文应为 ritual,

而 courtesy 是"礼貌"之礼,两者相距何止霄壤。这种没有深切把握概念的内涵,而是从概念的文本的表层切入或对有深厚文化底蕴的概念一知半解的译文,有比无还要糟糕。

(2) 对中国经典著作的翻译。这虽然是翻译的专门话题,却又是一些学术著作内容简介的英译中不可避免的。有些著作对经典著作的翻译,读者不知所云,很难还原。笔者认为,这方面,在编校实践中,不妨参考和借鉴国际汉学界的约定俗成的译法,既作意译,又附以罗马字转写,如《大学》,作 Great Learning/Ta hsue。

(3) 学术著作中的人名、地名。人名、地名翻译,国家有关部门曾有明确规定,原则用汉语拼音,但有些人名、地名翻译,也有例外。如,"蒋介石"作"Chiang Kai-shek","孟子"作 Mencius,"哈尔滨"作 Harbin,再如"清华大学"通常作"Tsinghua University"等等,都可视为约定俗成。

图书中夹注外文,是为了有助于读者阅读和理解,提供外文的内容简介与目录目的是走向国际学术界、图书界,走向更多的读者。虽在全书中篇幅很少,却位置醒目,是母语非汉语读者的阅读重点,一旦编校质量得不到保证,与初衷不啻是南辕北辙。因此,编校人员应像对待图书的中文一样,不苟且,不草率,处理好这一"边际地带"。

二、历史纪年:似是而非易铸错

纪年是文史类著作中经常遇见的。我国是 1912 年开始引入西元纪年的,在此以前基本是用帝王年号及干支纪年法。如,汉武帝建元元年,辛丑;清宣统三年,辛亥。学术著作编校中常遇见如下一些纪年问题:

(1) 干支纪年中的天干、地支相混淆。如"戍"与"戊"相混,"己"与"巳"

相混,"甲"与"申"相混;另一种情况是出现如"甲丑""癸子"等子虚乌有的干支。除了字形的相似易引起差错外,恐怕对干支纪年法构成的原理不是很熟悉,也是一个原因。

(2) 纪年涉及的政治问题。1912—1949年,我国主要以民国和公元两种方法纪年,如1919年的报刊,除标明民国八年外,也可能标明公元1919年。1949年10月中华人民共和国成立,采用公元纪年,从此民国纪年也就不复存在。近年来,一些学者引用海外学者的研究成果或研究资料,出现了1949年以后仍用"民国"纪年的错误,这已不是一般的纪年问题,而是一个政治问题了。因此,在平时的实践中,编校人员对民国纪年应有清醒的历史概念,对征引海外,及中国港台地区的文献资料,应严格把关,避免发生不应有的错误。

三、"雨夹雪":学术著作中的繁体、简体和异体字的混用

在学术著作尤其是文史类学术著作中,常常不和谐地出现繁体字或异体字,这种文字上的"雨夹雪",无疑给图书的编校质量掺入了杂质。

(1) 在简体字中出现繁体字、异体字。老一辈学者在写作时,往往会下意识地在书稿中夹带进一些繁体字或异体字,这在某种程度上是一种习惯或定势,如,将"肿毒"写成"腫毒","山岳"写成"山嶽"。另一种情况可能是征引古典文献资料或海外文献资料,没有将原来的繁体字或异体字转换为规范的简体字,如,将"搜集"写成"蒐集",将"一匹"写成"一疋"等。如果我们在编校过程中不能正确把握繁体字、异体字和简体字之间的关系,并规范用字,就留下编校质量的隐患。有些貌似繁体字,而实际是另一种读音或另一种表意,不必简化。如,古代的五音:宫、商、角、徵、羽,其中,"徵"看似

"征"的繁体字,在这里却读 zhǐ,不能简化为"征"。

(2)简体字与繁体字的转换。出版社有时为了方便海外读者或某些特别的需要,对一些学术图书采用繁体字排版。对于像中华书局这样一些老牌的古籍类图书出版社,这不是一个问题,而对于新兴的出版社和文字改革以后出生的新生代编校人员,这又确实是一个问题。由于简体字和繁体字不是简单的一一对应的关系,通常由简体字入繁体字时,发生转换的错位。例如,简体字"复",在繁体字中有对应的"復""複",在繁体字中,"複",表示重复,如"複写","復"表示反复、恢复等,如"收復"。这就要求编校时;不仅要熟悉繁体字,而且要熟悉简繁字体的对应关系。否则,就会闹出错误。如,有一部书将"范进中举"写作"範進中舉",岂不知,"范"作"模式"解,繁体字作"範",用于姓氏时,繁体字仍作"范"。

因此,正确把握简体字与繁体字及其对应关系,有利于我们正确驾驭祖国的文字,也是学术图书编校应具备的基本功夫。

四、索引:最后的,但不是不重要的

比照国际学术图书的惯例,近年来,我国出版的学术图书越来越多地编有索引,这大大增加了图书的使用价值,方便了读者。

图书索引编制主要包括人名索引、文献索引和词语索引。在具体编排上,有的图书逐一编制,有的图书三者合一编制。在编排方式上,有的是笔画顺序排列法,即各索引项按首字笔画数归类编排;有些图书是音序排列法,即各索引项按首字拼音相对应的英文字母顺序排列。后者因编排方便,正越来越多地被广为采纳。

无论是笔画编排法,还是音序编排法,每一笔画类或音序类内部,仍有一个顺序的问题。以笔画编排法为例,相同笔画的不同字头的索引项,还应该按一种内在的顺序排列,通常有"札"字笔顺法,即按一丨丿丶乙的顺序排列,相同字头的索引项,字数少的在前,字数多的在后,头字相同,字数相同的,按第二字的笔画数由少到多排列。而目前,有一些学术图书的索引排列混乱,同一笔画内的不同字头索引项,缺乏统一的排列顺序规则,同一字头的索引项的编排也有一定的随意性。笔者认为,除了增加编校含量,对索引的编校给以足够的重视外,尽快开发索引编制软件,把编辑校对人员从机械繁琐的手工编制索引工作中解脱出来,是从根本上提高学术图书索引编制质量的最终途径。当然,电脑不能完全替代人脑。因为,同一个索引项有时可能以不同的名称出现,例如,封建时代的帝王,有时以庙号或帝号出现,有时以名字出现,如果一味依赖电脑,就会出现下列情况:在笔画排列法的八画或音序排列法的 H 部有"忽必烈"条,而在四画或 Y 部又会有"元世祖"条,这就出现了似二实一的情形。

有关图书索引编制的另一个问题是,是不是所有的词语、人名或文献都要编制索引,如果是,会不会失之宽泛,招致索引过滥的诟病;如果不是,那么,索引项取舍的标准又是什么?理论上,索引的意义在于方便读者检索,索引项应该是具有一定检索价值的条目,索引项的择取应该是以图书的主题为核心,以与图书主题关系的疏密程度作为取舍的标准,以在图书中的复现率(出现的频率)为参考,但如何量化,索引量与正文量之间有无一个对应关系,编辑实践中仍难以把握,出版界似没有一个规范通则,还需要进行探讨,以取得共识。

(原载《中国出版》1998 年第 4 期,收录时略有改动)

学术出版的新常态*

学术出版是大学出版的天然属性,是大学出版的理想与品格。特别是中国第一方阵的大学,其所主办的大学出版社,如果远离了学术出版,是不可思议的。

现实是,大学出版社在码洋和利润指标面前,学术出版的理想略显苍白。我以为,要深入地培植大学出版人的人文精神,这是学术出版的重要动力源,也要认识到学术出版所进入的新常态。

南大社提出"学术立社",是基于我们自身的学术出版的历史。

南大社在三十多年来的学术出版的进程中很幸运,遇到了一位教育家老校长匡亚明教授,遇到了资深哲学教授张异宾。匡校长启动编撰201部《中国思想家评传丛书》时,已经快耄耋之年,老人家有一股精神,本着对中国文化的热爱,对民族未来的关怀,他呼吁并成立了中国思想家研究中心,邀请海内外的学者编撰201部《中国思想家评传丛书》,南大社为老校长的精神所感染,毅然决然承担起201部评传的编辑出版任务,经过16年的慢出版,201部整体推出,成为南大社一路前行的文化压舱石。常云十年磨一剑,我们十几年磨一套书,作为有幸亲历其事的编辑,我的感受是,没有一点

---

* 这是2015年11月14日在南京大学出版社、复旦大学出版社、浙江大学出版社三家大学社联合举办的出版论坛上的讲演,收录时略有改动。

人文精神,很难支撑下去。我们为这套书付出长期的努力,也得到长久的回报,我们获得中国出版政府奖图书类奖,开发了丰富的衍生产品,如《中国思想家评传简明读本》,走向海外,出版了英译本、日译本、韩译本等,向下我们开发了《中国现代思想文化名人传记系列》等,当然,衍生产品的开发还有很大空间,还可以继续努力。张异宾教授在新千年前夕,领衔主编了一套国外大型多学科前沿学术读物《当代学术棱镜译丛》,旨在为经济的全球化和学术的本土化脉动中"知己知彼",打开一扇视窗。经过近20年的积累,已经出版过百种,产生了一批有影响的文化学术译本。"评传丛书"让我们在传统思想文化领域的学术出版奠定了极其深厚的基础,"棱镜译丛"让我们触摸当代世界学术的前沿,并与海外学术出版同行建立了良好的关系。南大出版社受益于两位学者的启迪,接过上一代的接力棒,把"学术立社"作为南大出版社发展的基石。进入"十二五"以来,南大社在学术出版领域取得一点进步,学术出版收获奖杯的同时,也收获口碑,形成出版社的优质无形资产。

学术出版人在精神上往往能够与学界、与学者产生共鸣,特别是好的学术作品获得社会认可,也是对出版人的认可。但如果从码洋、利润指标来检视,对编辑和项目人还是有顿挫感的。学术出版往往是一流大学出版社赢得声誉最重要的凭籍,这种无形的声誉创造了隐形的生产力。我们不能简单用码洋和利润来等量齐观。如果学术出版和教材教辅出版、童书出版、文学文艺出版,采取同一把利润或码洋考核的标尺,是很难保持学术出版理想的。

学术出版的新常态是在学术出版结构对称态基础上的学术出版的可持续发展,是学术出版品种与结构优化基础上的增长,不仅仅是码洋、利润的增长与规模最大化。

什么是学术出版结构的对称态?我的理解是,第一,学术出版与学术编辑力的对称。学术出版是非常专业化的科学、技术或艺术的知识加工、再生产过程,学术编辑的专业结构对应学术出版的产品结构,也就是通常所说的术有专攻的问题。我曾经因为工作的关系与某著名大学文学院一位名教授多次在一起开会(我们都是江苏省政协委员,他是政协文史委员会主任,是我的领导),一次他赠送我一本签名新著,他说他的著作只在国内三家出版社出版,这三家都是出版古籍与古典文学的专一出版社。可见高水平学术著作的作者看重的是谁能胜任他作品的编辑加工。钱钟书先生的《谈艺录》对应的编辑就应该是周振甫先生,因为周先生懂钱先生的学问,不仅编好《谈艺录》,还与人合作撰写了一本《〈谈艺录〉读本》。所以,钱先生肯把作品交给中华书局出版。这就是一种对称。

今天,像周振甫先生这样的资深学者型编辑可遇不可求了。今天的编辑普遍没有周先生那个时代编辑的成就感,码洋焦虑、利润焦虑固然让大家"压力山大",但没有周先生那一代编辑的学养功夫,没有赢得作者的敬佩也是一个很重要的原因。学术出版是大学出版的理想和品格,特别是像C9大学所属的出版社,应该是中国大学学术出版的引领者,应该培养一支学术出版队伍。这方面南京大学似不自觉做了一些尝试:(1)鼓励编辑在职攻读博士学位。我们现在博士学位获得者6位,2位在职攻读,他们熟悉学术发展的动态,了解自身所在领域的学术史,有较好的学术训练,可以与学者对话、对接,是学术出版的生力军。(2)分享所在学术母体学术资源,参与学校的人才培养、学术交流项目等。我们出版社先后有3位同志6人次赴美国、英国、澳大利亚和中国台湾地区访学,这其中固然有参加同志的个人的学术努力,更多是得益于学校的学术资源(我本人2000年去美国格林奈尔学院历史系访学一学期,2006年去澳大利亚拉筹伯大学社会科学院访学1个月,2007年去台湾"中研院"近代史所访问2周,都是凭借了学校和院系的学术资源),6人次赴德国、日本、美国洽谈出版业务,这些对提升编辑学术视野、激发学术活力有意义。(3)鼓励编辑参加学术会议。南大社一直鼓励中青年编辑参加学术会议,了解学术发展动态,拓展学术人脉,随着学术出版的国际化,中青年编辑已经开始参加国际学术会议。我们还有三位正高级职称的编辑在院系兼任研究生导师,教学相长,作为行业导师为学校培养人才做贡献,也从编辑出版专业的年轻研究生那里获得启发。学术编辑不断从上述学术活动中汲取养料,厚植了学术出版的根基。

第二,学术出版生态圈与学术出版结构的对称。学术出版物、学术出版物涉及的学科领域及分支领域、专业编辑人才、长期关注学术出版的读者、学术作品的生产者,甚至出版社所在城市相关联的学术资源,对大学出版社而言,还有所依赖的学术母体——大学,这些构成了学术出版生态圈。这一生态圈决定了学术出版的最优化的方向、内容、板块结构。如果学术出版选题方向偏离甚至远离了我们各自的学术出版生态圈,定位粗放,这样的学术出版一定是"靡不有初,鲜克有终"。

20世纪90年代末,我们决定把民国学术研究作为我们的学术出版方向。当时我自己就是民国史研究方向的在职博士研究生,有一大批活跃在民国史研究领域内的师友,我自己也是教育部人文社会科学重点研究基地南京大学中华民国史研究中心的一分子,参与中心的学术活动、学术会议。南京曾经是民国首都,这里还有中国第二历史档案馆,有总统府等大批南京国民政府遗存,做民国学术出版有很好的学术生态圈。这些年,我们出版了《中华民国史》(4卷本),《中华民国专题史》(18卷),《南京大屠杀全史》(3卷本),《共和肇始:南京临时政府研究》,近几年,我们获得中国出版政府奖、中华优秀出版物奖等三项次国家级大奖,其中两项属于民国学术出版,在国家出版基金资助、国家社科基金后期资助、国家社科基金中华学术译项目和财政部文化产业发展专项资金项目等领域,都有民国史学术出版的身影,《居正与近代中国》一书在台湾书展期间,引起台湾学界及社会的热烈反响,这些都产生了较好的社会效益,并拉动了民国史板块大众图书的销售,例如,辛亥革命100周年前夕,我们推出《我的祖父孙中山》一书,销售近4万册。最近,我们正在冲刺国家十二五重点图书出版规划项目"钓鱼岛问题文献集"(12卷本),签约了《中华民国艺术史》(3卷本),正在跟进教育部协同创新中心项目中国抗日战争史研究项目。

第三是学术出版规范与学术规范的对称。学术出版规范可以促进学术规范。当下学术出版规范的最大不足是程序规范不够。我们只有编辑审稿(editorial refereeing),没有学术同行的审稿(peer review),学术出版的专业化审核体系不健全,这是由于学术出版某种程度上完全等同于补贴出版。因此,如何在完善编辑审稿的基础上,建构高效、高水平的同行匿名审稿制度,是学术出版新常态面临的重要课题。

学术出版是高度专业化的出版,编辑要拥有学术话语权,必须确立一些学术出版的门槛机制,加大学术的权重,多出版一些有传世潜质的好书。

我们这个论坛已经有10多年了,如何联络C9大学出版社的同人,加强学术出版的交流、对话,小而言之,为进一步确立大学出版社学术出版的话语权,大而言之,为推进中国学术出版走向世界,贡献大学出版人的绵薄之力,希望三家大学出版社的领导来引领和规划。

最后,我套用中国近代一位思想家墓志铭上的一句话,与学术出版的同道们共勉:我们正进入互联网技术引发产业革命的时代,我们深信,传统的载体终究要化灭,出版的技术也会变异,但学术出版给予人类的光明将永远存在。

澳大利亚高等出版*教育的定位、特点与启迪

与英美等国家相比,澳大利亚人口稀少,市场容量有限,出版业竞争激烈,进入出版业的门槛很高。无论是业内人士还是想进入出版行业的人都希望通过专业深造以取得更高的从业资格。为了适应这种需要,从20世纪80年代末期开始,澳大利亚高等出版教育进行了改革,并在改革中逐步找到了自己的位置,形成了自身的特点。了解澳大利亚高等出版教育的定位与特点,对于探索中国的高等出版教育发展之路是个有益的参照。

一、澳大利亚高等出版教育的定位:与其说是学历教育,毋宁说是继续教育、职业教育

高等出版教育在澳大利亚很普及,办学层次也较高。言其普及,在全澳大利亚近四十所大学(university)中,开设编辑出版课程或授予学位的高校

---

* 这里的"出版"是包括编辑、复制、发行等活动在内的大概念。而文中提到相关专业名称和相关项目名称时,均将"编辑"和"出版"相提并论,此时"出版"的概念是一个与"编辑"等同的概念,指包括取得作者作品,帮助作者提炼、完善作品的内容,使书稿达到适合公之于众的质量等在内的全过程(which is the process of accepting the author's work, assisting to refine the content, and making the document publicly available)。

有12所①，其中不乏一些著名大学，如墨尔本大学、莫纳什大学、墨尔本皇家理工大学等。这些学校的数量约占澳大利亚大学总数的四分之一。与美国、英国、加拿大等发达国家相比较，无论是所占全部大学总数的比例数，还是绝对数，都是高踞前列的。言其层次高，这些大学中的大多数都可以授予硕士学位，这一比例也普遍高于英、美、加拿大、日本等国家。此外，澳大利亚的一些学会或行业协会，在出版教育领域也有所作为，如位于维多利亚州的编辑学会就开设编辑出版方面的课程，这也是澳大利亚高等出版教育的一个亮点。

澳大利亚没有专门的出版类大学或学院。和中国的大多数高校一样，澳大利亚的高等出版教育专业（方向）隶属于不同的系科或二级学院，有的隶属于人文学院（Arts），如莫纳什大学的"出版与编辑"隶属于"人文、传播与社会科学"学院（Humanities, Communications and Social Sciences）；有的隶属于传播学院（Communications），如墨尔本皇家理工大学的"编辑与出版"隶属于"应用传播"学院（School of Applied Communications），悉尼大学的出版教育专业（方向）隶属于"媒体与传播系"（Department of Media and Communications）；也有的隶属于语言学系，如墨尔本大学的"出版与编辑"隶属于英语系，麦考里（Macquarie）大学的"编辑与出版"、麦克勒（Macleay）学院的"图书编辑与出版"均隶属于语言学系（Department of Linguistics）。

---

① 这12所大学是：墨尔本皇家理工大学、莫纳什大学、墨尔本大学、维多利亚大学、迪金大学、昆士兰科技大学、悉尼科技大学、麦考里大学、南澳大学、昆士兰大学、南昆士兰大学、科廷大学。该数据由澳大利亚墨尔本皇家理工大学编辑与出版项目主任迈克尔·韦伯斯特统计，统计时间截止到2004年4月。

察看整个教育的链条,澳大利亚的高等出版教育实际是大学后教育,通常要求受教育者已经完成大学本科教育,拿到学士学位并有一定编辑出版工作的经历。在澳大利亚,人们选择出版产业是因为出版业是有创意的文化产业,进入出版业可以实践自己的文化创意。从性别看,出版从业者以女性居多,原因可能是出版业中,有些工作,如编辑工作,有一定的时间弹性。因此,接受高等出版教育的人群中,女性的比例高于男性。

在澳大利亚,本科以后的教育有硕士证书(postgraduate certificate)、硕士文凭(postgraduate diploma)、硕士学位(master's degree)和博士学位(Ph.D.)等层次。硕士证书、硕士文凭都是以上课方式完成,内容可以与大学本科期间有关联,也可以是独立的。申请硕士证书、硕士文凭通常要求取得学士学位,但如果有丰富的相关工作经验,也可以弥补学历的不足。申请硕士学位则需完成一篇短论文。澳大利亚的这一学制决定了其高等出版教育的层次,主要有三个:硕士证书、硕士文凭和硕士学位。

硕士证书层次,学分要求不高,供选修的课程也相对较少,课程内容相对于出版产业而言是基础性的。硕士文凭层次,学分要求介于硕士证书与硕士学位之间,与前者相比,除了增加了学分数,还增加了实习环节。硕士学位层次,除了学分数高,另外还有论文的要求。

墨尔本大学是一所国际化、研究型、综合性的世界知名大学,在2006年全澳大学中综合排名第一。该校的"出版与编辑"课程设置的特点,可以视作澳大利亚高等出版教育课程设置的标杆。下面以墨尔本大学的硕士证书、硕士文凭和硕士学位三个层面的课程设置与课程目标为例(见表1),来说明澳大利亚高等出版教育的定位。

表1

	硕士证书	硕士文凭	硕士学位
开设课程	每门课12.5学分,须修满50学分 编辑结构 编辑英语 当代出版业 出版商务交流 编辑写作技巧 网络写作与编辑 印制与设计	每门课12.5学分,须修满100学分 编辑结构(必修) 编辑英语(必修) 当代出版业 出版商务交流 编辑写作技巧 网络写作与编辑 印制与设计 实习(25学分) 出版伦理与法律 印刷市场的结构与战略 出版与传播 受众研究 公共关系与社团 新闻理论与实践	每门课12.5学分,须修满200学分,且递交3000字有新意的论文 研究方法论(必修) 编辑结构(必修) 编辑英语(必修) 当代出版业 出版商务交流 编辑写作技巧 网络写作与编辑 印制与设计 阅读与图书史 出版业与全球化 数字与编辑出版 杂志高级编辑 印刷生产与设计 图书高级编辑 杂志高级编辑与出版 伦理与法律问题 高级专业编辑 论文(必修,37.5学分)
课程目标	概要了解文艺作品和媒体的编辑原理与方法; 了解电子编辑和数字媒体出版的实用技能; 对出版业进程变化能够有自己的思考,有研究的技能和相关主题写作的技能	在文艺作品和媒体的编辑原理与方法方面有坚实的基础; 实际掌握电脑在印刷和数字媒体出版中的运用; 对澳大利亚及亚太地区的出版业组织机构与运作有全面的了解并能够进行分析;	完成一项重要的理论、实务或者理论与实务相结合的研究项目; 能够在编辑出版项目中解决问题,从事研究、写作; 深入了解编辑的原理与方法,详细了解计算机在印刷和数字媒体出版中的应用;

续 表

硕士证书	硕士文凭	硕士学位
	在出版业务的沟通方面,无论是口头的还是书面的,都有高水平的沟通技巧; 对出版业进程中的变化能娴熟地开展研究,进行相关主题写作和理性批判	获得详细的有效沟通战略的知识,较好地了解全球范围内尤其了解澳大利亚与亚太地区的商业出版机构及其运行; 熟悉印刷生产和设计,包括了解印刷文化史; 熟悉编辑出版学科的伦理与法律标准; 有批判性评价与有创意的自觉能力; 重视交流、证据、合作和建设性的批评,尊重作品的完整性

从表1中可以看出,这些课程有如下特点:(1)偏理论性的课程少,重编辑出版实务的课程多;(2)学科体系主导型的课程少,岗位任务驱动型的课程多;(3)实用性、实践性强,与业界联系紧密,体现产业发展的新动态、新趋势,如电子技术、网络技术的应用,全球化与出版产业的整合等。

澳大利亚高等出版教育的课程设置不仅贴近出版业的最新发展,而且课程更新快。多数高校的课程是一年更新一次。这一点也是与世界趋势相吻合的。例如,美国纽约大学的暑期出版学校(SPI),就是以课程引导出版业发展趋势、更新速度快而著名的。自1988年以来,澳大利亚的高等出版教育一直都是基于这样的目标:学生通过课程学习与实践所掌握的基础知识与基本技能,与商业出版实践中各个关键领域所需要的基础知识与基本技能高度契合。

2006年秋,笔者在澳大利亚拉筹伯大学做访问学者时,曾专门拜访墨尔本皇家理工大学应用传播学院编辑与出版项目负责人麦克尔·韦伯斯特

2006年11月，笔者访问墨尔本皇家理工大学迈克尔·韦伯斯特教授

先生。麦克尔·韦伯斯特先生也是澳大利亚资深的出版人士。据韦伯斯特先生介绍，硕士文凭这一层次的教育最受澳大利亚业界的欢迎。因为这一层次主要是让学生以课程的形式学到有关出版的业务知识，修业年限短，通常为一年。这一层次又招收有工作经验的学生，他们以后能继续在出版领域取得更高的资格。硕士文凭层次强调实践环节，实习的学分数达到25分。学生更受业界欢迎。这从另一个侧面说明，这个层次的教育是最贴近产业需求，也是最成功的。

在办学的方式上，各大学也是因地制宜。有全日制的，如墨尔本大学，有业余形式的，如墨尔本皇家理工大学；授课方式有采取传统的面授形式的，也有采用现代技术的远程网络形式的，如麦考里大学。

无论从对入学者资格的要求看（不唯学历，有丰富的工作经验也可弥补），还是从课程设置的导向看（以就业为导向，重视实践与应用，紧密追踪行业的最新发展），还是从学生对接受教育层次的实际选择看，澳大利亚的高等出版教育，与其说是学历教育，毋宁说是继续教育、职业教育。

二、澳大利亚高等出版教育的特点：一只脚在学界，一只脚在业界

澳大利亚的高等出版教育对入学申请者的资格要求是：硕士证书层次，一般要求大学毕业后有1~2年的编辑出版工作经历；而修读硕士文凭和攻读硕士学位者的入学要求，则是3~4年编辑出版工作经历。申请者应当理解力强和富有创意。

澳大利亚高等出版教育的组织者、实施者不是仅由大学的老师构成，而是由包括来自产业的实践者（practitioners）等在内的多方面人员组成。这是澳大利亚高等出版教育的一个特点。首先，澳大利亚高等出版教育的课程项目必须有行业协会参与，并且得到行业协会的认可。许多大学的出版教育的课程项目都要得到澳大利亚出版工作者协会的认证。其次，课程设置是由"课程协调员"（course coordinators）负责的。他们往往有丰富的产业实践经验，熟悉教育，更熟悉产业发展的动态，被称为行走在学界与业界的双栖型人才。课程设置每年都进行更新与调整，以与产业的发展相衔接。墨尔本皇家理工大学是一所以培养应用型人才著称的大学，其编辑与出版项目课程协调员的主要从业经历（见表2），充分体现了澳大利亚高等出版教育"一只脚在学界，一只脚在业界"的特点：[1]

---

[1] 这部分材料由澳大利亚墨尔本皇家理工大学编辑与出版项目主任迈克尔·韦伯斯特提供。

表 2

课程协调员	主要从业经历
苏珊·基奥	剑桥大学出版社编辑部主任,墨尔本大学出版社高级编辑,孤独星球出版公司系列读物出版经理,澳大利亚编辑学会终身荣誉会员
特蕾西·肖内西	墨尔本大学出版社特约编辑,瑞德图书出版公司编辑部主任,洛锡安图书出版公司高级编辑,时代生活图书出版公司生产部经理、财务总监
朱迪·布吉尼翁	有二十多年学术图书贸易宣传工作的经历,企鹅图书出版公司的资深宣传人员,牛津大学出版社经理,墨尔本大学出版社的营销经理

从表 2 中可以看出,课程协调员往往有在多个著名出版公司工作的经历,在业界有多个领域的实践经验,并担任过一定的管理职务。他们熟悉出版企业最欢迎什么样的人才,知道什么样的知识结构是合理的,什么样的实践是必须的,除了知识与技能,还需要具备哪些非智力的要素,等等。与之相对应,他们在协调课程时,非常清楚应该设置什么样的课程,应该扬弃什么样的课程,应该增加哪些实践性环节,课程的设置与产业的流程应该是怎样的对应关系,等等。如此一来,课程的协调能够有的放矢,人才的培养也就越来越接近产业的需求。

课程协调员承担了组织协调的工作,他们邀请许多资深的出版业内人士作为"访问讲师"前来授课。这些"访问讲师"中的每个人都在出版实务领域有建树,擅长出版教育。教育组织者、实施者的"一只脚在学界,一只脚在业界",决定了澳大利亚高等出版教育是直面产业需要与产业发展的,避免了产和学的脱节,最大限度地避免了教育与产业需求"两张皮"的尴尬。

由于有出版工作经验的学生来自不同的出版企业,他们也带来了各自企业的信息。这些信息是多维度的,涵盖了出版产业各个环节。学生们在一年左右的相处、交流中,相互碰撞,相互启迪,相互学习,也相互融合。有了这样一个平台,出版企业之间的信息不再相互隔绝,学校对于企业的了解也不再是雾里看花;有了这样一个平台,"学"与"产"的结合更紧密,"学"服务于"产"的目标更清晰,教育的效果也更好。

三、澳大利亚高等出版教育的借鉴与启迪:他山之石,可以攻玉

我国现阶段的出版人才的产生主要有出版专业培养、非出版专业培养＋出版专业培训两种途径。一是我国有专门的出版学系科、院校。这些系科、院校设置了编辑、出版、设计、印刷、营销、发行等专业,为出版业输送专业人才。尽管如此,学校培养和输送的专业出版人才在整个业界的专业人才队伍中所占比例并不高。现有出版队伍中的大多数,是非出版类本科或本科以上毕业生。二是出版企业及其上级主管部门的短期培训。这种培训对出版企业来说,费时少,针对性强,现学现用。现在,出版企业人才培训正在升级,越来越多的出版企业把骨干编辑送到国外大的出版公司或大学去进修。澳大利亚高等出版教育的定位与特点,对我国的出版人才培养有不少可借鉴之处:

1. 出版人才应该在多学科综合背景下培养,而非进行单一向度的单一学科的教育

我国的高等出版教育主要有本科、硕士、博士三个层次,学科性、体系性强,重视课堂教育和基础理论训导。这是中国的教育传统所决定的,也是与现阶段大学教育的评估体系分不开的。这种方式培养出来的学生,基础扎实,有理论研究的能力。但另一方面,这种教育也存在比较突出的问题,就是对出版产业的实际发展关注不够,课程的更新未能与产业发展相同步,出版教育与出版产业在一定程度上相脱节,培养出来的学生动手和实践的能

力比较弱,无法满足业界的实际需要。

建议改革国内高等出版教育的由本科到硕士再到博士的单一学科的线性培养模式。据统计,国内有二十余所高校开设出版类本科专业,如果简单取消出版类本科教育是不可取的。笔者建议由现有出版类本科开设或增设双专业(学位)教育,逐步过渡到将出版教育定位为本科后的教育。因为仅仅是出版专业的教育背景,而缺乏其他学科、专业的知识、技能,毕业生在未来的出版产业中很难适应多学科、多专业出版要求。出版产业属于知识产业,从业者丧失了除出版以外的学科专业话语权,在出版产业是很难获得可持续发展的,这一点,已经引起业界有识之士的关注[①]。与此相对应,建议提高报考出版学研究生的门槛,尽可能选择有一定出版经验或经历,或本科阶段修学的是非出版类专业的学生,从学科交叉和实践环节两个方面优化出版人才的培养。

2. 重视出版教育的岗位性、职业性

出版人才的培养应该以出版产业的需求为导向,在课程设置、导师配备、专业实践等方面,与出版产业保持紧密的联系。学界应充分依靠出版企业与出版行业学(协)会,邀请他们之中那些实践经验丰富又有学术造诣的资深编辑、出版管理人员、设计人员、营销人员和会计师等,到学校开设讲座、讲授课程、指导论文等。有条件的高校可以实行出版人才培养的双导师制,即学界一位导师,业界一位导师。业界的导师可以直接带领学生深入产业链的各个节点:参与市场调研,了解读者的需求,参与选题的策划、文稿的编辑和与作者的沟通,熟悉生产制作的流程、装帧设计的要素,熟悉市场营销筹划、发行环节,懂得出版物的成本核算、利益与风险的评估,等等,学生的论文题目的选择最好与出版产业实际需要探讨和解决的课题相契合。

---

① 蔡克难.合格编辑是这样打造的[J].编辑学刊,2006(6):52-53.

3. 构建有出版企业和行业学(协)会参与的出版类人才培养评价标准和评价机制,对高等出版教育形成正反馈

建议尽快推出出版从业人员的岗位描述与岗位要求,为出版人才培养提供一个参照。要尽快改变普遍存在的教育与产业相脱节的"两张皮"现象。可以直接借鉴澳大利亚高等出版教育的"课程协调员"制度。大学在设计课程时,邀请不同类型的出版企业的各个关键领域或部门的资深人员参与,把出版企业发展过程中的新技术体现在课程设置中,把出版企业对人才的新要求反映在课程设置中,把出版企业发展的新趋势,呈现在课程设置中。改进考核体系与考核方法,加大对实践环节的考核,把业界对人才的要求作为出版教育绩效考核的终极目标。

(原载《中国编辑》2007年第4期)

出版语境下的南京大屠杀史研究

南京大屠杀史研究是抗战史研究的重镇,自20世纪80年代中期开始,南京大屠杀史研究逐渐成为史学研究的"显学",陆续出版了一批史料、研究成果和普及读物,也走出本土,走向世界。本文试从出版语境的角度,分别从学术出版、大众出版、教育出版及版权输出几个层面,检视南京大屠杀史的研究成果及普及读物。

一、学术出版:从内部小范围印刷到公开正式出版,从"险学"选题到"显学"主题

南京大屠杀史研究发轫于20世纪50年代末。南京大学历史系教授高兴祖先生发起成立了"南京大屠杀调研小组"[①],高兴祖教授也成为中国研究南京大屠杀史的第一人。最初的研究资料主要来自图书馆的报刊,最初的出版成果定名为《南京大屠杀——侵华日寇暴行实录》,本应由江苏人民出版社于1962年出版,后因现实政治中中日关系调整,该书只在1963年印制15册样书赠作者[②],未能正式公开出版发行。最初研究南京大屠杀史的

---

① 吴世民.关于国内第一本记述南京大屠杀的书[J].日本侵华史研究,2015(4).
② 吴世民.关于国内第一本记述南京大屠杀的书[J].日本侵华史研究,2015(4).

学术成果,也因此未能发挥学术出版的效用,作者获赠15册样书,尽管保留了南京大屠杀史研究最初出版成果的"星火",但南京大屠杀史研究学术出版一开始还是烙上"险学"选题的印痕。

南京大屠杀史研究为这一主题的学术出版做了知识生产的储备,其学术出版也遵循了学术研究的内在逻辑,即史料出版先行,史料出版成为史著出版的先声。自20世纪80年代中期开始,一批南京大屠杀史料陆续出版问世。出版的轨迹折射出史料研究整理的路径:先易后难,先成文史料,后口述史料;先本土史料,后域外文字史料;先文本史料,后图像史料。成文史料主要包括报刊、档案原始资料,如《侵华日军南京大屠杀史料》(南京图书馆等编,江苏古籍出版社,1985年版)、《侵华日军南京大屠杀档案》(中国第二历史档案馆、南京市档案馆编,江苏古籍出版社,1987年版);口述史料,如《侵华日军南京大屠杀幸存者证言集》(朱成山主编,南京大学出版社,1994年版)、《侵华日军南京大屠杀外籍人士证言集》(朱成山主编,江苏人民出版社,1998年版);域外文字史料:《远东国际军事法庭判决书》(张效林译,群众出版社,1986年版)、《拉贝日记》(江苏人民出版社等,1997年版)、《天理难容:美国传教士眼中的南京大屠杀》(南京大学出版社,1999年版)、《东史郎日记》(江苏教育出版社,1999年版)、《魏特琳日记》(江苏人民出版社,2000年版);图像史料:《南京大屠杀图证》(中央档案馆等编,吉林人民出版社,1995年版)、《人类记忆:南京大屠杀之实证》(张宪文主编,人民出版社,2017年版)。

史料出版集大成之作是72卷本的《南京大屠杀史料集》(江苏人民出版社,2007—2015年版),4000万字,凝聚了南京地方历史学工作者近十年的协同努力,为后来系统研究南京大屠杀史奠定了厚实的基础。

1979年,高兴祖教授在其开山之作《南京大屠杀——侵华日寇暴行实录》的基础上易名以内部出版的方式出版了《日本帝国主义在南京的大屠杀》[①],虽未公开出版,却是出版界在当时的历史环境下对南京大屠杀研究成果最好的支持。中国第一部公开出版发行的南京大屠杀史研究的著作是高兴祖教授的《日军侵华暴行——南京大屠杀》(上海人民出版社,1985年版),首印34000册,很快脱销。这本著作的问世距离高兴祖先生第一次交稿出版社,过去了23年。

从《南京大屠杀——侵华日寇暴行实录》到《日本帝国主义在南京的大屠杀》,再到《日军侵华暴行——南京大屠杀》,书名的变化折射了研究与出版的蜿蜒路径。《南京大屠杀——侵华日寇暴行实录》,直击尘封国殇记忆,还原血腥的历史场景;《日本帝国主义在南京的大屠杀》,注意区隔了日本帝国主义与日本人民,研究者投南京大屠杀暴行之"鼠",忌中日友好之"器",学术研究投射了现实政治的考量;《日军侵华暴行——南京大屠杀》,回到历史事件本身,把南京大屠杀史置于日本侵华史的大背景下考察。

20世纪80年代中后期开始,日本右翼否定南京大屠杀惨案的声浪客观上刺激了中国学者进一步投入南京大屠杀史的研究,出版了一批以"刺激—求证—反击"为主要模式的研究著作,其中90年代的代表性作品是《南京大屠杀》(孙宅巍主编,北京出版社,1997年版),新千年的代表性作品为3卷本《南京大屠杀全史》(张宪文主编,南京大学出版社,2012年版)。

2011年,《南京大屠杀全史》(3卷本)入选"十二五"国家重点图书出版规划项目,2014年,《南京大屠杀史》(以《全史》为底本的简明本,南京大学出版社,2014年版,下同)入选国家社科基金学术外译项目,2015年,《南京大屠杀史》英文版、日文版(南京大学出版社,2015年版)入选国家新闻出版

---

① 吴世民.关于国内第一本记述南京大屠杀的书[J].日本侵华史研究,2015(4).

广电总局"纪念中国人民抗日战争暨世界反法西斯战争胜利70周年"主题出版图书,2017年,《南京大屠杀史》又入选国家新闻出版广电总局"丝路书香"工程。

从20世纪六七十年代南京大屠杀史研究出版的犹抱琵琶半遮面,到20世纪10年代,南京大屠杀史研究成果成为重大主题出版选题项,南京大屠杀史研究的学术出版的路径,从内部小范围印刷到正式公开出版,从"险学"选题到"显学"主题,从中可以窥见南京大屠杀史研究成果出版所走过的不平凡的旅程。

二、大众出版与教育出版:从提高到普及,从个体的阅读记忆到共同的国族记忆

大众出版,主要着力于面向社会公众的普及读物。就受众影响面而言,普及超越了以提高为旨趣的学术出版。大众出版需要借鉴学术出版的成果,但大众出版物的写作风格、表达方式有自己的路径。南京大屠杀史选题凝重,画面甚至不可避免地血腥,这样重大题材的选题,表达如何深入浅出,避免繁琐枯燥的考证;建构如何以人物故事为中心寓史识于史事的铺陈之中;叙述如何借鉴文学的手法,化枯燥史事为可读文本,或图文结合,文字符号与图像符号相印证,不仅是史家或作家的责任,也是出版者需要思考的。

旅美华人作家张纯如的《南京暴行:被遗忘的大屠杀》(企鹅出版公司,1997年版),是一部非虚构、建立在研究基础之上的通俗读物,出版后获得世界性的社会影响,是迄今为止面向大众的有关南京大屠杀史实的最畅销作品,曾经在《纽约时报》畅销书榜单停留十周之久,销量近50万册,先后有英、汉、法、日等七种文字版本。张纯如作品成功出版,很大程度上得益于她

恰到好处地运用了写作技巧,她曾经在美联社、《芝加哥论坛报》工作过,熟悉受众阅读心理;又在约翰斯·霍普金斯大学拿过写作学的硕士学位,①她懂得如何征服读者。这样的作者非常值得出版人期待,也值得著作者借鉴。

目前国内作者也开始有了很好的尝试。作家何建明《南京大屠杀全纪实》(江苏凤凰教育出版社,2014年版),以文学的笔法,基于历史事实,全景式介绍了南京大屠杀的历史,是一部可读性相对较强,多视角介绍南京大屠杀历史的传记文学作品。

中国学人出版的有关南京大屠杀史事目击者和记录者的系列人物传记,以人物为中心,从个性化的视角,以人物故事的形式,普及了南京大屠杀历史的知识,包括《南京大屠杀的见证人——拉贝传》(黄惠英著,百家出版社,2002年版)、《魏特琳传》(张连红等著,南京出版社,2001年版)、《1937—1938:人道与暴行的见证——经历南京腥风血雨的丹麦人》(戴袁支著,江苏人民出版社,2010年版)、《拉贝画传》等,丰富了南京大屠杀史的阅读材料。普及读物的意义,在于让受众通过阅读获取的记忆,可以升华为大众共同的国族记忆。

教育出版主要以在校青少年学生为受众。教育出版也是以学术研究与学术出版为前提的。20世纪80年代中后期,中小学的历史教科书都设有专节,介绍南京大屠杀的基本史实。但是把南京大屠杀惨案放进整个中国现代历史的教材里,叙述的篇幅有限,因此有必要在历史教材之外做专题性的补充,帮助青少年学生进一步理解这一段已经进入世界记忆遗产名录的惨痛历史。2014年,国家设立南京大屠杀死难者国家公祭日,直接推动了南京大屠杀史专题在事发地南京的教育出版。南京教育局组织编写了《公

---

① 张盈盈.张纯如:无法忘却的女子[M].北京中信出版社,2012:90,101.

祭读本》系列,包括《血火记忆》《历史真相》《警示思考》三册(南京出版社,2014年版),考虑不同年龄段学生的认知心理和不同年级学生的特点,有针对性地分别编写出版,赠送小学高年级、初中二年级、高中二年级学生阅读。《血火记忆》以南京大屠杀历史事件中的重要人物,串讲了10则故事,以人物牵引史事,引导小学生读者形成初步的历史认知;《历史真相》以重大史实为线索,再现历史真相;《警示思考》则是引导学生在了解的史实基础之上,形成自己的初步史识、史观,从近百年中国历史的大背景探索惨案的成因以及对珍爱和平的体认。《公祭读本》系列是第一部按受众认知层次出版的南京大屠史研究系列读物,借鉴国家义务教育教材做法,免费赠送,在籍学生人手一本,受众面广。

网络时代,如何告别单一的文字形式、单调的黑白两色,代之以文字、漫画、插图相融合,多色彩调节的多维度阅读,既告诉小读者们战争的残酷,历史的真相,又让他们懂得和平的珍贵,这是出版者和南京大屠杀史研究者、撰著者需要共同努力的课题。

无论是大众出版,还是教育出版,都是在把南京大屠杀史的研究成果做知识的普及,向受众输出历史信息,使其在知识吸收层面,形成阅读记忆,在文化心理层面,形成共同的国家—民族记忆。

三、版权输出:从自发到自觉,从文化传播到价值认同

版权输出的实质是一种文字的出版物,以另一种文字,在不同的国度或区域,面向不同语言文化的受众,予以出版传播,信息共享。

南京大屠杀史作品的版权输出,经历了跨国流传、在国内出版域外语文文本到对外版权输出三个阶段。

早期南京大屠杀史研究成果的交流,以中日互译出版为多。1949年以后,最早跨文种传播的南京大屠杀史研究作品是高兴祖教授的《日本帝国主义在中国的大屠杀》,被美国学者罗伯特·葛利(Robert P. Gray)翻译成了英文,书名改为《日本帝国主义和南京大屠杀———有关南京大屠杀的中国内部资料英语译文》。1985年,世界知识出版社出版了日本人田中正明的《"南京大屠杀"之虚构》一书,这是日本右翼否定南京大屠杀历史的代表作;1987年上海译文出版社出版了日本历史学家洞富雄先生的《南京大屠杀》,作者是日本研究南京大屠杀史的先驱人物。中国出版人把日本否定南京大屠杀事件的右翼作品和尊重事实、敬畏历史的史学作品都介绍给中国的读者,让读者看到日本国内围绕南京大屠杀惨案迥然不同的态度。1999年,历史学家章开沅先生得耶鲁大学神学院图书馆负责人玛莎·斯茉莉授权,以其主编的《目睹南京大屠杀的美国传教士(1937—1938)》(New Heaven,1997)为基础,编译了《天理难容:美国传教士眼中的南京大屠杀(1937—1938)》中文版(南京大学出版社,1999年版),2001年,英文版在美国Sharpe公司出版,尽管语种没有变化,但章开沅先生的整理、编译融进他的历史哲学,美国出版的英文版,基于章开沅教授的中文编译版,实际是不经翻译的版权输出;2005年,在南京爱德基金会资助下,日本友人加藤实先生将该书翻译为日文,南京大学出版社出版,向日本国内定向赠阅。2003年《南京大屠杀》(孙宅巍著)一书的英文版在北京出版。2014年外文出版社出版了英文版《拉贝传》,2015年,南京大学出版社出版了《南京大屠杀史》的英文版与日文版。

版权输出不完全是可以自动实现的。像南京大屠杀史这样严肃的主题,即便是在毗邻的韩国,大众也知之甚少。因此,这类版权输出,不仅需要国内出版人的努力,更需要国家给予"走出去"的支持。

2010年,国家社会科学基金中华学术外译项目立项,"主要立足于学术层面,资助哲学社会科学研究优秀成果以外文形式在国外权威出版机构出版,进入国外主流发行传播渠道,以增进国外对当代中国以及中国传统文化的了解,推动中外学术交流与对话,提高中国哲学社会科学的国际影响力"①。2014年,《南京大屠杀史》入选中华学术外译项目。南京大屠杀史研究成果版权输出进入一个全新的阶段。

2015年10月,南京大屠杀档案被联合国教科文组织列入世界记忆名录。中国的民族记忆由此成为人类的共同记忆,这加快了出版人将南京大屠杀史对外翻译、国外出版的进程。2017年12月,《南京大屠杀史》韩文版在南京举行新书首发式。同年,《南京大屠杀史》入选国家新闻出版广电总局"丝路书香"工程,2018年将由美国圣智出版集团在新加坡出版发行英文版,目前该书的法文版、阿尔巴尼亚文版、阿拉伯文版、希伯来文版版权输出等正在积极推进之中。南京大屠杀史的版权输出,实现了从自发到自觉、从信息转播到价值认同的跨越。

2018年年初,国家新闻出版广电总局就经典中国国际出版工程、丝路书香工程重点翻译资助项目、中国当代作品翻译工程项目发出通知,其中在"申报方向与申报重点"之"主题出版"之部,特别要求"加大南京大屠杀历史研究成果外译,资助出版一批体量适中、适于对外传播的南京大屠杀历史研究学术著作、史料图文档案集和文学作品"②。为南京大屠杀史研究成果、图文档案与文学作品多语种走向世界,进一步指明了方向,提供了路径,拓

---

① 国家社科基金中华学术外译项目简介[EB/OL]. http://www.npopss-cn.gov.cn/GB/230094/231486/15611673.html.
② 关于申报2018年经典中国国际出版工程、丝路书香工程重点翻译资助项目、中国当代作品翻译工程项目的通知[EB/OL]. http://www.sapprft.gov.cn/sapprft/contents/6588/357646.shtml.

展了空间。总之,南京大屠杀史学术出版成果最为丰硕,特别是史料出版已经达到一个阶段性的巅峰。南京大屠杀史研究的主体是高等院校与科研机构,学术资料的整理与学术研究是他们的擅长所在,对外学术交流与引进海外学人的研究成果,也主要依赖这一群体,因此,学术出版相比较大众出版、教育出版,呈现出基础扎实、力量雄厚,成果丰硕,也最容易率先版权输出,走向海外。

相比较而言,大众出版与教育出版,成果不多,形式单调,力量薄弱。一方面缘于题材凝重,缺少阅读的愉悦,不易形成常规阅读的热点;另一方面出版人也需要在写作风格、表达形式等方面与作者磋商,有意引导,使出版物既忠于史实,可信,又切合受众,可读,这方面张纯如的作品,其写作风格非常值得借鉴。教育出版则要依据不同年龄的受众,兼顾课内与课外,传统出版与新媒体出版结合,为广大青少年提供更多深入浅出、适于阅读的南京大屠杀史事主题出版物。

至若南京大屠杀史外译出版,走向世界,出版人则要面向世界,把中国抗战的历史置于世界反法西斯历史的大背景之下,引导作者讲好东方战场的中国故事,用好国家提供的平台,传播世界记忆,让更多西方读者不仅知道纳粹法西斯屠犹的历史,也要知道有过之而无不及的南京大屠杀史,唤醒南京大屠杀史的世界记忆,为共同守护人类的和平家园,做出中国出版人应有的贡献。

(原载《出版发行研究》2018年第4期)

南京大屠杀史研究与出版的学人群体

一、中国的南京大屠杀史研究发轫于南京大学

南京大屠杀史研究发轫于20世纪50年代末。南京大学历史系教授高兴祖先生发起成立了"南京大屠杀调研小组"。高兴祖教授也成为中国研究南京大屠杀史的第一人。最初的研究资料主要来自图书馆的报刊,最初的出版成果定名为《南京大屠杀——侵华日寇暴行实录》,本应由江苏人民出版社于1962年出版,后因现实政治中的中日关系调整,该书只在1963年印制15册样书赠送作者。[①]

1985年,人民出版社、中国青年出版社和上海人民出版社联合出版了面向青年读者的"祖国丛书",高兴祖教授的《日军侵华暴行——南京大屠杀》由上海人民出版社出版,这是中国大陆学者第一部关于南京大屠杀的著作。全书共11个部分,包括历史背景、"国际安全区"、南京失陷、日军对难民和俘虏的大屠杀、日军"难民登记"的骗局、杀人游戏和杀人竞赛、尸体的掩埋和被屠杀的人数、日军的兽行、抢劫和破坏、人民的反抗以及战后审判,

---

① 吴世民.关于国内第一部记述南京大屠杀的书[J].日本侵华史研究,2015(4).

高兴祖教授撰著的《日军侵华暴行》

写得深入浅出，7万字的书稿配备了27帧照片，这些照片成为有关南京大屠杀史的经典图像。高兴祖教授的著作篇幅虽不大，但对南京大屠杀史知识的普及却产生了重要影响，首印34000册很快销售一空。鉴于高兴祖教授研究南京大屠杀史的学术勇气和成就，2005年8月15日，南京大屠杀遇难同胞纪念馆授予他"特别贡献奖章"，此时，他已经去世4年。同一年，南京大学出版社出版了高兴祖教授的著作《南京大屠杀与日本战争罪责：高兴祖文集》，收录了高教授研究南京大屠杀史的论文，像《"南京大屠杀"的史实不容抹煞——评田中正明的九点质疑》《侵华日军第十六师军团在南京的兵力部署》等文章。

老一辈学者中，1960年毕业于南大历史系的江苏省社科院孙宅巍研究员在南京大屠杀史研究领域，耕耘不辍，成果丰硕，被公认为研究南京大屠杀史的著名学者。他的代表性著作是1997年由北京出版社出版的《南京大屠杀》，这是20世纪90年代中国学者关于南京大屠杀研究的代表性成果，2003年，该书被翻译成日文，由社科文献出版社出版；2005年，孙宅巍先生又推出他的另一部重要成果《澄清历史——南京大屠杀研究与思考》。

与孙宅巍研究员同时代的南京师范大学经盛鸿教授，也是南京大屠杀史研究领域的"南大人"，经教授先后获得南大哲学学士和历史学硕士学位，在南京大屠杀史研究领域成果颇丰，主要著作有《南京沦陷八年史》（上下

(2005、2013,社科文献出版社)、《武士刀下的南京》(2008,南京师范大学出版社)等。南京大学拉贝与国际安全区纪念馆原馆长汤道銮主编并出版过《黑夜里的烛光——拉贝与南京安全区国际救援研究》(2010,南京大学出版社)。

在中青年"南大人"中,南京师范大学南京大屠杀研究中心主任张连红教授是南京大学历史系张宪文教授的高足,也是较早开展南京大屠杀史研究的学者,他主持翻译了《魏特琳日记》(2000,江苏人民出版社),并据此撰著了《魏特琳传》(2001,南京出版社),前者是第一部来自英美世界的南京大屠杀女性见证者的历史记录,后者是第一部为南京沦陷时期给予南京人民以无私帮助的国际友人撰写的历史传记。张连红教授在调查、整理和研究南京大屠杀幸存者方面也成绩不俗,出版过《幸存者的日记与回忆》(江苏人民出版社2005年7月版)、《幸存者调查口述》(5册)(江苏人民出版社2006—2007年版)、《创伤的记忆——南京大屠杀与战时中国社会》(与经盛鸿、陈虹合著,南京师大出版社2005年8月版),2017年,他与刘燕军合作出版了《黑色记忆:南京大屠杀》(江西高校出版社,2017年11月版),这是不多的面向大众的普及读物,出版后连续印刷。

长期研究南京大屠杀史的南京大学历史学院院长张生教授担任72卷本《南京大屠杀史料集》副主编,先后出版《南京大屠杀史研究》(上下,凤凰出版社,2012,2015),《历史·记忆·书写:南京大屠杀》(南京大学出版社,2018)其研究的特长是从多方史料、人类历史的视角审视南京大屠杀。

江苏社科院原历史研究所所长王卫星研究员毕业于南京大学历史系,系《南京大屠杀史料集》《南京大屠杀全史》《南京大屠杀史》副主编。王卫星研究员通晓日语,擅长用军事学、心理学等学科或方法研究日本士兵群体。

江苏省行政学院教授杨夏鸣是南京大学-约翰斯·霍普金斯大学中美

文化研究中心毕业生,获得南京大学国际关系史专业博士学位,长期致力于抗战研究,参与编辑《南京大屠杀史料集》,参与研撰《南京大屠杀全史》《南京大屠杀史》,翻译张纯如女士的《南京浩劫:被遗忘的大屠杀》。杨夏鸣教授熟悉美国档案文献中的南京大屠杀史料。

南京大学历史学院曹大臣教授系《南京大屠杀史料集》《南京大屠杀全史》《南京大屠杀史》的作者团队成员,通晓英日文,擅长从南京大屠杀加害方研究南京大屠杀史。

南京大学中华民国史研究中心姜良芹教授、吕晶副教授,系《南京大屠杀史料集》编委,参与研撰《南京大屠杀全史》《南京大屠杀史》。承担了《南京大屠杀全史》研撰等。

1983年毕业于南大历史系的作家黄慧英是第一个"发现"并研究拉贝的人,也是第一个为拉贝立传的人,她的《拉贝传》于2002年由百家出版社出版,2017年,南京大学出版社再版。本科毕业于南京大学历史系、硕士毕业于夏威夷大学、博士毕业于哈佛大学历史系的现美国乔治华盛顿大学历史系的杨大庆教授,著有《帝国的技术:电信与日本的扩张,1883—1945》(Technology of Empire: Telecommunications and Japanese Expansion, 1883—1945)(哈佛大学出版社,2011),主编有《面向突破藩篱的历史:中日关系中的争议事件》(Toward a History Beyond Borders: Contentious Issues in Sino-Japanese Relations)(哈佛大学亚洲中心),对南京大屠杀史研究有独特的视角。

二、金大、中大校友对南京大屠杀史研究的贡献

南京大屠杀惨剧发生期间,留在南京的美国传教士有15位,他们不仅

挽救了众多的生灵,目睹了那场人类历史上的惨祸,而且记录并保存了大屠杀历史的真相。他们原本就是严谨的学者,如贝德士(Bates)就是金陵大学的历史学教授,他们留下的文献有助于还原历史的场景。

曾任教金大政治系、历史系的贝德士教授,在南京大屠杀发生时,没有听从美国使馆劝其离开中国的劝告,而是留在南京城内,在南京安全区国际委员会做事,保护和救助中国平民,向日本使馆抗议日军的暴行。英国记者田伯烈1938年在纽约出版的《日军在中国的暴行》,贝德士是最主要的策划人。贝德士教授自己写的《南京地区粮食调查》和《南京人口》,都有助于研究南京大屠杀史。战后,贝德士还作为证人出席东京审判和随后中国对日本战犯的审判,是南京大屠杀史实的见证者、记录者和坚定的捍卫者。

吴天威先生1945年毕业于金陵大学历史系,1952年赴美留学,获得马里兰大学博士学位,长期担任南伊利诺伊大学历史系教授,曾创办并主编《日本侵华研究》,创办"日本侵华研究协会",并在美国加利福尼亚建立起海外第一个"日本侵华浩劫纪念馆",接续章开沅先生发端的工作(指利用耶鲁特藏室档案研究南京大屠杀史),与耶鲁神学院图书馆合作选择出版与南京大屠杀有关的资料,"让美国和世界其他地方有兴趣的人们自己阅读它们",敦促耶鲁特藏室编辑出版了《美国传教士对南京大屠杀的历史见证,1937—1938》(American Missionary Eyewitness to the Nanking Massacre,1937—1938),与此相配合,于1996年8月至1997年1月举办"美国传教士对南京大屠杀的见证"展览。吴天威教授是在美推动日本侵华研究特别是南京大屠杀研究的前辈学者,2004年,鉴于他的历史研究对于社区做出的贡献,获得美国退伍军人协会颁发的"终身社区服务奖"。

郭俊𨥤先生1936年毕业于金陵大学化学系,曾任著名化学家戴安邦先生的助理,后在中国台湾成立金禾出版社。郭先生参与金陵大学西迁,目睹日军侵华给中华民族造成的深重灾难。他积极资助出版有关南京大屠杀图书资料和资助南京大屠杀史研究。前述《美国传教士对南京大屠杀的历史见证，1937—1938》的出版就是郭俊鉌不计个人名利，给予的出版资助。他还在台湾出版了新西兰作家据二战时新西兰皇家空军詹姆斯·戈德温(James Godwin)档案写成的一部与南京大屠杀史有关的作品《俘虏痛史》，该书涉及战后盟军司令部组织对日本战犯的调查资料，除了出版该书的中文版，郭俊鉌先生还买下了戈德温档案的全部影印件。郭先生自己还翻译出版《日本军国主义的社会基础》等著作。作为成功的出版家，郭俊鉌先生还资助南京大屠杀史的研究。本千年之初，在南京大学中华民国史研究中心设立研究基金，并捐赠了一批包括日本侵华主题的中外书籍，在南京大学中华民国史研究中心设立"郭俊鉌特藏室"。

著名历史学家章开沅教授肄业于金陵大学历史系，是贝德士先生的学生，他最早利用贝德士文献及南京安全区国际委员会的原始档案，撰写和编译了两本书《南京大屠杀的历史见证》(1995，湖北人民出版社)、《南京：1937年11月—1938年5月》(1995，香港三联出版社)。鉴于金陵大学是南京大学前身之一，南大本部校园就是原来金大校园，而1937年冬奉命留守的金大教职员为救援处于水深火热之中的南京城中的难民，做了大量卓有成效的工作，1998年春，南京大学出版社委托著名历史学家茅家琦教授，央请章开沅先生为南京大学出版社编译一本更为完整并更具权威性的揭露侵华日军南京大屠杀罪行的英文原始文献。章开沅先生深情地说，他作为原金大学生与南大校友，自己义不容辞。当年5月，章先生偕夫人专程前往耶鲁大学神学院图书馆，搜集资料，复印了一千多页的档案文献。回国后，他们夫妇与两位年轻同事刘家峰、王薇佳合作，编译定名为《天理难容——美国传教士眼中的南京大屠杀(1937—1938)》，于1999年8月在南京大学出版社出版首发。旅居美国的金大历史系1945年毕业生、曾任美国日本侵华研究学会会长吴天威教授为该书作序,另一位原金大老学长郭俊铄先生慷慨资助,促成此书出版。章先生在该书封底的一段史家之言,至今仍引起读者的强烈共鸣:"对于战争责任的反省,日本不如德国。我们不愿说日本人不如德国人,而宁可说日本政府不如德国政府。但不愿承担战争责任的政府,毕竟会使自己的民族蒙受羞辱。只要这样的政府存在,不管日本多么富有,多么强盛,多么彬彬有礼,多么精明能干,它在世界人民的心目中也难以受到应有的尊敬,更难以赢得真正的友情。"2005年,在爱德基金会工作的张利伟校友支持日本友人加藤实把《天理难容》一书翻译成日文,并资助南京大学出版社出版后,运送日本书店上架。

中大校友、著名法学家吴学义教授早年留学日本,在京都帝国大学修读日语和法律,1929年回国任武汉大学法律系教授,1943年被国民政府教育部评为部聘教授,同年秋兼任重庆中央大学法律学系教授。其间,曾任国民政府立法院立法委员。1946年,中央大学东还,吴先生离开立法院,往返于首都与杭州之间,在中央大学和浙江大学任教,据1948年毕业于中央大学法学院法律系的李乾亨教授生前回忆,直到1949年8月,国立中央大学易名为国立南京大学时,吴先生依然在校执教。吴先生的贡献在于,他曾以中国检察官顾问的身份,远赴东京,协助参加远东国际军事法庭中国法官梅汝璈和首席检察官向哲浚的工作,从1946年5月到1948年11月,历时两年半,主要为审判南京大屠杀战犯松井石根等罪犯搜集物证。1962至1963年,吴先生撰写数十万言回忆录《东京审判》,这是国内最早关于东京审判的历史记录,对南京大屠杀研究极具价值,惜乎"文革"期间,手稿失落。

另一位中大校友、旅美史学家唐德刚教授,为推动南京大屠杀史研究的国际交流,做出过积极努力。1991年8月,唐德刚先生拟以南京大学为主办单位,邀请美国、日本和中国台湾地区的学者,在南京举办大型的南京大屠杀史国际学术研讨会,这一非常有开创性与建设性的学术动议,最终没有结果,但我们还是应该向这位杰出史学家校友表示敬意。南京召开的第一次关于南京大屠杀研究的国际学术研讨会是在 1997 年 8 月,距离唐德刚先生的倡议已经过去了 6 年。

三、走向世界的南京大屠杀史研究

2012 年年底,南京大学出版社出版了张宪文教授主编的《南京大屠杀全史》(上中下),全书 110 万字,是中国学者迄今为止对南京大屠杀历史最完整的原创性研究著作。当年 12 月 6 日,南京大学在北京举行《南京大屠杀全史》新书发布会,引起学术界、新闻界的高度关注。2013 年 7 月 30 日,《光明日报》在理论与史学专版整版发表了专家的评论。2013 年,该书获得第三届中国出版政府奖图书奖提名奖。《南京大屠杀全史》的撰著人员,绝大多数是南大人,这套书是南大人为主体的南京大屠杀史研究团队集体铸就的一座学术里程碑,是南京大屠杀史研究标志性的研究成果。

《南京大屠杀全史》是在 72 卷本《南京大屠杀史料集》基础上撰著而成的。《南京大屠杀史料集》做了一件南京大屠杀史的"长编"工作,这种充分体现中国史学传统的"长编"工作,是要甘坐冷板凳,像傅斯年先生说的"上穷碧落下黄泉,动手动脚找东西"的。自 2001 年起,南京大学中华民国史研究中心主任张宪文教授,凝聚在宁高校、研究院所、档案馆、出版机构的专家、学者,在十多个国家和地区搜集多语种有关南京大屠杀的史料,又组织南大校内外多语种专家和专业人员翻译,历经十年,团队人员有 110 多人,最终完成了72卷4000余万字的《南京大屠杀史料集》,产生了重要的学术影响和社会影响。而勇敢承担起这一出版重任的也是一位南大人,他就是江苏人民出版社原社长吴源先生,一位令学人尊敬的资深出版人。江苏人民出版社早在20世纪90年代中期就出版过有影响的《拉贝日记》《东史郎日记》,这是关于南京大屠杀史实的加害方与第三方重要证据史料,吴源社长功莫大焉。在南京大屠杀史料出版方面,南京出版社与南京地方学者合作,出版了一批有史料价值的大屠杀史料,如《南京大屠杀遇难者名录》《南京大屠杀幸存者名录》《南京大屠杀词典》,南京出版社最有影响的是出版面向中学生有关南京大屠杀史事的历史辅助教材,笔者的同班同学卢海鸣社长用力尤多。

如今,《南京大屠杀史料集》中文电子版已为欧美大学等学术机构的图书馆收藏,《南京大屠杀全史》也被美国国会图书馆收藏,成为人类历史的一部分。2014年年底,笔者策划出版《南京大屠杀史》,这是国内第一部南京大屠杀死难者国家公祭公众读本,也是学术界期待的《南京大屠杀史》的英译和日译的底本,英译本由是毕业于南京大学-约翰斯·霍普金斯大学中美文化研究中心的李玫玲女士和本科毕业于南京大学、博士毕业于耶鲁大学的梁侃教授主持,日译本由南京大学外国语学院日语系原主任叶琳教授领衔翻译,于2015年纪念抗日战争暨世界反法西斯战争胜利70周年前夕与海内外读者见面,获得当年国家出版基金资助。英译本后来入选国家丝路书香工程,由美国圣智出版集团在新加坡出版,全球发行。南大学人研究南京大屠杀的研究作品开始走向世界。《南京大屠杀史》韩文版,则由南京大学外国语学院韩语系原主任尹海燕教授领衔主译,联系韩国景仁文化社出版,在2017年12月南京大屠杀事件发生80周年前夕试出版,并分别在南京大学与高丽大学举行学术研讨会暨发布会。此外,这几年,笔者和出版同人先后赴以色列特拉维夫,埃及首都开罗,印度首都新德里等地,就《南京大屠杀史》希伯来文版、阿拉伯文版、印地文版、哈萨克斯坦文版出版商谈签约,在联系以色列出版方时,得到著名犹太文化研究专家徐新教授的大力支持。在向中东欧国家推进小语种出版《南京大屠杀史》过程中,北京外国语大学出版社(外研社)分社彭冬林社长毕业于南京大学法语系,他力邀笔者加入中国-中东欧出版联盟,南京大学出版社与外研社合作申请出版了《南京大屠杀史》的波兰文版和阿尔巴尼亚文版,并继续推进其他小语种出版。

中国现代历史上,几代南大人,薪火相传,在不同历史时期,为人类的历史,为世界的记忆,用自己的专业、道义和责任,研究和多语种出版南京大屠杀史,做历史史实的记录者和坚定的维护者,留下了历史的真实,也写下了大学和南京这座城市的精气神。就在我收录这篇文章时,得知在孙江教授指导下,学衡研究院王楠博士历时六年完成了论文《作为表象的事件——南京大屠杀的记忆政治,1982—2014》,这是新史学视野下对南京大屠杀史研究的考察。这让我想起美国作家玛格丽特·米歇尔《飘》里的最后一句话,"明天又是新的一天"。

(原载 2015 年 3 月 10 日《南京大学报》,收录时略有改动)

出版视域下的大陆胡适研究

大陆著名学者李慎之先生曾经说过,20世纪是鲁迅的世纪,21世纪是胡适的世纪。进入21世纪以来,日益升温的胡适热正一步一步求证着慎之先生的假设,让我们触摸到这股热浪的有以下一些材料或数据:(1)胡适的日记、文集、年谱、后人对他的回忆录在大陆一版再版,成为学术书架上的畅销书、常销书。(2)胡适研究有专门的机构,安徽大学胡适研究中心是大陆第一家以胡适为研究对象的专门学术机构,由唐德刚先生任名誉主任,沈寂教授任主任。(3)胡适研究已经成为大学、研究院最热门的研究课题之一。1990年以来,已经有15位博士候选人以研究胡适为博士论文的课题,获得了博士学位。(4)胡适研究的全国性或国际性学术会议定期召开。1990年以来,已经先后在绩溪、北京、青岛、上海、合肥、南京等地召开过学术讨论会。(5)每年都有几十篇的学术论文发表,有多部乃至十多部的研究专著出版,例如,1979年—1990年,大陆发表的有关胡适的论文有452篇,而2000年到2007年上半年,出版著作40部。(6)胡适研究有专门的学术期刊,先后出版《胡适研究丛刊》三辑、《胡适研究》三辑,目前《胡适研究论丛》正在征集文稿,即将出版。(7)胡适研究史作为北京市社会科学规划项目,已经完成初稿,通过了专家鉴定。这是"胡学"作为"显学"的重要标志。

可以说,近30年来,胡适研究经历了从"险学"到"显学"冰火两重天。

1979年以前,由于众所周知的原因,胡适头顶了数宗罪名,如"御用文人""买办文人""反动学术权威"等等。胡适研究在这一段时间内,可以说是禁区,研究胡适也是"危险"的。从20世纪70年代末开始,胡适研究开始成为学术界的研究的热点。准确地说,是从1979年纪念五四运动六十周年开始,学术界开始"重新发现胡适","重新认识胡适",以中国社科院耿云志先生发表的《胡适与五四时期的新文化运动》为标志,从此,胡适正式成为学者们研究的对象。这次会议的背景是1979年开始的改革开放,带来了一场新的思想解放运动。还胡适以本来面目,成为思想界、学术界关注的课题。这次会议上,胡适作为"新文化运动的领袖",其历史地位被充分肯定。

从1979年到1990年可以看作大陆胡适研究的第一阶段。这一阶段的胡适研可以概括称之为重新评估胡适的阶段。这一阶段在资料整理方面取得初步的成果,主要是胡适遗留在大陆的往来书信、日记,如1979年北京中华书局出版了《胡适来往书信选》(上、中、下三册),共1300余通,时间跨度从新文化运动到胡适最后执掌北京大学,1985年,中华书局又出版了《胡适的日记》,上、下两册,从20世纪10年代到40年代,这是这一阶段整理出版的有关胡适研究的最具研究价值的史料。此外,有关对胡适的回忆录,如梁漱溟、江泽涵、罗尔纲等人的回忆,提供了大量亲见亲闻的材料,弥足珍贵,这些回忆实事求是,比较准确可信,收录于胡适家乡绩溪县一位政协副主席颜振吾先生编辑的《胡适研究丛录》。另有耿云志先生及曹伯言、季维龙编写的《胡适年谱》,分别由四川人民出版社和安徽教育出版社出版,也是重要的史料性著作,后者尤详于报刊资料。在研究的成果方面,这一时期出版了几部有影响的著作:如耿云志先生的《胡适研究论稿》(四川人民版,1985)(重胡适的学术、文化思想、政治主张),易竹贤先生的《胡适传》(湖北人民版,1987)(重文学活动,忽视与一些人物的关系),朱文华先生的《胡适评传》(重庆出版社,1988)。论文方面,欧阳哲生提出"重评胡适",发表了一些研究胡适早期和留美时期思想的文章;楼宇烈从方法等层面考察了胡适对禅宗史的研究;另有学者从中西哲学的比较着手,为胡适的"大胆的假设,小心的求证"正名,肯定了胡适的学术活动与文化贡献;杨荣国先生对胡适政治思想中的"自由与容忍"做了解读。这一时期的研究主要侧重于胡适的学术活动及政治人物的关系,集中于胡适的早期的研究多一些。这一阶段,大陆学者已经开始关注海外的胡适研究成果。格里德的《胡适与中国的文艺复兴》、周明之的《胡适与近代中国知识分子的选择》被翻译介绍到大陆,分别由江苏人民出版社、四川人民出版社出版。

1991年以后大陆胡适研究进入了一个新的阶段,即全面研究胡适的阶段。

1991年胡适百年诞辰,这年的11月7日至10日,由中国社会科学院近代史研究所发起、大陆12家单位联袂举办的首届胡适学术讨论会在安徽绩溪召开。大会收到论文近40篇,主要集中在(1)胡适与中国传统文化的关系;(2)胡适与整理国故;(3)胡适与《水经注》考证;(4)胡适古典小说考证的成就;(5)胡适与"科玄论战";(6)胡适对白话文运动的贡献等14个专题。这次会议的论文结集出版,题为《现代学术史上的胡适》,书末附有1979年以来的胡适研究论著要目,作为一本论文集,出版后,一印再印,这在同类书中是极其罕见的。

最近,大陆多家出版社几乎同时推出有关胡适研究的作品。称得上学术类著作出版后起之秀的广西师范大学出版社,继去年推出旅美学者余英时的作品《重寻胡适历程——胡适生平与思想再认识》之后,今年又相继推出《胡适杂忆》《胡适口述自传》《胡适的声音:1919—1960胡适演讲集》《胡适与中国近代知识分子的选择》《胡适思想与中国文化》等系列有关胡适的图书,尽管这些图书有的十年、二十年前就已经出版过,胡适的作品就像胡适"我的朋友"式的微笑(季羡林先生语),依旧魅力不减。广西师范大学出版社只是众多出版社的一个缩影。

国内第一部胡适晚年研究著作
——《角色与命运》

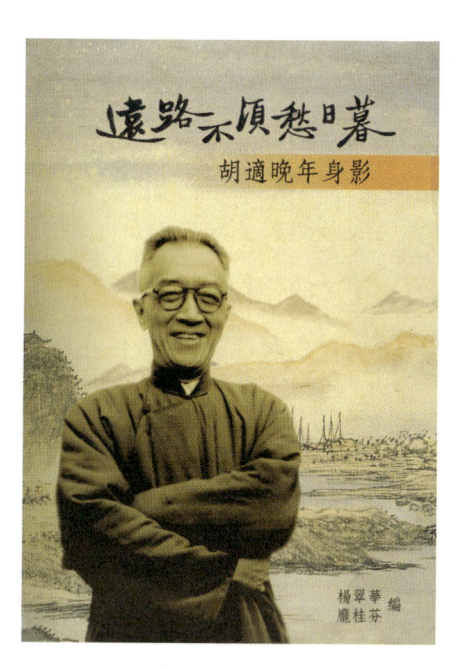

《胡适晚年身影》

目前大陆上有关胡适的出版物,大致可以类别如下:

一是胡适作品的整理出版,如由著名学者姜义华教授主编、中华书局出版的《胡适学术文集》系列,目前已经推出了"中国哲学史(上下)""新文学运动""中国佛学史""教育""语言文字"等分册,这称得上是胡适作品的"类书"。由于胡适一生在许多领域都曾"开风气之先",这种分门别类,方便了不同学术领域的学人,也是胡适作品出版体例上的大胆尝试。一是胡适作品的再版,如安徽教育出版社前几年出版了《胡适全集》。出版全集是胡适生前的愿望,胡适在世时,曾羡慕鲁迅逝世后不久,就出版了全集,而直到

20世纪90年代胡适百年诞辰,《胡适全集》也还没有踪影,以至学术界、知识界发出"《胡适全集》离我们有多远"的呼喊。新千年之初,这一跨世纪的期待变成了现实,《胡适全集》在胡适的故乡出版了。据说,在北京举行首发式的当天,出版社带去的1000套图书被抢购一空,此种景况,禁不住令人遥想20世纪《中国哲学史大纲》和《胡适文存》的发行盛况。《胡适全集》的问世,其意义超越了学术和出版本身。胡适晚年曾经不止一次说过,大陆上"胡适思想批判",等于让人重新温习他的书。胡适的话未免有点苦涩。胡适的著作与胡适思想尘封二十多年。如今胡适研究登堂入室,胡适著作有了销售专柜,胡适又回来了。这种自发、自觉的"胡适热"绝不只是胡适个人之大幸!

具有比照意义的是,这种对胡适作品的再版热,不只局限于大陆。2004—2005年,台北联经事业出版公司出版了十卷本的《胡适日记全集》。《胡适日记》最早由台湾远流出版公司在胡适诞辰百年前(1990年)出版,手稿影印本,共18册。2001年,大陆出版了简体字整理本《胡适日记全编》,共8册。台北联经版的《胡适日记全集》比《胡适日记全编》更完备,对所有日记涉及的人物,做了索引,使用更加方便。

最近几年出现的胡适作品热,是在20世纪90年代之后的又一波胡适图书热。1997年光明日报出版社出版了胡明主编的《胡适精品集》,共16册;1998年北京大学百年校庆之际,北京大学出版社推出了由欧阳哲生主编的《胡适文集》,共12册。曾数次与胡适有书信往还的李敖,此次造访北大,北大赠送的礼品中,就有《胡适文集》。

除了胡适作品热,胡适研究或与胡适研究有关的作品出版,也是胡适图书出版热的一部分。

一是与胡门学派有师承关系的"学案"类图书,入门弟子以其亲见亲历,追忆胡适的治学方法和生平,读来亲切,弥足珍贵。

漓江出版社最新出版了周汝昌先生的大作《我与胡适先生》。周汝昌先生是红学研究大师,他在胡适的奖掖之下,一生致力于红学研究之路。胡适称周汝昌先生是他在红学方面的一个"最后起、最有成就的徒弟"。作者追忆了自己与胡适之先生在红学研究上的交往。这本书的出版,某种程度上,以个案的方式,梳理了胡适与红学研究的关系。

《师门五年记·胡适琐记》是胡适的另一位弟子、著名历史学家罗尔纲先生师从胡适治学的经验之谈的小册子。罗尔纲先生在胡门五年,亲承师教,深得胡适治学精髓,受用一生,成为一代史学宗师。三联书店今年再版上架。《师门五年记》,又称《师门辱教记》,篇幅不大,胡适晚年改现名。胡适生前特别热衷此书,多次自己出资印刷此书赠送门生故旧,原因在于,这是一本示人"何以为学"的著作,这本书自1995年在中国大陆面世以来,常销不衰,读者们喜读此书,"盖思勉矣"。与其说《师门五年记》有旺盛的生命力,不如说,胡适倡导的治学态度、治学方法培养出一代史学宗师,具有久远的感染力。

二是研究胡适的学术著作。美国西雅图华盛顿大学的华裔学者周明之先生的《胡适与近代中国知识分子的选择》(Hu Shih and Intellectual Choice in Modern China)今年列入广西师范大学出版社与胡适有关的图书系列。该书是研究胡适的两本必读英文书之一,由于占有大量的英文材料,周明之先生的这部书既是学术著作,也是史料性著作。最早由中国社会科学院近代史所青年学者雷颐翻译,四川人民出版社出版。另一部英文材料著作《胡适与中国的文艺复兴》(Hu Shih and the Chinese Renaissance)系美国学者杰罗姆·格里德所著。格氏1955年在哈佛大学做研究生时,曾聆听过胡适的演讲"现代中国的思想革命",那时,中国大陆批判胡适正如火如荼。他觉得胡适可能是为自己辩护,遂以胡适思想研究作为自己的博士论文,后经修订增删勒成此书,1970年由哈佛大学出版社出版。格氏是极少数非华族的知名的胡适研究者,他的著作也是美国最早关于胡适的学术论著。2000年,哈佛大学出版社再版了他的著作。

大陆学者研究胡适的新作迭出,列举如下:陈平原著《中国现代学术之建立——以章太炎、胡适之为中心》,北京大学出版社1998年版;周海波著《胡适:新派传统的北大教授》,长安出版社2005年版;易竹贤著《新文学天穹两巨星:鲁迅与胡适》,武汉大学出版社2005年版;钟军红著《胡适新诗理论批评》,人民文学出版社2005年版;徐雁平著《胡适与整理国故考论:以中国文学史为中心》,安徽教育出版社2003年版;沈卫威著《胡适图传》,广东教育出版社2004年版;闻继宁著《胡适之的哲学》,上海三联书店1999年版;杨金荣著《角色与命运:胡适晚年的自由主义的困境》,北京三联书店2004年版,等等。

胡适图书出版热与胡适研究热是密不可分的。近年来,胡适研究呈现出一些特点。

研究的队伍在不断扩大。国内主要从事人文社科研究的科研院所大多有学者研究胡适,如中国社会科学院耿云志、雷颐研究员,北京大学罗志田、欧阳哲生教授,中山大学桑兵教授,南京大学沈卫威教授,安徽大学沈寂教授等,他们在胡适研究方面成绩斐然;老一辈胡适研究者培养的新人在胡适研究方面也渐入佳境,20世纪50年代、60年代出生的研究群体,开始成为胡适研究的中坚力量;胡适研究已经成为高等学校研究生论文的热门选题之一;一些相邻或相关学科的研究者,也开始跨学科研究胡适。

研究的领域在不断拓宽。纵向层面,早年"暴得大名"时期的胡适研究不断深入,中年"过河卒子"的胡适和晚年流亡海外时期的胡适,越来越多地走进研究者的视野,以前那种"头重脚轻"或"虎头蛇尾"的研究图景正在被改变;在横向层面,20世纪50年代批判胡适的几个方面——哲学思想、政治思想、历史观点、文学思想、考据学、红学等,也正是如今胡适研究成果最集中的领域,不仅如此,研究者的触觉较多切入胡适的内心世界、情感世界,在关注胡适宽宏、容忍、平和等理性一面的同时,也开始挖掘他感性的一面;一个博学、睿智、满脸喜气而又平凡、真实、血肉丰满的胡适回来了,现代中国文化长廊中原本属于他的位置回来了。胡适的回归,是因为在中国现代化过程中,他曾是一个中心人物;胡适的回归,还因为,胡适提出的一些命题,依然是当今中国社会面临的问题,需要着手解决的问题,尽管胡适的著作里不一定能找到解决现实社会问题的"药方",但整个中国现代化的历史进程,是无法回避胡适与胡适思想的。

研究的材料与方法也有所开新。材料方面,除了传统的日记、书信、文稿、演讲稿、年谱、回忆录、报刊等汉文材料,有关胡适的英文材料也越来越多地被研究者所搜寻、挖掘和采用;方法方面,除了胡适终身恪守的"有七分证据不说八分话"的实证研究的方法之外,一些研究者开始尝试把新兴社会科学、行为科学的理论引入胡适研究,给胡适研究注入新的活力。

研究的风气更加实事求是。无论是胡适的"问题与主义""好政府主义""改良主义""实证主义""自由主义",还是胡适与国共两党及其要人的关系等,研究者没有"画地自限"的禁忌,也没有"废然搁笔"的无奈,"有一分证据,说一分话"。不仅每年数十篇(本)论文(专著)的发表、出版,还有专门的胡适研究的集刊定期或不定期行世,胡适研究已经成为人文社科研究的"显学"之一。

胡适是在春天去了天堂的。而在人间,胡适研究的春天又回来了!

(节录自2007年10月笔者在"中研院"近史所访学所做的报告)

王云五与台湾商务印书馆

王云五曾三度救商务于既倒，他出掌台湾商务印书馆，也是临危受命，并开启了台湾商务印书馆的一段新旅程，见证了台湾商务出版的风光岁月。

王云五1964年7月1日正式执掌台湾商务印书馆，直至1979年辞世。王云五1948年就去了台湾，为什么直到1964年，也就是商务印书馆在台湾设立分支机构18年之后，才重披战袍，出任台湾商务印书馆的董事长呢？原来，20世纪50年代末60年代初，国民党的大陆政策发生了转变，对于原在大陆的公司，如何行使大陆的股东权，做出了明确的规定，并由蒋介石于1964年4月23日公布。台湾地区的行政部门对大陆工商企业总机构在台湾原设分支机构管理办法，也做出了规定，许可分设机构改为独立机构。[①]这两条为许多搬迁台湾的工商企业的分支机构，切断与大陆时期的母公司、母机构的关系，独立运作，提供了政策上的依据。以商务印书馆为例，商务留在大陆上的股东所持有的股份占96%，而作为分支机构台湾商务印书馆股东所持有的股份只占4%。正因为有了政策的变化，才有当年6月台湾商务印书馆召开入台18年的首次股东会议，才有董事会票选王云五先生为台湾商务印书馆董事长一幕[②]。

---

① 王云五著：《岫庐八十自述：节录本》，台湾商务印书馆，2003年1月版，第289页。
② 《岫庐八十自述：节录本》，第289页。

王云五先生主持台湾商务从了解台湾商务的"家底"、寻找问题入手。他首先深入台湾商务员工之中,"对馆中每一人谈话,获悉个人之技能和工作",查询现金账款、经常性开支和收入,经过约一个星期的工夫,王云五这位在中国出版界叱咤风云的老出版,很快就把握了台湾商务的脉动,洞烛了台湾商务的三大病象:

一是开支大。王云五通过查询最近几年会计账目,发现台湾商务的开支主要集中于人头费、修缮费和贷款利息。人头费增长逐年攀高,例如,1960 年全年薪资及伙食费共支出 42 万元新台币(本文出现的"元",均指新台币,下同),1961 年度为 48 万元,1962 年为 51.6 万元,1963 年为 55 万元[1],递增幅度分别为 14.3%、7.5%、6.2%,尽管增幅有递减的趋势,但由于基数加大,绝对数在增加,成本也在不断加大,而如果盈利增幅赶不上人头费的增幅,则很难可持续发展。修缮费开支方面,4 年间支出 15 万元,平均每年近 4 万元,"且大多数是用在同人宿舍的修理方面";由于在播迁台湾的过程中,王云五"无法把本公司在香港的财产转移到台湾来",台湾商务先天性"资本短缺",唯有借贷经营,维持运转利息支出也就成为公司的一大负担,例如,1959 年利息支出 7.5 万元,1960 年 9.2 万元,1961 年 10.28 万元,1962 年 9.988 万元,1963 年 8.2 万元[2],平均每年负担 9 万元的利息。而另一个有讽刺意义的数据是,1963 年年底,客户拖欠台湾商务的应付款多达 40 万元,台湾商务深层次的问题经王云五先生账目查询,渐渐浮出了水面。

人头费、修缮费和借贷利息开支庞大,侵蚀了台湾商务的纯利盈余,降低了台湾商务的盈利能力和竞争力。王云五重主台湾商务印书馆前几年,

---

[1] 王寿南编:《王云五先生年谱初稿》第三册,台湾商务印书馆,1987 年 6 月版,第 1367 - 1368 页。

[2] 《王云五先生年谱初稿》第三册,第 1368 页。

台湾商务的利润率其实是在低位徘徊的。例如,1961年,台湾商务的毛利润为99.7万元,纯利润仅为8.4万元,利润率为8.4%;1962年毛利润为103.3万元,纯利润为12.6万元,利润率为12.2%;1963年毛利润为145.4万元,纯利润15.3万元,利润率为10.5%,而1960年,商务曾一度出现过毛利润103万元,纯利润29.9万元,利润率为28%的奇迹。[①]王云五认为,这样的利润率才是商务这样的出版企业的追求。如果不提高利润率,改善盈利能力,台湾商务还有继续走下坡的可能。

二是营业规模小。大陆时期,特别是"一·二八"劫难以后,王云五先生主持的商务印书馆,出版的大学丛书就有四百多种,参考图书六七百种,规模效益是那一时期商务印书馆获得发展的重要支撑。反观台湾商务印书馆,由于台湾的市场与昔日的大陆市场不可同日而语,市场的法制环境又很不健全,盗版猖獗,且遭遇资本短缺瓶颈,十多年来,一位赵姓经理"单枪匹马","孤立无援",打理台湾商务。这种状况下,台湾商务要想上品种、上规模,扩大市场份额,取得规模效益,几乎是一厢情愿。

三是没有制度。王云五认为,商务在大陆时期,"有种种规则可资遵守",而到了台湾,"一切草创,原有规则亦多未利用",好的传统没有继承,新的制度没有创立,"法治多变为人治","若干事未能按原有制度办理"。王云五这样说是实有所指的。例如,商务印书馆有向例规定,会计主任不应由单位主管介绍来本馆工作,单位主管也应按照成例主动回避。这是很好很重要的人事回避制度,但这样的回避制度没有得到严格遵循。王云五先生接手台湾商务时,其会计主任张某,不仅是由赵经理介绍的,而且张本人还和赵经理是同乡。主事的赵经理带头破了商务印书馆的成例,商务其他多年

[①] 《王云五先生年谱初稿》第三册,第1368页。

形成的制度,也就形同虚设,许多事情变得无章可循,出现开支无预算,人浮于事等病象也就不可避免。

王云五找到管理台湾商务应因之道,提出"节流、开源、制度化"三点方针,从制度整饬和资源整合入手,在不到两年的时间内,就取得很好的效果。

在整饬制度层面,王云五提出了五点办法,请董事会表决通过。这五点分别是:(1) 调整原有薪金分配办法。原则是废除原先的基薪乘倍数的方法,改为按职位支付统一薪金。高级职员减薪并取消伙食费,中级职员取消伙食费,低级职员略微加薪。通过调整,增加了一线员工的收入,增加了他们的积极性,缩小了职位收入的等级差别,把薪金与公司的经营相捆绑,全体员工的收入增减与公司经营好坏、盈余多寡 成正比例关系。办法规定:"每年结账如有盈余,扣除缴所得税公积金及常年股息外",拿出一定比例,"作为同人奖励金",把经营好坏,与薪金所得紧密挂钩。(2) 改进公司人员进退奖惩办法。原则是,严格控制公司人员规模,控制公司劳动力成本的上升。按照1964年6月已有人数为限,如有必要须超过此项限额,提请董事会决定,由经理对所有人员采聘用制,初次聘期一律定为一年,期满续聘每次定为两年,员工不得兼任他职,如果确有不得已情形,不能以全部时间任职服务者,经聘请人同意,确定部分任职服务时间的薪津,这一点的改革核心其实就是定编、定岗、定职能、定报酬。(3) 改革采购办法。原则是形成采购、验收、审核的机制。纸张等大宗采购,由经理或副经理亲自办理,购到后,由副经理或襄理验收,并由会计主任核明发票及验收后付款;零星采购,由总务主任开具购买申请单,由经理或副经理核定后,交总务主任办理,购到后由会计主任或指定人员验收,并经会计主任核明发票验收后付款。这两项规定,尽管实际操作有些繁琐,但加强了监督,基本堵住了采购过程中可能发生的跑冒滴漏,也大大加大了采购过程中可能发生贪渎腐败的机会成本。(4)改进营缮修理办法。原则是所有修缮项目实现审批制,而非报备制,由总务主任上报,由经理决定修理与否,杜绝了修缮的随意性;实现修缮投入资金总量控制,所有必要之修理,每次不超过新台币2000元,一年累计不超过10000元,避免了修缮环节上出现的为修缮而修缮和修缮资金的浪费。(5)同人服务规则。这是五点中最为详细的一点,实际是台湾商务员工、包括试用和短期使用的员工的守则,共51条,涉及规则、安全与卫生、奖励、惩戒等方面,强化员工的守纪、敬业、自律与忠诚。王云五的五点办法,董事会一致同意通过,认为所拟各种办法"既详尽又恰当"。①

王云五提出的各项办法,不少是沿袭了1933年由上海市社会局核准的"总管理处职员服务暂行规则",由于台湾情势特殊,不便使用或者因时过境迁应该酌予修正者,由台湾商务董事会酌量删改。制度整饬的核心是通过建章立制,达到"节流"的目的。

在资源整合的层面,王云五提出,前两年,先精选、修订、翻印1949年以前商务印书馆出版的图书,低成本扩张,整固经济元气,打击盗版书商,在翻印本版书中争取地位的主动与利润的最大化。从第三年起,"开始印行新著译之图书"。

在王云五的倡议下,台湾商务印书馆先后印行了《万有文库荟要》《四部丛刊》初编缩本、《丛书集成》简编、《小学生文库》(增订本)、《佩文韵府》索引本、《幼童文库》(注音修正本)、《百衲本二十四史》,基本是新瓶装旧酒,应因为主,成本低廉,利润可观,文化价值与市场价值兼顾,社会效益与经济效益并行,既适应了台湾大学院所等教学研究机构以及学者个人对基本文化典籍的需要,也满足了知识文化普及对图书的需求,为台湾商务整固元气,再

---

① 《王云五先生年谱初稿》第三册,第1369-1370页。

谋发展,赢得了机会。在发挥老商务品牌价值的同时,提升了台湾商务的学术文化含量与市场竞争力、影响力。

1966年开始,王云五履行诺言,台湾商务开始编印新书计划,共推出两种:一为完全新编著,即《各科研究小丛书》,1966年1月起,开始约人编著,二为,新旧交错,为《人人文库》,第一期30种,自1966年7月发行,每月有新书20册问世,到次年5月,共推出250册,该丛书,深入浅出,"非专家不办",取得了很好的规模效益和经济效益。①

从1964年7月王云五主持台湾商务印书馆起,到1967年5月底,前后共35个月,"如按日记,连星期日在内,平均每日出书三种强"。盈亏情形,更可以说明王云五先生开源节流取得了不俗的成绩:1965年全年盈余3301835元,而1956年至1964年9月盈余总数不过"一百三十万元有奇"。一年的盈余是九年盈余综合的三倍多,这样的成绩"简直不能使人置信"。②

王云五还将《东方杂志》在台湾商务复刊,这是他整合出版资源的又一大手笔。《东方杂志》是中国近现代史上办刊时间最长、影响最大的大型综合性刊物。是中国近现代史重要的见证者、记录者,它1904年在上海创刊,由商务印书馆出版。一·二八事变,《东方杂志》随商务印书馆停业而停刊9个月;1937年中日战争全面爆发,《东方杂志》二度停刊,同年11月在香港复刊;1941年太平洋战争爆发,《东方杂志》三度停刊,1942年2月在重庆三度复刊;1949年,国民党撤退台湾,杂志四度停刊,长达18年,1967年王云五先生将《东方杂志》在台湾商务印书馆第四次复刊。这一次复刊距离最近一次停刊的时间最长,因此,《东方杂志》的复刊,与其说是杂志"坚韧的生命的延续与再生"(王云五语),毋宁说是王云五先生坚韧的出版生命的延续与再生的写照。

---

① 《岫庐八十自述:节录本》,第291页。
② 《岫庐八十自述:节录本》,第291页。

胡适与《脂砚斋重评石头记》的影印发行*

[摘要] 胡适逝世前一年,亲自主持被称为"人间最古写本《红楼梦》"《乾隆甲戌脂砚斋重评石头记》一书的双色影印,在台湾和香港发行。胡适通过恰到好处地介绍图书的价值、在台北最具影响力的官方媒体刊登广告、采用预售制、向台湾政要名流及海内外著名学术机构赠书等努力,产生很好的社会效益,也取得超预期的发行成绩。胡适影印《脂砚斋重评石头记》旨在保存珍稀古籍的原貌,让文化典籍得到更好的流传,对重建和繁荣台湾的学术文化出版,填补后日据时代台湾中国文化学术出版的空白,有积极意义。

[关键词] 胡适 《脂砚斋重评石头记》 台湾 影印发行

胡适在生命的垂暮之年,主持了《乾隆甲戌脂砚斋重评石头记》(以下简称《脂砚斋重评石头记》,或《石头记》)影印,并成功在台港两地发行,实践了自己不仅要保存好,更要流传好珍本典籍的思想,在台湾出版史上留下了一段佳话。

---

* 本文为国家社科基金重大招标项目"胡适年谱新编"(重大项目号:18ZDA198)阶段性成果。

一、双色影印,再现《脂砚斋重评石头记》真面目

胡适晚年回到台湾,学术愿景之一是推动台湾成为汉学研究的重镇。当时播迁台岛的人文学者,面临研究用书的匮乏,为此台湾出版公司不时翻印大陆时期的作品,以满足研究需求。

胡适影印《脂砚斋重评石头记》,正是在这样的背景下展开的。一个偶然的机会,胡适与在台北中央印制厂[①]任事的张祖诒谈及要重印珍藏多年的《脂砚斋重评石头记》。张祖诒是胡适夫人江冬秀的内侄女江小波的夫婿,算是胡适"在台北的唯一亲戚",[②]他建议胡适可以试试中央印制厂双色套印的技术,印制厂此前曾套印谭延闿的《慈卫室诗草》,[③]该书通篇颜体手书,系谭延闿纪念其母亲的线装本诗集,正文部分为墨色,印章部分为朱色。胡适看过后,认为套印技术"相当高明"。《脂砚斋重评石头记》与《慈卫室诗草》一样,也只有朱墨两色,"黑字之外,上下左右,还有数不清的'红字'——朱批布满于眉上行间",[④]胡适决定双色套印《脂砚斋重评石头记》,并交中央印制厂印制。经历其事的张祖诒先生事后回忆说:

> 我当下立即向印制厂总经理时寿章先生报告此事,其时陈公亮先

[①] 中央印制厂成立于1941年,是民国时期中央银行的直属机构之一,专门负责纸币、各类有价证券以及护照和国民身份证等政府重要文件的印制工作。参见游振杰《中央印制厂成立70周年纪念:该厂历史沿革及承印印花税票综述》,台湾《印刷科技》26卷第4期,2010年12月,第61-67页。

[②] 胡颂平:《胡适之先生晚年谈话录》,北京:中国友谊出版公司,1993年版,第152页。

[③] 潘光哲:《张祖诒先生宅邸访问录》,记录:庄茹兰、温桢文,《胡适研究通讯》2015年第4期,第18页。

[④] 周汝昌:《我与胡适先生》,桂林:漓江出版社,2005年版,第84页。

生已经卸职,他表示这是莫大的荣幸,慨允接受,并要我与相关技术主管详谈。适之先生所藏的《脂砚斋重评石头记》重印作业于1961年2月初展开,用朱墨两色套印,我负责居间联系、送样给适之先生过目,来来回回好几次,直到他满意后,才开始付印。中央印制厂也将此事视为光荣任务,本着精益求精的精神来处理,甚至不惜工本,只是为了要呈现最完美的成果。光是纸张用料就选用重磅质精的道林纸,所以每部书重达二磅。①

胡适在第一时间把这个消息告诉了他的安徽老乡苏雪林:"我的《脂砚斋石头记》残本现在中央印制厂试印,旧历新年里就可以宣布预约办法。用朱墨两色套印,很能保存原样子。"②胡适在为该书撰写《影印缘起》时,也提及"今年蒙中央印制厂总经理时寿章先生与技正罗福林先生的热心赞助,这个朱墨两色写本在中央印制厂试验影印很成功,我才决定影印五百部,使世间爱好《红楼梦》与研究《红楼梦》的人都可以欣赏这个最古写本的真面目"③。

影印本《脂砚斋重评石头记》分上下两册,上册包括《缘起》、胡适题写的两句曹雪芹的自题诗:"字字看来皆是血,十年辛苦不寻常",钤有"胡适之印",《凡例》以及正文第一回至第八回。《凡例》部分除了有原藏书人刘铨福的两枚朱红印章,胡适在天头又钤有自己的印章。原书因破损,第一页第一

---

① 参见潘光哲《张祖诒先生宅邸访问录》,收入《胡适研究通讯》2015年第4期,第18页。

② 《胡适致苏雪林函》(1961年2月6日),手稿见胡适纪念馆"南港档",馆藏号:HS‑NK05‑139‑015。

③ 胡适:《影印乾隆甲戌〈脂砚斋重评石头记〉的缘起》,《乾隆甲戌脂砚斋重评石头记》,台北:胡适纪念馆,1975年12月第3版,第1页。

行胡适补写了"多"及"红楼"三字,并加盖自己的印章,以指示后人。① 在第五回、第八回天头钤有胡适的印章。

下册包括第十三回至第十六回,第二十五回至第二十八回及胡适撰写的《跋》。第十三回天头与末两行、第二十五回天头均加盖了胡适自己的印章,正文末,加盖了两枚胡适的印章。在第二十七回有批语,胡适用朱笔写有"适之",以示区别;在原稿刘铨福跋的书眉有朱批:"大兴刘铨福,字子重,是北京藏书家。他初跋此本在同治二年癸亥(一八六三),五月廿七日跋当在同年。他最后跋在戊辰,为同治七年(一八六八年)。胡适。"②

《脂砚斋重评石头记》在中央印制厂套色影印后,首先得到出版同行的赞赏。香港友联出版社的赵聪致函胡适称:"这书印得好极了,同人们看到无不赞美,全以为在当前海外出版物中能放一异彩。台湾印刷技术的高明,远远超过了大陆与香港。"③香港友联出版社经理刘甫林先生则称:"这书的印刷和装订都很精美","取到书的人都如获至

台版《乾隆甲戌脂砚斋重评石头记》

---

① 参见胡适甲戌本《脂砚斋重评石头记》"校勘小记",宋广波编《胡适披红集》,北京:北京大学出版社,2019年版,第478-480页。
② 参见《乾隆甲戌本脂砚斋重评石头记》,台北:胡适纪念馆第三版,1975年12月。
③ 转引自《胡适致何骧》(1961年6月30日),手稿见胡适纪念馆"南港档",馆藏号:HS-NK01-203-024。

宝,兴高采烈的捧回去"。①

胡适自己对影印本也很满意。他两度致信中央印制厂总经理何骧,表达十分感谢的诚意:"许多爱书的朋友都称赞这个影印本的印工、纸张、装订,都特别精美","我自己也觉得这本影印本纸张洁白,朱墨色彩鲜明,上下两傍宽阔,所以看起来竟比我藏的原本美观多了,漂亮多了。"②

二、预印五百部,首印一千五百部,《脂砚斋重评石头记》发行超预期

套色影印本《脂砚斋重评石头记》不仅美观、漂亮,预定数也大超预期。胡适在致夫人江冬秀的信中说:"这部《红楼梦》是我在三十多年前收的宝贝,阴历年前,张祖诒出了大力,请中央印制厂试验影印(墨色、朱红色,套印)成功,决定影印五百部发卖预约。广告登出去,是在阴历新年后,不到几天,我就病倒了,我在医院期中,台湾、香港预约竟超出了乙千四百部,所以我们须影印乙千五百部。"③在致蒋介石的秘书长张群信中也说:"我原定影印五百部,还怕销不完二三百部,不意台港两地预约竟近一千四百部,故最后决定印一千五百部。我自己留下一百部送朋友玩玩。后来把《缘起》印在第一册,就忘了在扉页后幅说明添印一千部的事了。"④

---

① 转引自《胡适致何骧》(1961年7月4日),抄件排印本见胡适纪念馆"南港档",馆藏号:HS-NK05-038-014。
② 转引自《胡适致何骧》(1961年7月4日),抄件排印本见胡适纪念馆"南港档",馆藏号:HS-NK05-038-014。
③ 《胡适致江冬秀》(1961年6月1日),手稿见胡适纪念馆"南港档",馆藏号:HS-NK05-048-066。
④ 《胡适致张群函》(1961年6月8日),季羡林主编:《胡适全集》卷26,安徽教育出版社,2003年版,第625页。

仅仅过了一年的时间，1962年6月，《脂砚斋重评石头记》又再版一千部，增加了王云霭先生收藏的常州人庄少甫所作的《竹楼藏书图》以及胡适于1961年11月初为该藏书图所作的跋。以当时台湾的人口与购买力，《脂砚斋重评石头记》影印本的发行成绩令人称赞。胡适对发行并不陌生，他早年为亚东图书馆和商务印书馆提供的许多专业性意见，让出版公司受益良多，这在学界已是人尽皆知。他预期卖出五百部《脂砚斋重评石头记》，却获得预约近一千五百部的订单，这份成绩与他所做的努力是分不开的。

第一，用明白如话的文字恰到好处地介绍、推荐图书，让读者对图书的价值有迅速的了解和精准的把握。胡适撰写《缘起》时，将《脂砚斋重评石头记》概括为"世间最古又最可宝贵的《红楼梦》写本"①，言简意赅，两个"最"字突出该书的研究价值、收藏价值。1961年2月25日台北《"中央"日报》刊登一则广告，虽是他者的视角，却明显有胡适风格烙印：

> 三十三年来，研究《红楼梦》的人都知道胡适先生藏的《乾隆甲戌脂砚斋重评石头记》是时间最古的写本《红楼梦》。甲戌是乾隆十九年，曹雪芹死在乾隆廿七年除夕。据胡先生的考证，曹雪芹在甲戌年只写了初稿十六回，即此本的一至八回、十三至十六回、廿五至廿八回。此本的文本与评语，有许多宝贵材料是世间一切本子所没有的。现在中央印制厂用朱墨两色依原书大小影印五百部。附新考证。②

这段文字浓缩了胡适《影印〈乾隆甲戌脂砚斋重评石头记〉的缘起》的核心信

---

① 胡适：《影印〈乾隆甲戌脂砚斋重评石头记〉的缘起》。
② 胡颂平编著：《胡适之先生年谱长编初稿补编》，台北：联经出版事业有限公司，2015年版，第368页。

息,其中"最古的写本""世间一切本子所没有的"等直接来自《缘起》或化自《缘起》;言语明白清楚,"又抓住最扼要、最精彩的材料,用最简练的字句表现出来",意境"平实""含蓄""淡远"。[1]广告文末提示读者"附新考证",也是胡适早年为亚东图书馆出版标点、分段版古典小说宣传的常用的方法。[2]

同一天的《"中央"日报》,还刊登了一篇胡适与该报记者谈影印《脂砚斋重评石头记》的缘起[3],题目就作《最古〈红楼梦〉写本》,以访谈体向社会大众做了深入浅出的介绍,也是"言语明白清楚而意旨不嫌深远"。

第二,双色影印本《石头记》,并不因为预期只卖几百部就价格畸高,"最古最可宝贵"的珍本图书却是最平民化的价格。日常生活中的胡适处处为人着想,人所共知。他在为《脂砚斋重评石头记》定价时,也体现出他替买书人着想的一面,只定价120元(新台币,下同)。相较于同时期出版公司的图书,这一定价很有亲和力。胡适晚年的秘书胡颂平在一封代致王保和的回信中,记录了台湾远东图书公司出版的《胡适文存》精装本的价格:《胡适文存》第一集,精装,95元,第二集,精装,65元,第三集,精装,95元,第四集,精装,85元。[4]考虑到双色印制与特殊用纸,《脂砚斋重评石头记》二册定价120元,物美价廉,性价比相当高。

第三,实行预售制。为了便利读者买书,胡适委托台湾商务印书馆与台北中央印制厂承担台湾岛内临时"分销商"的角色,并采行预售制。不同的"分销商",有不同的预销价格折扣,让利读者:有缴付84元者,相当于七折;

---

[1] 施议对点评《胡适词点评》(增订本),北京:中华书局,2006年版,第171页。
[2] 杨金荣:《胡适与南京高师暑期学校》,《民国研究》总第31辑,北京:社会科学文献出版社,2017年,第9页。
[3] 曹伯言、季维龙编著:《胡适年谱》,合肥:安徽教育出版社,1989年版,第935页。
[4] 《胡颂平致王保和》(1960年6月7日),原件藏于胡适纪念馆"南港档",馆藏号:HS-NK01-142-044。

也有缴付 75.6 元者,约相当于六折。①

1961 年 5 月 3 日,台湾商务印书馆总经理赵叔诚致函胡适,记述了《脂砚斋重评石头记》预售详情,此函藏于台北胡适纪念馆"南港档",兹抄录于下:

> 前承委托代售《甲戌本脂砚斋重评石头记》一书,计按每部八十四元定出者为二百八十部,又由同芳楼每部七十五元六角定出者为十三部,总计定出二百九十三部,共收预约书价款为贰万肆仟伍佰零贰元捌角。按照合约规定,本馆得扣除手续费一成,计为贰仟肆佰伍拾元叁角外,应结付预约价书款贰万贰仟零伍拾贰元伍角。除已代交中央印制厂伍仟元及张秘书代收壹万元外,尚应找付柒仟零伍拾贰元伍角。
>
> 兹随函附呈(1)二月廿一日中央印制厂所开一零一九四五八号预售印书款伍仟元发票一张;(2)四月十日张秘书所具壹万元支款单一张;(3)预约书价款贰万贰仟零伍拾贰元伍角空白收据一张,即请察核后在该空白收据盖章并贴印花税捌十捌元叁角寄还本馆,当将余款柒仟零伍拾贰元伍角汇奉。②

《脂砚斋重评石头记》原定计划是 5 月 10 日可以出售影印本,"因为各地预约远超过我们的预计,必须加印一千部",故"不得不延至五月廿四日出书"③,无论是 5 月 10 日出书,还是 5 月 24 日出书,5 月 3 日就有这么一份漂亮的预售成绩单,说明读者认可、接受预售制。这也可以进一步解释为什么原定影

---

① 《赵叔诚致胡适函》(1961 年 5 月 3 日),原件藏于胡适纪念馆"南港档",馆藏号:HS-NK01-088-003。

② 《赵叔诚致胡适函》(1961 年 5 月 3 日),原件藏于胡适纪念馆"南港档",馆藏号:HS-NK01-088-003。

③ 《甲戌本〈脂砚斋重评石头记〉影印本延期出书启示》,参见宋广波编《胡适披红集》,第 481 页。

印500部，临开机又敢于加印1000部，不仅因为订单在手，而且通过预售，书款已经收入囊中了。

1961年6月29日，张祖诒致信胡适，专门谈代为售寄影印本之事，称"《石头记》的印制发行事宜，到此已经全部结束，现在我把经手的账项作成一份总报告呈上，敬请尊核"①。印制仅一个多月的时间，就清算结项印刷、代销等事务，预售制实际变为按订单印刷，既解决了前期影印所需资金，又避免了回款慢、回款难的问题。

台湾商务印书馆主要承担向岛内的预售，友联出版社则负责面向香港的预售。在香港销售涉及"出境"，胡适还专门致函台湾省新闻处商请给予"出口准许"，并送样书一部。这封信的抄件也藏于台北胡适纪念馆，兹征引如下：

敬启者：

  本人有《乾隆甲戌脂砚斋重评石头记》影印本一书，除在台北委托书局发行预约外，另委托香港友联出版社发行预约。现拟运书五百部（每部二册）至港，依照规定，特附上样书一部，敬请贵处早予审查，并请惠发证明文件，准予出口为荷。

  此致

台湾省新闻处

  附样书一部

胡适敬上
一九六一年五月廿七日②

---

① 《张祖诒致胡适函》(1961年6月29日)，原件藏于胡适纪念馆"南港档"，馆藏号：HS-NK05-084-013。

② 《胡适致台湾省新闻处函》(1961年5月27日)胡适修改之代笔稿见胡适纪念馆"南港档"，馆藏号：HS-NK01-088-005。

这封信落款于 1961 年 5 月 27 日,说明《脂砚斋重评石头记》甫一出版,就启动了在香港的发行,因需要获得行政管理部门的允许,也涉及书款的结汇问题,在致函台湾省新闻处的当天,胡适又致函台湾行政部门"外汇贸易管理委员会输出组",申请出口与结汇准许。从函中可看出,在香港的预售不及在台湾,仅为港币 2690.82 元,若以上述两种折扣,折合预售图书约三十部。这封信也是稀见的台湾出版史料,兹抄录于下:

敬启者:

一、本人有《乾隆甲戌脂砚斋重评石头记》影印本一书,除在台北委托书局发行预约外,另委托香港友联出版社在香港发行,现拟运送该书五百部(每部二册)至港,经将港方寄来书价港币贰仟陆佰玖拾元零捌角贰分与香港汇丰银行支票壹纸持向台湾银行申请结汇出口,据告非贸易商出口书籍,须经贵组核准后方可办理。兹特请求:

(1) 该书五百部允准以本人个人名义报运出口至港;(2) 准予免去觅商保证。

二、本书影印发行,旨在保存及流传此一文学上富有价值之珍本,并非营业牟利。附上样书一部,敬希察照惠允办理为荷。此致

"行政院"外汇贸易管理委员会输出组

一九六一,五,廿七①

台湾行政部门"外汇贸易审议委员会输出审核组"于 5 月 31 日致函"台湾银行外国部":(1) "本案《乾隆甲戌脂砚斋重评石头记》影印本五百部,如经结

---

① 《胡适致"行政院"外汇贸易委员会输出组函》(1961 年 5 月 27 日),胡适修改之代笔稿见胡适纪念馆"南港档",馆藏号:HS - NK01 - 088 - 008。

汇可汇,免办保证手续出口";(2)函请查照办理为荷;(3)"副本抄送胡适先生"。①

第四,向政要、有影响的专业人士、重要学术机构赠书,客观上产生了相当于口碑营销的效果。

1961年6月3日,胡适给台湾"总统府"秘书长张群写了一封信:

岳军老兄:

  近日我影印了我的《乾隆甲戌脂砚斋重评石头记》,送上一部,补祝老兄的大寿。这是世间最古老的《石头记》写本,得中央印制厂朱墨两色套印,颇能保存原本的样子。

胡适
一九六一,六,三②

书札简短,但措辞与时间颇值得推敲。张群是蒋介石的亲信,是少数几个可以对蒋产生影响的人物之一。张群生于1889年,大寿应该是1959年或者1958年(若按传统虚岁计),1961年年中送呈一本书补作"大寿"之礼,在世俗情理层面略显牵强。胡适真正的用意,是通过张群向蒋介石赠送他这部"保存原本样子"的"世间最古老的《石头记》写本"。果然,仅仅隔了5天,胡适又致函张群:"我想赠送一部给介公及蒋夫人,倘蒙老兄代为转呈,不胜感激!"③胡适通过张群转呈蒋介石夫妇一部,又以同样方式题赠陈诚夫妇一

---

① 副本影印件参见宋广波编《胡适披红集》,北京:北京大学出版社,2009年版,第485页。
② 《胡适致张群函》(1961年6月3日),季羡林主编《胡适全集》,卷26,第619页。
③ 原信抄件见胡适纪念馆"南港档",馆藏号:HS-NK01-011-021;季羡林主编《胡适全集》,卷26,第626-627页。

部。胡适还面赠好友"行政院政务委员"王世杰一套①,也托人给"行政院政务委员"兼交通部门主要负责人袁守谦送上一套②。他又分别赠送在台湾有社会影响力的专业人士,如台湾大学校长钱思亮、著名学者毛子水③、"中研院"史语所所长李济④,台湾大学医院院长高天成;研究型专家,如翁文灏的长女、红学研究者翁雅南⑤;有知名度的海外人士,如旅居美国的高宗武等;熟谙书业的出版界人士,如香港友联出版社经理刘甫林、台湾商务印书馆总经理赵叔诚;在世界享有盛誉的海外著名学术机构,如普林斯顿大学葛思德东方图书馆,等等。

胡适为《脂砚斋重评石头记》撰写《缘起》并接受媒体访谈,在台北最具影响力的官方媒体刊登广告,简明扼要介绍《脂砚斋重评石头记》一书的价值,委托印制厂与台湾商务印书馆代为预售价廉物美的双色影印珍本典籍,几乎做到了按预约单印刷,在台湾、香港发行,又向台湾政要、社会名流、著名学术机构赠送新书,客观上增添了双色影印珍本图书的口碑与声誉,产生很好的社会效益,发行成绩也超出预期。

三、影印发行《脂砚斋重评石头记》的思想动因

《脂砚斋重评石头记》为大兴刘铨福旧藏"脂砚斋甲戌抄阅再评"的《石头记》,抄本四大册,共有十六回。胡适1927年夏在上海购得,次年据此发

---

① 胡颂平编著:《胡适之先生年谱长编初稿补编》,第455页。
② 《胡适致袁守谦函》(1961年8月5日),季羡林主编《胡适全集》,卷26,第668页。
③ 胡颂平编著:《胡适之先生年谱长编初稿补编》,第454页。
④ 胡颂平编著:《胡适之先生年谱长编初稿补编》,第455页。
⑤ 《胡适致翁雅南函》(1961年10月14日),季羡林主编《胡适全集》,卷26,第727页。

表长文《考证〈红楼梦〉的新材料》,指出"这个甲戌本子是世间最古的《红楼梦》写本"①,"此本每回有朱笔眉评、夹评,小字密书,其中有极重要的资料,可以考知曹雪芹的家事和他死的年月日,可以考知《红楼梦》最初稿本的状态"②。红学家周汝昌先生初识此书时曾惊呼"这是一份奇珍异宝"③。胡适1948年岁末匆匆辞别北平时,随身携带的图书只有他父亲遗稿的清抄本和这个甲戌本《红楼梦》④。胡适称《脂砚斋重评石头记》之于红学研究,"具有划时代的意义"。⑤

胡适晚年为何要影印发行《脂砚斋重评石头记》,毛子水先生在该书1975年第二次重印跋文中说,"胡先生每得一善,喜欢和人共有","这个人间孤本石头纪(记)写本的影印,可以说是胡先生'与人同善'存心的表现"。⑥ 毛子水先生从道德的层面解释了胡适影印发行《脂砚斋重评石头记》的原因,而在思想层面,胡适影印发行该书,所来有自。

《脂砚斋重评石头记》虽然是私藏,但在胡适眼中俨然是公器。他在任北京大学校长期间,就将之出借给当时还是燕京大学青年学生的周汝昌,允许借阅四五个月之久。周汝昌与其兄周祜昌"先斩后奏",抄录了一个副本留作自己研究使用⑦,事后才写信告知胡适。胡适非但没有任何责备,反而写信称是"一件大功劳","十分高兴":"我读你信上说的你们兄弟费了整整两个月的工夫,钞完了这个脂砚斋甲戌本,使这个天地间仅存的残本有个第

---

① 胡适:《影印乾隆甲戌〈脂砚斋重评石头记〉的缘起》。
② 胡适:《影印乾隆甲戌〈脂砚斋重评石头记〉的缘起》。
③ 周汝昌:《我与胡适先生》,桂林:漓江出版社,2005年版,第84页。
④ 胡适:《影印乾隆甲戌〈脂砚斋重评石头记〉的缘起》。
⑤ 胡适:《影印乾隆甲戌〈脂砚斋重评石头记〉的缘起》。
⑥ 毛子水:《〈脂砚斋重评石头记〉影印本第二次重印跋》,《乾隆甲戌脂砚斋重评石头记》,台北:胡适纪念馆,1975年12月,第三次印刷,无页码。
⑦ 周汝昌:《我与胡适先生·自序》。

二本,我真觉得十分高兴!这是一件大功劳!将来你把这副本给我看时,我一定要写一篇题记。这个副本当然是你们兄弟的藏书。我自己的那一部原本,将来也是要归公家收藏的。"①

胡适晚年深感对珍藏的"人间孤本"《脂砚斋重评石头记》有保存的责任,更有流传的责任。他把《脂砚斋重评石头记》出借给青年学生周汝昌,并认可他录副保存,就体现了这种责任。这种责任,越到晚年越感重大。他到美国的第二年(1950),就在哥伦比亚大学为《脂砚斋重评石头记》制作了显微影片(缩微胶片),一套存母校哥伦比亚大学,一套送给哥大东亚图书馆负责人同时也是《红楼梦》的英译者王际真先生,自己保留了一套,但"后来送给正在研究《红楼梦》的林语堂先生了"。②从周氏兄弟录副,胡适事后写信称赞,到在哥伦比亚大学制作少量缩微胶片版分赠学人与学术机构,再到晚年在台湾大规模套色影印与发行,其中可以清晰地看到胡适保存、流传《脂砚斋重评石头记》的思想轨迹。

胡适曾对图书馆学者蒋复璁说:"书,是要人看的,宁可让人把书看烂了,总比搁置书库里烂了好些。"③这段话也为胡适影印发行《脂砚斋重评石头记》一书提供了注脚。胡适在生命的最后岁月串演了一个出版人的角色,当年的孤本,经影印发行,海内外拥有了数以千计的"拷贝"④,个人私藏全然变成了学术公器。

影印发行《脂砚斋重评石头记》的另一个动因是用印刷技术的新成果,实现珍稀古籍保存、流传的"现代化"。胡适终其一生都鼓吹用科学的成果

---

① 《胡适致周汝昌函》,周汝昌《我与胡适先生》,第99-100页。
② 胡适:《影印乾隆甲戌〈脂砚斋重评石头记〉的缘起》。
③ 胡颂平:《胡适之先生晚年谈话录》,第129页。
④ 该书在台湾1961年5月初版1500部,1962年6月再版1000部,1975年12月胡适纪念馆第三次印刷,参见胡适纪念馆版《乾隆甲戌脂砚斋重评石头记》版权页登记。

解除人类的痛苦,增进人生的幸福①。他非常热心于将珍稀古籍用缩微技术制作成胶片,以利广泛流传与长久保存。1950年2月3日,他在自己身份不定、工作无着的情况下,不忘给美国国会图书馆亚洲部主任恒慕义写了一封信,其中提及,"我写此信提出一个重要的问题供您考虑。我希望您和国会图书馆考虑将印制在新闻纸和其他类似脆弱纸品上的所有现代中国典籍缩微胶片化,我自己的著作,最初三十年前印制的,已经很脆弱","以缩微胶片保护这些现代中国典籍是一件重要的事情"②。胡适首先说服了哥伦比亚大学东亚图书馆的王际真先生一起推动此事。"他很感兴趣,因为哥大藏有全美最多的现代中国典籍"③。胡适极力推动把抗战前夕从北平运往美国暂存于国会图书馆的102箱中国珍稀典籍,制成多份缩微胶卷本,1959年运回台湾一份。他驰书袁同礼、吴光清说:"如蒙国会图书馆长同意,只好烦劳你们两位把这一大把microfilms(缩微胶片——引者)连同目录点查一遍,装箱托招商局的朋友设法运来。"④ 20世纪50年代初,胡适在美国,借助缩微技术,制作了少量的《脂砚斋重评石头记》胶片本,在生命的最后旅程,双色套印《脂砚斋重评石头记》,与前此中国善本古籍图书制作缩微胶片,这些举措的内在思想是一致的。

胡适依靠出版产业的技术和市场,影印发行《脂砚斋重评石头记》,具有现实意义和示范引领作用。1949年以前的出版物纸型多留在大陆,台湾缺乏一些研究参考书,影印成为台湾出版界一个救急的选项。胡适自己的作

---

① 参见胡适《眼前世界文化的趋向》,收入季羡林主编《胡适全集》卷22,第690页。
② Hu Shih to Arthur William Hummel,February 3,1950,打印件藏于胡适纪念馆"美国档",馆藏号:HS-US01-003-005。
③ 同上。
④ 《胡适致袁同礼、吴光清函》(1959年2月14日),季羡林主编:《胡适全集》卷26,第228页。

品如《中国哲学史大纲》①《胡适留学日记》②《词选》③都是在台湾影印出版的,《脂砚斋重评石头记》的影印发行,进一步推动了台湾出版界的影印风气。1961年8月5日,胡适就将黄晖的《论衡校释》、汤用彤的《两汉魏晋南北朝史》及吕湛恩等注的《聊斋志异详注》借给台湾商务印书馆影印④,这些对重建并繁荣台湾的学术文化出版,填补台湾后日据时代中国学术文化出版的空白,产生了积极的影响。

(原载《中国出版史研究》2021年第1期)

---

① 《赵叔诚致胡适函》(1955年4月19日)载:"现拟按照原书版本,以拍照影印方法,在台北影印壹千本(《中国哲学史大纲》)",原件现藏于胡适纪念馆"南港档",馆藏号:HS-US01-079-016。

② 《胡适致任以都、任以安函》(1962年1月17日)记载:"我的《留学日记》(原名《藏晖室日记》)共四册,记的是一九一一~一九一七的事,其中记叔永、莎菲的事颇多。今有台北影印本,我现在送你们两人各一部,约一个月后可寄到。"季羡林主编:《胡适全集》卷26,第751页。

③ 《赵叔诚致胡适函》(1959年5月28日):"查专著《词选》影印校改本业经印就壹仟册。"原件现藏于胡适纪念馆"南港档",馆藏号:HS-NK01-049-012。

④ 胡颂平编著:《胡适之先生年谱长编初稿》第10册,第3690-3691页。

———— 时与潮

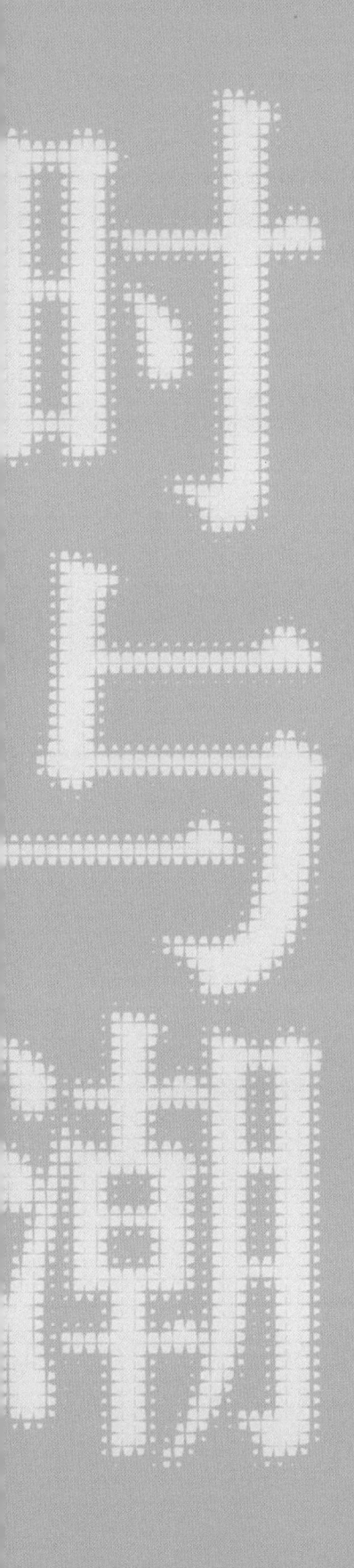

在台北发布新书

2012年对所有江苏出版人来说都是值得记忆的一年。这一年,第八届海峡两岸图书交易会(又称"海峡书市")在台北举行,江苏是主宾省。

江苏是台商投资的热土,也是与台湾文化产业交流合作的重镇。江苏与台北的出版同人,自从20世纪90年代起就开始交流合作。随着江苏与台湾经济文化合作的全面展开,江苏与台湾的出版合作也不断走向深入:有机构人员的往来,有版权贸易,两地出版机构合资合股,有两岸的学者、专家互为对方出版机构提供一手稿源的合作,更有两地的学者联手就某些重大学术问题共同研究、取得共识后同时由两岸的出版机构合作出版的形式。两地的合作已经走到了你中有我、我中有你,谁也离不开谁的境地。江苏一批有实力、有影响的出版社,与台湾出版同人合作已经结出了丰硕的成果,江苏出版界与台湾同人的人员往来、版权贸易,名列大陆各省市自治区前列。享有盛誉的台湾诚品书店也花落江苏,成为中国大陆地区的第一家"诚品书店"。

在这样的背景下,作为主宾省的出版人,拿什么作品和台湾同人交流、与台湾读者见面,已经超出了一本书的内涵。我连续几年在江苏省政协会议上,提出了多件涉及苏台文化交流的提案,有些提案如《建议在南京建立民国史料馆》《建议由江苏历史学者领衔组织两岸史学工作者联合编撰中华民国史的提案》,还引起了海内外媒体的关注,岗位与身份意识使自己觉得守土有责,责任在肩,应该毫不犹豫为海峡书市做点什么。

2011年下半年,美国国会图书馆亚洲部研究主任居蜜博士托南京大学图书馆研究馆员陈远焕先生送来一部书稿,初名《居正与中华民国》,希望在南京大学出版社出版。我匆匆翻了一下部分样章,觉得有史料价值。12月底,我循例在南京双门楼宾馆钟山厅参加江苏省人民政府各界人士迎新茶话会,与省政协殷志强副秘书长同桌座谈,提及居蜜博士及其书稿,他盛赞居蜜博士供职美国国会图书馆亚洲部几十年,始终不渝地为整理、传播中国典籍文化做贡献,无意中帮我打开了一扇了解居蜜博士的窗。2012年元旦,我花了一上午的时间到南京总统府,仔细观摩了居蜜博士向总统府赠送的其家族珍藏的居正先生使用过的文物、文献等,其中,由居正先生收藏的乾隆六子永瑢书并跋金刚般若波罗蜜经写本,极具文化价值与收藏价值。

居正是近代中国有影响的历史人物,他与邹鲁、林森、张继等并为西山会议派的代表人物,"他反共清共,而又反对屠杀共产党人,反对布尔什维克主义而又反对蒋介石的独裁专制,结果是两面不讨好,既受到共产党的严厉抨击,又遭到蒋介石的忌刻与挫辱"(著名历史学家、华中师范大学前校长章开沅先生语)。这样的人物,往往"非主流",往往被历史的尘埃遮埋,但青山遮不住,毕竟东流去。居正在中国国民党党史上,享有崇高的声望。有一个通俗而生动的比喻,如果孙中山先生请客,居正一定会同桌陪客。居正执掌国民政府司法院16年半之久,为民国法制建设做出了贡献。南京大学出版社也刚刚出版过60卷《国民政府司法公报》。

居正及其后人与南京有着特别的渊源关系。国民政府司法院旧址就在南京中山路与通往南京大学鼓楼校区的汉口路交会之处,大门至今犹在。

居正先生还修建了南京仅存的藏传佛教佛塔,即今天玄武湖内的诺那宝塔。诺那是国民政府蒙藏委员会委员、立法委员,他倡导汉藏交流与民族团结,宝塔是在诺那圆寂后,为纪念他而建。居正的孙女居蜜女士,现在美国国会图书馆亚洲部任研究主任,哈佛大学历史学博士,长期致力于整理和研究美国国会图书馆的中土文献,著有《1904年美国圣路易斯万博会中国参展图录》《美国国会图书馆王树枏藏书——古籍、善本、珍品面面观》《御制康熙字典与善本圣品鉴识》《美国国会图书馆中文善本典藏与数字保存技术概述》等,2011年,出版了《居正与辛亥革命》。她以史家的识见,说服家族成员,将居正先生的手稿、文献、文物分赠上海图书馆和南京中国近代历史博物馆(总统府)。居蜜女士本人与南京有着深厚的渊源关系。1979年中美建交之初,她是第一批来中国访问的美籍学者。她访问了南京大学,较早与南京史学界的同人建立起联系。

了解越多,我就越感觉得,《居正与中华民国》是可以向读者推荐的一部书,可以作为参加海峡书市着力打造的一部书,不仅在大陆推介,更要到台湾去介绍。

经与作者沟通协商,我建议将《居正与中华民国》改为《居正与近代中国》,居蜜博士欣然接受。

《居正与近代中国》由四部分组成:一是居氏家藏手稿档案图录及释读,图录概要勾画了居正一生对国家民族的重大贡献,背景为居正墨宝书于北京荣宝斋彩色套印笺谱册页;二是居正之子居浩然所著"先君行述",简略传记了居正辉煌的一生;三是居正手稿(自光绪二年至民国三十七年),这是居正留给后世最原始最核心的史料,具文献与学术价值;四是居正夫人居锺明志遗著、居浩然注释的《我的回忆》,以居正家人的独特视角,为读者开启解读居正的窗户,至为珍贵。

在编排设计上，图书采用了国际流行开本，四色影印，正文用材为100克纯质纸，略带米黄，与图书的内容十分契合。考虑到该书的史料价值以及与台湾读者见面，我们又克服困难，采用竖排繁体左行。图书出版过程中，得到南京大学党委统战部、中共中央统战部出版处的支持。在美国国会图书馆与图书打交道35年之久的居蜜博士见书后，十分满意，赞不绝口。

准备任何一场新书发布会都是对组织者的一次考验，而隔着台湾海峡筹备一场新书发布会，无疑是一场大考验：会议的流程与仪式，出席发布会嘉宾的人选与邀请，嘉宾的致辞讲话，座位与席卡的安排，场地的布置与媒体的报道，等等，因为隔着时空，还因为两岸在礼仪文化上的不尽相同，参与其事的人，固然会有躬逢其盛的历史现场感，但在发布会的大幕没有降下以前，总是在担心会不会因为某一环节的失误而"演砸了"。特别是，邀请的嘉宾多半是台湾方面有影响与声望的社会名流与学者，更增添了考验的砝码。

筹备过程始终得到作者居蜜博士的鼎力支持。2011年，她曾在台北"国父"纪念馆举办过《居正与辛亥革命》新书发布会，既有经验，更有庞大的人脉网络。在她的努力下，台湾蒋经国国际学术交流会给予了极大的帮助，特别是基金会宋翠英主任，帮助联系中国国民党荣誉主席连战先生办公室，联系国泰基金会董事长钱复先生办公室，联系大学研究院的教授、学者等，安排确定日程。中国国民党荣誉主席连战先生9月10日参加完在俄罗斯远东城市符拉迪沃斯托克举行的APEC会议，与胡锦涛总书记会晤过，刚刚回到台北，又要马不停蹄，参加新书发布会，第二天，即9月15日，又要与钱复董事长一起启程赴南京参加紫金峰会，与全国政协主席贾庆林会见，在如此繁忙的情况下，要他们在9月14日出席《居正与近代中国》的新书发布会,既令我们非常期待也让我们十分忐忑。连战先生来不及掸去身上的尘土,亲临新书发布会,在新书的主人公,是尊重与敬仰;在新书的作者,是荣耀与礼遇;在新书的出版者,是"与有荣焉",是不求而遇的"福报"。事后回忆,如果没有蒋经国国际学术交流基金会的协调安排,如期如愿举行发布会是不可想象的。活动也得台湾企业界朋友的诚恳帮助。台湾凯萨琳创意集团总监、世界华人工商妇女企管协会台北第二分会会长许淑晶女士,为新书发布后的评品做了精心的安排,她假座台北 101 大楼 85 楼意大利餐厅,为两岸专家学者评品新书,提供了优雅的环境,更提供了难得的机会。

《居正与近代中国》台北首发式海报

《居正与近代中国》台北首发式嘉宾邀请函

9 月 14 日上午 10:30,《居正与近代中国》新书发布会在台北世贸中心一楼隆重举行。中国国民党荣誉主席连战先生,国泰慈善基金会董事长钱复先生,蒋经国国际学术交流基金会执行长朱云汉院士,著名学者张朋园教

中国国民党荣誉主席连战先生在《居正与近代中国》台北首发式上致辞

台湾国泰基金会董事长钱复先生在《居正与近代中国》台北首发式上致辞

授、汪荣祖教授,"中研院"胡适纪念馆前馆长杨翠华研究员等 20 余位台湾知名人士出席发布会。作者居蜜博士、南京大学副校长杨忠教授、江苏省新闻出版局领导等出席。连战先生做了近 30 分钟的精彩致辞,他高度评价了居正先生的操守与革命精神,称居正先生"救国救民的理想热情、为人高尚的风骨与情操"让后人"永远缅怀与效法"。他称赞居正先生的贡献主要在司法实务运作相关制度的建构上,大致包括三个方面:"首先是赋予司法院真正的司法权,让司法走向独立;其次是审级制度的改革,推动地方法院之设置,现在我们的三级三审制度就是当时建立起来的;最后,他积极推动各项立法工作,以重建符合时代与国情之中华法系。"他盛赞居正先生人格高尚,不求功名,一生言行,均凝聚在一"正"字,凡事居于正,养天地正气,法古今完人。他批评当今社会,已少见此传统之价值观:"人人追逐名利,缺乏理想与热情,对国家社会毫无使命感。"称赞南京大学出版《居正与近代中国》,有学术担当,相信《居正与近代中国》一书"必能为中国近代史以及中华文化的保存与传承做出贡献"。台湾国泰慈善基金董事长钱复先生也即席致辞,他深情回顾了钱家与居家的友谊,称赞南京大学出版《居正与近代中国》一书"有道德勇气"。杨忠副校长从南京大学的学科优势的角度评价了出版《居正与近代中国》的意义,介绍了南京大学与台湾教育、学术、文化界的交流,指出现阶段是大陆高校与台湾交流最活跃、最广泛、最有成效的历史时期,希望进一步加强南京大学与台湾高校、科研院所的学者互访、学术互动、学生互换。

新书发布会上,中国国民党荣誉主席连战和南京大学副校长杨忠教授一道向美国国会图书馆并通过台湾地区图书馆协会秘书长彭慰女士向台湾地区 100 家学术机构图书馆赠送了《居正与近代中国》一书。

《居正与近代中国》部分台湾受赠单位暨致谢一览表

	受赠致谢单位	致谢形式	复函时间	受文者	备注
官方半官方机构	"中央图书馆"台湾分馆	感谢函	2012.12.15	个人	
	"国史馆"编审处	感谢函	2012.10.31	个人	
	"中华民国"图书馆学会	感谢状	2012.12	个人	曾淑贤理事长签发
	"中研院"近代史所郭廷以图书馆	感谢函	2012.10.24	个人	
	南投县文化局	感谢状	2012.11.2	单位	游守中局长签发
	台北市立图书馆采编课	感谢函	2012.10.25	个人	
	苗栗县政府	感谢函	2012.10.31	个人	刘政鸿县长签发
	桃园县文化局	致谢卡	2012.10.30	个人	
大学图书馆	实践大学图书暨资讯处采编组	感谢状	2012.10.24	个人	
	台北教育大学图书馆	致谢卡	2012.10.24	单位	
	新竹教育大学图书馆	致谢卡	2012.10.26	个人	
	逢甲大学图书馆	致谢卡	2012.10.26	个人	
	亚洲大学图书馆	感谢函	2012.10.26	个人	
	台南大学图书馆	致谢卡	2012.10.26	个人	
	世新大学图书馆	感谢函	2012.10.29	个人	
	东华大学图书馆	感谢函	2012.10.29	个人	
	台北大学图书馆采编组	感谢函	2012.10.30	单位	
	南华大学图书馆	感谢状	2012.10.30	个人	
	政治大学图书馆	致谢卡	2012.10.30	个人	

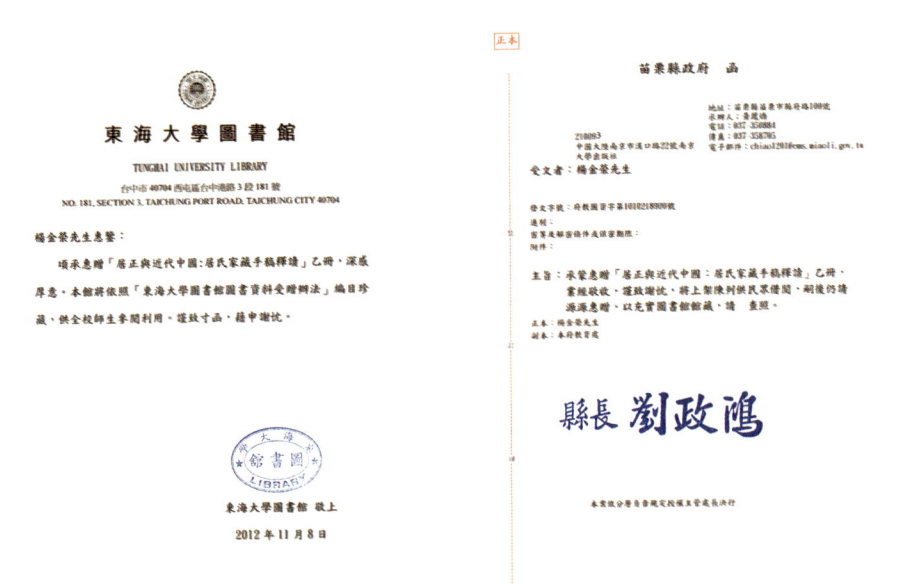

台湾东海大学受赠回函　　　　　　台湾苗栗县政府受赠回函

作为《居正与近代中国》台北首发活动的一部分，9月14日中午，参加新书发布会的嘉宾在台北101大楼85楼意大利厅餐叙，交流品书心得。来自台湾学术界的知名学者如"中研院"院士张玉法教授、朱云汉院士，"中研院"近史所所长黄克武教授，著名学者陈三井教授，胡宗南将军的公子胡为真先生以及居蜜博士的海内外亲友等80余人参会。由于台湾"国史馆"正在举行一个有关近代史的大型学术会议，许多学者是临时从会议上赶来餐叙，这让我们也特别感动。大家频频举杯，开怀畅谈，合影留念，在高入云端的101大楼，在中秋佳节前夕，宛如久别重逢的家人相聚。

居正先生曾在台手创淡江英专，即今天淡江大学的前身。9月14日下午，南京大学又在淡江大学举行赠送南京大学出版社影印版《国民政府司法公报》(60册)，至此，新书发布活动圆满结束。

我与南京大屠杀史研究出版二十年

编辑持续关注同一个主题的选题，如同学者持续开展某一领域的研究。我主持的"南京大屠杀史"系列选题的编辑、策划、外译传播，前后时间跨度超过了二十年。对这一主题图书持续关注贯穿了我编辑出版生涯最好的年华。

我最早接触南京大屠杀史主题选题是在1998年。那年，任天石总编辑通过转折关系约请了杰出校友、著名历史学家章开沅先生编译《天理难容：美国传教士眼中的南京大屠杀（1937—1938）》一书，我受托担任了这部书的责任编辑。因为这部书，我开始关注南京大屠杀史研究的主题出版。

章开沅先生自1988年起，在耶鲁大学神学院特藏室阅读、复印、记录贝德士文献中有关南京大屠杀的史料，撰写和编译过《南京大屠杀的历史见证》（湖北人民版，1995）和《南京：1937年11月—1938年5月》（香港三联版，1995）。《天理难容》一书，是章开沅先生特别应南大出版社之约，在耶鲁神学院特藏室主任玛莎·斯茉莉主编的《美国传教士对南京大学的见证，1937—1938》的基础上编译，并做了进一步的扩充，因此是一部"更为完整并更具权威性的揭露侵华日军南京大屠杀罪行的英文原始文献"。[①] 章先生

[①] 章开沅编译：《天理难容：美国传教士眼中的南京大屠杀（1937—1938）》"编译说明"，第8页。

特别提到,所以愿为南大编译这样一部书,是因为"作为原金大学生与现今南大校友",自己"义不容辞",每次读到这句话,作为后学的我总为之动容。

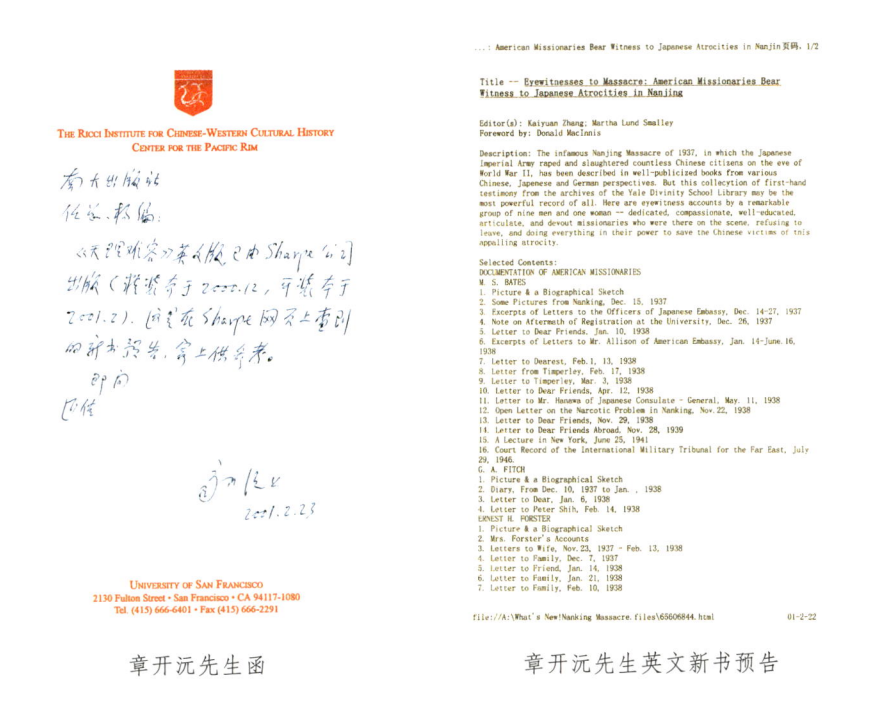

章开沅先生函　　　　　　　　　章开沅先生英文新书预告

1998年秋,章开沅先生应邀来到南京大学,也是他当年读书的金大校园。我有幸陪同章先生在校园访旧忆往。在南园金大农学院旧址,先生告诉我,他的第一志愿是经济学,结果读了历史学。我开玩笑说,如果先生读了经济学,国家就少了一位杰出的历史学家。章先生慨允为南大社编译《天理难容》一书,很大原因应该是书中的历史见证人、历史场域无不与当年的金大今天的南大有关。1999年9月,《天理难容》一书正式出版,当年举行了规格较高的新书发布会,江苏省委副书记任彦申代表省委讲话了。书出版后,影响很大。美国M.E. Sharpe出版公司在2000年12月出版了英文版精装本,定价45.00美元,2001年2月出版了平装本,定价24.90美元。章开沅先生2001年2月23寄来一封短信:

南大出版社

任总、杨编：

《天理难容》英文版已由 Sharpe 公司出版（精装本于 2000.12，平装本于 2001.2）。这是在 Sharpe 网页上查到的新书预告，寄上供参考。

即问

近佳

章开沅 上
2001.2.23

2006 年 7 月，第五届中华民国史国际学术讨论会期间笔者与著名历史学家章开沅先生（中）在一起

Sharpe 公司出版的英文版，书名作《目击南京大屠杀：美国传教士证明日本人在南京的残暴》（Eyewitness to Massacre：American Missionaries Bear Witness to Japanese Atrocities in Nanjing），在该公司的网站上，有介绍，笔者译引如下：

臭名昭著的1937年南京大屠杀事件,日本帝国军人在第二次世界大战前夕强奸屠戮无数中国平民,中国、日本和德国已经出版的各种广为人知的书籍已从不同的视角加以描述。但来自耶鲁神学院图书馆档案的第一手证据集可能是所有记录中最有力的。这本书汇集了著名的十人小组的目击记录,这九男一女是甘于奉献、富于同情心、教养良好、善于表达的虔诚的传教士,他们就在现场,拒绝撤离,尽力做所能做的一切拯救这场骇人听闻暴行中的中国受难者。①

该书由章开沅先生与耶鲁大学玛莎·斯茉莉女士(Martha Lund Smalley)主编,研究中国宗教问题的专家唐纳·麦辛尼斯(Donald MacInnis)作序。

2003年,在爱德基金会的支持下,《天理难容》一书经日本友人加藤实先生的努力,翻译成了日文,原打算联系在日本出版,后未能如愿。

加藤先生本人就是一名传教士。《天理难容》一书的日文版书名对应的中文名为《瞧,这事实……②》,这是因为此前,加藤实先生用日语翻译过一部朱成山馆长主编的①《南京大屠杀幸存者证言集》,包括了640位受害幸存者的证词。加藤先生自己说,所以愿意乐苦,是"为了让多数日本同胞读到此书"。这份情意十分珍贵。在现实中,有一些懂日文的中国人不愿意翻译这类作品。我在南京大学外国语学院日语系何慈毅教授的支持下,勉力完成这部日文版的编辑工作。这部书的封面设计保留了中文版的风格,只是更换了颜色,我在封底特意保留了中文版封底摘引章开沅先生的一段话:"对于战争责任的反省,日本不如德国。我们不愿说日本人不如德国人,而

---

① File：//A:\What's New! Nanking Massacre.files\65606844.html.

宁可说日本政府不如德国政府。但不愿承担战争责任的政府毕竟会使自己的民族蒙受羞辱。只要这样的政府存在,不管日本人多么富有,多么强盛,多么彬彬有礼,多么精明能干,它在世界人民的心目中也难以受到应有的尊敬,更难以赢得真正的友情。"这段话表达了大多数国人的情愫,至今依然温润可感。

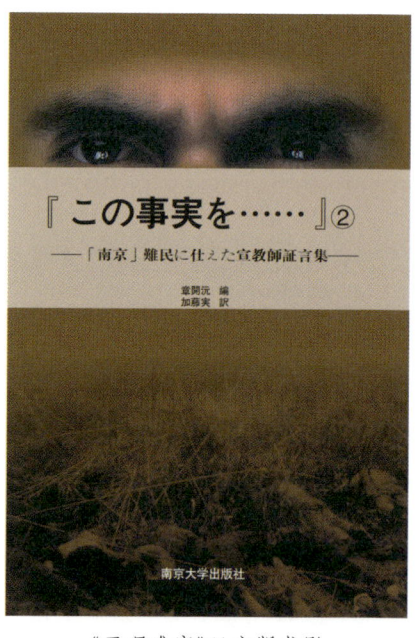

《天理难容》中文版书影　　　《天理难容》日文版书影

《天理难容》一书的日文版,最后于 2005 年 5 月在南京大学出版社出版,章开沅先生专门撰写了日文版序言,向日本读者交代了这部书的背景:

《天理难容——美国传教士眼中的南京大屠杀(1937—1938)》一书在 1999 年出版后,在海内外引起热烈反响。美国 Sharpe 公司立即决定出版英文版,东京有几家出版社愿意出版日文。但是,由于爱德基金会的热心关照,同时又得到已出中文版的南京大学出版社的承诺,终于确定由日本资深学者加藤实先生担任此项翻译工作。

从 2000 年以来,加藤先生已经花费两年多时间来翻译这本书。他的治学态度非常严谨,经常把中英文版加以对照,然后力求准确地译成日文。去年秋天,为了集中精力译好此书,他又辞去其他工作,欣然应邀前来我校合作研究,与我们研究所同人经常在一起切磋商榷,终于将这本 40 余万字的专著译完并且定稿。

这段文字让我们了解著名历史学家章开沅先生以及虔诚的基督教和平主义者加藤实先生为了让日本读者了解南京大屠杀史实,以第一手的历史档案文献否定日本右翼势力对南京大屠杀史实的否定,所做的努力。

在出版社的支持下,加藤实先生的日译本《天理难容》销往日本 1500 本。2005 年 8 月 12 日新华网报道了《天理难容》日文版的出版。

附 1:《〈天理难容〉日文版出版》(新华网 2005 年 8 月 12 日)

近日,南京大学出版社出版了《天理难容——美国传教士眼中的南京大屠杀》日文版。翻译者是长期在华任教的日本学者加藤实教授。早在 1999 年,加藤实就翻译出版了《南京大屠杀幸存者证言集》日文版。

十位传教士的记录真实公正

我国记载南京大屠杀的资料比较丰富,但由外国人记载这段历史的书籍却不多见。《天理难容》一书取材于南京安全区国际委员会的原档,包括十位美国传教士当年在宁的日记、书信、备忘录等。原书的编译者是华中师范大学原校长章开沅教授。章教授用 8 个月的时间,整理、研究美国耶鲁神学院图书馆收藏的传教士文献,他们是贝德士、费吴生、福斯特、马吉、麦卡伦、米尔士、史迈士、史德蔚、华群、威尔逊。

章教授认为,由这个外籍人士群体为侵华日军南京大屠杀暴行撰写的最为详尽的实录,其公正性、真实性与严谨性是任何人也无从否定的。他举例说,在远东国际军事法庭上,传教士贝德士作为检方证人说:"大批中国士兵在交出武器投降后,于最初72小时内,迅即在城外被机枪扫射处决,大多数在扬子江边。仅我们国际委员会雇用的工人就搬走了3万多具士兵的尸体。"

加藤实在译后记中写道:"我把这本传教士证言集叫作《瞧!这事实……》,是因为它相当于我先前翻译的《南京大屠杀幸存者证言集》的展开。"早在1999年,加藤实就翻译出版了朱成山先生主编的《南京大屠杀幸存者证言集》,翻译的目的是让日本国内读者明白二战历史真相。

让更多人日本人了解二战史实

爱德基金会副秘书长张利伟先生是加藤实的朋友。他介绍,《南京大屠杀幸存者证言集》译成日文后,加藤实与日本国内的亲朋好友联系,希望推动该书在日本出版发行,并成立了一个南京证言集刊行会,旨在搬运、推销、宣传、出售该书。日本曾有一家出版社表示愿意代理发行该书,但最后终因日本右翼势力强大,该出版社未能践约。最后还是由南京大学出版社来出版发行该书的日文版。加藤实自己掏钱买了1500本,寄给日本的书店和他的朋友。

《天理难容》日文版出版后,加藤实又多方奔走,托张利伟从南京邮局寄给他在日本各地的朋友。他翻译这两本书不要一分钱报酬。

加藤实生于日本东京,早年毕业于东京外交大学,主修中国语言,今年71岁,现居住在日本。近日他给张利伟写信说:"60多年前,在日本军阀的操纵下对中国人民大肆侵略,在南京发生了震惊世界的大屠杀。而早在战争结束的今日,在日本仍有右派极端分子还像60多年前一样大肆地极力掩盖、封杀这段历史。"他希望通过他翻译的书,让更多的日本人了解二战史实。

加藤先生在华任教期间,每年组织日本朋友到南京访问,其中必到的一站便是南京大屠杀遇难同胞纪念馆。他在合肥任教的三年,每年都要组织此类活动。

这是我参与"南京大屠杀史"学术图书外译的开始。章开沅先生的那段话,始终萦绕在我心头,我是南京的市民,生活在当年国际安全区内,我念的是历史,我的前辈学长如贝德士记载了那段历史,高兴祖等教授开创了那段历史的研究,我是当年金陵大学校园内的一位大学出版社史学编辑,似乎没有理由不关注南京大屠杀史研究的选题开发与编辑出版。

一、从编辑文本到策划选题

2010年,张宪文教授主编的《南京大屠杀史料集》出版工程已经进入尾声。这年的9月的一天中午,我约请张宪文教授在南京大学南苑餐厅吃饭,主要约谈两部书稿,一部主题是纪念辛亥革命100周年的《共和肇始:南京临时政府研究》,另一部就是《南京大屠杀全史》(三卷本)。张先生说,江苏凤凰出版集团已经在盯《南京大屠杀全史》,他们出版了几十卷《南京大屠杀史料集》,出版《南京大屠杀全史》顺理成章。我想这种平衡是可以理解的。我就重点谈《共和肇始》一书。这部书后来在2012年年首与香港中和出版集团联合出版,并入选了全国纪念辛亥革命100周年20种重点图书,2015年还获得第五届中华优秀出版物奖图书类奖提名奖。不想2011年10月,我正在山东济南参加一个学术会议,突然接到张宪文教授的电话,告诉我《南京大屠杀全史》还是交我编辑出版。这是一份厚重的信任!也许和张老师合作过《中华民国史》(4卷本)《中国抗日战争史》以及正在合作中的《中华民国专题史》(22卷本,最后实际出版18卷),为编辑出版《南京大屠杀全史》做了较好的铺垫。我接完电话,会也不开了,一人走到济南大明湖边给自己放了一会假。

与以往任何一部书稿不同,拿到《南京大屠杀全史》的书稿时,前"东家"已经成功申报了"十二五国家重点图书出版规划项目"。需要说明的是,我从不干挖人墙脚的事,做人永远比做书重要。用阴招、损招与人争名争利,类于鸡鸣狗盗,不仅有辱斯文,而且也是一种不自信。

《南京大屠杀全史》交稿时已经是2012年的下半年了。作者要在这年底在北京开新书发布会。历史类主题图书的宣传选时比选地重要。2012年是什么年份?这一年是南京大屠杀惨案发生75周年,不是特别大年,但也不是小年,下一个整年要等到5年之后的2017年。2012年还是中日关系的多事之秋,这一年,日本政府把属于中国领土的钓鱼岛"国有化"。钓鱼岛问题和南京大屠杀问题,其实都属于中日关系的历史遗留问题。所以如期在这一年出版,就显得特别重要。

为了确保按期出版,我组织了编辑团队,一位资深编辑承担第一卷的责编并负责协调编校质量,另有2位精干编辑各负责一卷,并请生产制作部主任担任印制监督,我负责与作者沟通,协调解决书稿中的学术问题、整体设计及新书发布会的一些事宜。最终新书发布会于2012年12月6日在北京江苏饭店(原来预备在人民大会堂举行,后因故调整到北京江苏饭店)举行。为什么定在12月6日?因为第二天是珍珠港事件爆发的日子,这是中外史学界都熟悉的历史节点。6号开新书发布会,通常要第二天见报,这比选择12月6号之后的任何一天都有意义。更重要的是,在12月13日南京大屠杀惨案纪念日之前,媒体有足够的时间报道。

《南京大屠杀全史》的封面设计凝结了出版人的运思。设计师一开始给出的黑白强烈对比的设计，寓意是没有问题的，但从读者的接受视角看不甚理想。后来选择了中性色彩、简洁大方的设计，采用硬封火印热压工艺，材料用从英国 NAPURA 公司进口的 CANVAS 麻布纸，是国内首批使用的特殊帆布质感的特种材质，纸张中含有变色纤维，可以实现高温变色的特别效果，有一种雕刻和烙印的特殊质感，呈现出一种碑刻式的凝重。

《南京大屠杀全史》书影　　《南京大屠杀全史》宣传海报

《南京大屠杀全史》封面书名下有一行类似于阳文碑刻的《南京大屠杀全史》的英文。封底则用英文、法文、俄文、西班牙文、日文、德文等多国文字翻译了"南京大屠杀"，拼成了一个图案。美编杨鑫先生把我的想法图像化。这个图像埋下了我此后近十年推进海外多语种出版《南京大屠杀史》的种子。

《南京大屠杀全史》是中国研究南京大屠杀史学者的代表性成果，用材、设计也很亮眼，同城一家出版社的另一套大型专门史在设计时还以其为范本。美国国会图书馆也收藏了这套书。

133

二、从学术专著到公众读本：脱胎于《南京大屠杀全史》的《南京大屠杀史》

《南京大屠杀全史》共有 3 卷，110 万字，定价 280 元，是中国学者研究南京大屠杀史里程碑式的著作，但无论是体量还是定价不是普通读者所容易接受的。中国全国人大立法通过把每年的 12 月 13 日定为南京大屠杀死难者国家公祭日后，我立即约请主编召集各位作者，在南京大学中华民国史研究中心开会商量，如何在《南京大屠杀全史》的基础上，推出一本公众读本的《南京大屠杀史》，最后商定，保留《南京大屠杀全史》的基本框架，删除不必要的考据过程和一些引文，写一部 40 万字左右的简明本《南京大屠杀史》。

《南京大屠杀史》共九章，构架上比《南京大屠杀全史》的十四章简洁一些。《南京大屠杀史》将《南京大屠杀全史》中的第一章《战前南京》、第十章《日方的反应与应对》、第十一章《遇难者尸体的掩埋与处置》删除了，又将《全史》第十二章《战后国民政府对日军南京罪行的调查与统计》、第十三章《南京审判》、第十四章《东京审判》合并为一章《战后调查与审判》，同时删除了《全史》四份附录：《南京卫戍军战斗序列》《日本华中方面军战斗序列》《南京审判主要文件》《东京审判主要文件》，也删除了《主要外国人译名对照表》和《主要参考文献》，保留了索引。两位副主编张连红教授、王卫星教授给予很大支持，承担了主

"公祭读本"《南京大屠杀史》书影

要的统稿工作。我将《南京大屠杀史》宣传定位确定为"第一部南京大屠杀死难者国家公祭读本",请美术设计特地增加书腰,醒目地写上"世界的记忆,人类的历史 首部南京大屠杀死难者国家公祭读本"。

2014年,国家公祭日到来之前,首部南京大屠杀死难者国家公祭读本《南京大屠杀史》面世,12月9日,在南京凤凰台饭店举行了新书发布会。同时,邀请副主编张连红教授在南京市新街口新华书店面向读者开设讲座,邀请该书骨干作者南京大学历史学院院长张生教授在南京工业大学、南京晓庄学院等高校为大学生开设讲座。《南京大屠杀史》也多次被江苏省委选中赠送给参加国家公祭的领导人。相对低廉的价格(约为《南京大屠杀全史》的四分之一),也让这部书很快就获得加印,并入选国家社科基金后期资助,更重要的是,多语种翻译出版《南京大屠杀史》有了一个理想的底本。

三、多语种出版:《南京大屠杀史》从中文版到英文、日文版

在与主编张宪文教授签《南京大屠杀全史》合同时,就囊括了所有语种的出版权(老一辈学者一般都会支持出版社的这一诉求),包括繁体字的版权。《南京大屠杀全史》出版后,台湾的人间出版社愿意在台湾发行这本书的繁体字版,这是非常令人鼓舞的。人间出版社的创始人陈映真是著名作家,中国作家协会名誉副主席。发行人吕正惠先生也是一位作家,毕业于台湾淡江大学中文系,他们都是有人文情怀的出版人。人间出版社提出了非常具体的合作方案:台湾方面负责设计封面、负责繁体版的编校、负责申请书号等,印刷在大陆,南大社邮寄300套给人间出版社,人间出版社在台湾销售,收益五五分成,2014年1月在台北召开新书发布会,这样的一个方案却非常意外地被否决了。真是"善未易明,理未易察"。《南京大屠杀全史》

也因此错过"人间",错过两岸合作,错过繁体版,错过港台读者以及东南亚华文读者。做出版需要眼光,需要判断,更多的时候,需要勇气。

附2:人间出版社合作出版方案

《南京大屠杀全史》(三卷本)
中文繁体字版合作计划

出版方:人间出版社

创办人:陈映真

- 台湾著名作家。获1979年第十届吴浊流文学奖(小说奖正奖)
- 2003年第二届花踪世界华文文学奖
- 2010年中国作家协会第七届主席团第十次会议于在山西省太原市召开。会议决定聘请陈映真为中国作协全国委员会名誉副主席。

现任发行人:吕正惠

- 淡江大学中文系系主任
- 作家。多部作品于内地发行。《CD流浪记:欣赏古典拥抱浪漫》2010年由广西师范大学出版社出版。台湾文学的论文选集《战后台湾文学经验》北京三联书店即将出版。

合作方案:

- 台湾方设计封面、负责繁体字版编校、申请书号、挂名出版
- 南大社印刷、邮寄300套
- 收益五五分

延伸活动:

- 2014年1月份台北国际书展会上做新书发布

《南京大屠杀全史》出版后一年，赶上第三届中国出版政府奖的申报，获得中国出版政府奖图书类奖的提名奖。南京大学出版社成立以来的20多年，20世纪90年代拿过一次"中国图书奖"（中国出版政府奖的前身），是老校长匡亚明教授的《孔子评传》，2007年，拿过一次"中国出版政府奖"，是匡老主编201部《中国思想家评传丛书》。《南京大屠杀全史》尽管是提名奖，但也终于忝列国家级出版大奖方阵了，而且该书也是当时除《中国思想家评传丛书》之外唯一的中国出版政府奖。该书出版后第二年获得江苏省第十三届哲学社会科学优秀学术成果一等奖，出版后第三年获得教育部高等学校哲学社会科学优秀学术成果一等奖。

2013年《南京大屠杀全史》获第三届中国出版政府奖图书类奖提名奖

2013年4月23日，在美国普林斯顿大学东亚系周质平教授和宾州州立大学出版社社长帕特里克先生的邀请下，出版社组织有文史哲学科背景的编审、教授前往美国，寻求与美国大学出版社的合作，试图把《南京大屠杀全史》呈现给英语世界的读者。我们携带了由南京大学大学外语部李长生教授翻译的样张，第一站到达夏威夷大学出版社。夏威夷大学出版社有近三分之二的历史类选题与亚洲有关，我们对与夏大出版社

2013年4月访问美国宾州州立大学出版社邀请函

2013年4月,访问宾州州立大学出版社,左为帕特里克社长,中为哲学系王月清教授

2013年4月,访问夏威夷大学出版社,自左至右为任友梅教授、夏大出版社副总编和左健教授

合作充满期待。2000年秋,我在美国爱荷华州格林奈尔学院历史学系做访问学者时,曾应孙中山先生的孙女孙穗芳博士的邀请,短暂访问过夏威夷,也走访过美丽的夏大校园。这次访问夏威夷大学出版社也是在孙穗芳博士的帮助下,找到夏威夷大学华裔教授任友梅女士,她同时也是夏威夷大学学术出版委员会委员。孙穗芳博士在夏威夷一家粤菜馆"北京阁"接待了我们,同席的还有一位曾在南大中美文化研究中心读过书的王博士。在夏威夷大学出版社不甚宽敞的接待室,一位副总编接待了我们。她介绍了夏威夷大学出版社的历史、规模、方向、特色以及选题审核的流程,我第一次实地了解到美国大学出版社科学的规划和严谨的出版机制。后来我们又访问宾州州立大学出版社,出版社社长帕特里克先生在听取我们介绍《南京大屠杀全史》书稿时,他以为此前张纯如女士的作品不过是文学作品,不曾想到这是真实的历史,这也令我们有点吃惊。不过宾州州立大学出版社的人文哲社的重点出版方向是政治学,而非历史学,更非亚洲史或中国史。

除了走访出版社,我还拜托了我的学长、美国西雅图大学文理学院副院长梁侃教授,他也是《南京大屠杀史》两位英译者之一。他先后为这部书稿联系过芝加哥、哥伦比亚、耶鲁等多所大学出版社,有点像爱迪生做实验在不断地试错,虽然不得要领,但也增加了我们对国外大学出版社学术出版机制的了解。

在赴美国之前,我在江苏省政协第十一届一次会议上也提交了题为"建议多语种向世界介绍南京大屠杀史研究,将江苏历史文化研究的高端成果推向国际"的提案。2013年是江苏省第十一届政协的开局之年,我是江苏省政协第九、第十、第十一届的三届委员,而且这一届,我还兼任提案委员会的副主任,提案立项有近水楼台之便。提案交上去后,顺利列为当年第0563号提案。

2012年1月与江苏省新闻出版局黄文虎局长在江苏省政协会议上

除了书面提案,我又在政协江苏省第十一届委员会第一次会议的社科、文艺界别联组讨论会上,向参加联组讨论会的省领导当面提出建议。会议一开始,我以老委员的身份,一把抢过话筒,第一个发言,向中共江苏省委常委、宣传部王燕文部长汇报了让代表中国学者研究南京大屠杀史的标志性成果多语种走向世界的想法,当时中共江苏省委刚提出"社科强省"不久,我顺着这个思路说明这项工程的意义。我发言后,文艺组的陶泽如委员呼应了我的建议,并批评一些影视作品把本来严肃的南京大屠杀史题材弄得很庸俗。我看过陶先生主演的电影,虽同为省政协委员,但工作并无交集。作为闻名全国的资深演艺家,他的一番话无疑是一种"声援"。非常感谢陶泽如委员,我当场表示一定设法寄一套《南京大屠杀全史》给他,遗憾的是,这个承诺至今也没有兑现。

2013年6月28日,中共江苏省委宣传部以"苏宣复[2013]34号"文,寄给我本人一份红头文件的《对政协江苏省委十一届一次会议第0563号提案的答复》:

杨金荣等委员：

提案建议将《南京大屠杀全史》翻译成英文、日文并出版到海外，我们认为，这对于南京大屠杀历史的对外宣传具有重要意义，也很有必要。经研究，拟从以下三个方面支持《南京大屠杀全史》英译本和日译本的翻译出版宣传工作：一、继续将南京大屠杀史的研究和向国际社会推介列为对外宣传的一项重要内容。支持进一步做好《南京大屠杀全史》研究成果的翻译及宣传推广工作。二、建议南京大学南京大屠杀史研究所进一步细化完善相关方案后，由省委宣传部、南京市委宣传部和南京大学3家单位商讨研究，提出具体实施方案后及早列入明年工作计划。三、对于《南京大屠杀全史》英文、日文版翻译、出版、宣传过程中遇到的其他相关困难，由省委宣传部、南京市委宣传部和南京大学共同协商解决。

除此之外，我还以江苏省政协委员的身份与张宪文教授、江苏省历史学会会长周新国教授联名给江苏省委主要负责人寄了一封信，并附呈了计划书，申请专项经费用于《南京大屠杀全史》的英文、日文翻译和出版、宣传工作。

中共江苏省委宣传部答复提案函

2015年4月,与江苏省历史学会主席周新国教授在《中华民国专题史》发布会现场

2014年,江苏有关方面拨出专款用于《南京大屠杀全史》的英、日文翻译。这并不能说就与我的提案有关。作为省政协委员,我结合自己的专业和岗位职责,在充分做了功课的基础上,围绕《南京大屠杀全史》的英译、日译,提交提案,在联组大会发言,履行了政协委员的义务,也为南京大屠杀史研究成果走向海外尽了政协委员的责任。与之相关的另一则提案,也是我担任省政协委员的最后一则提案是向江苏省政协第十一届委员会第四次会议提交的《建设和平之都,建议在南京命名一所"拉贝和平学校"》的提案,列入2017年第0366号省政协提案,承办单位为南京市人民政府办公厅。2017年6月15日,南京市人民政府办公厅给予书面答复(宁政办案[2017]19号),2017年12月13日,在南京拉贝纪念馆举行授牌仪式,南京市汉口路小学被命名为"拉贝和平学校"。

2014年12月,脱胎于《南京大屠杀全史》的《南京大屠杀史》出版面世,

《南京大屠杀史》英文由南京大学两位校友李玫玲和梁侃教授担纲。李玫玲是地道美国人,毕业于美国波莫纳学院中国语言文学系和南京大学-约翰斯·霍普金斯大学中美文化研究中心,曾创立专业翻译公司,翻译过习近平主席《摆脱贫困》一书;梁侃教授先后在南京大学历史系获学士学位,在耶鲁大学历史系获博士学位。他们在翻译时,找到了绝大多数史料的英文原文,并嵌入译文。这是非常了不起的工作。《南京大屠杀史》征引的许多史料,特别是美国传教士、西方媒体、远东国际法庭的许多材料是英文翻译成中文,中国学者直接引用了翻译后的中文,如果不找出英文原文,而由中文回译成英文,那就有可能差之毫厘,谬以千里。日文翻译一开始不顺利,我委托了一位留学日本多年的同事,但所选译者不堪大任。据江苏省社会科学院历史研究所所长王卫星研究员审读意见,译稿中原书引用的日文史料没找到日文原文,而是根据中译本再回译成日文。一些名词的译法也欠妥,如将日军步兵联队译为"步兵連合队",将中国第二历史档案馆译为"中国第二

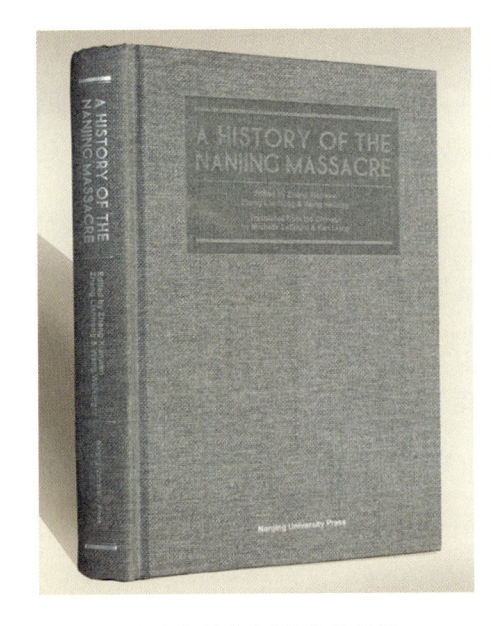

《南京大屠杀史》英文版书影 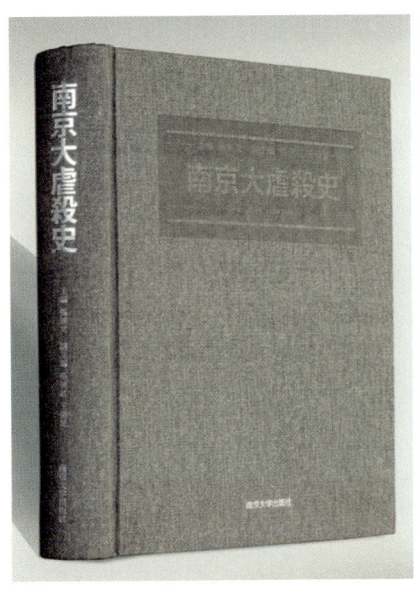　　《南京大屠杀史》日文版书影

歷史書類保存舘"等,均不妥当。后来改由南京大学外国语学院叶琳教授领衔完成。日文版翻译走了一点弯路,留下了教训。自此以后,所有的译者、所有的合作方,我都宁缺毋滥,同时避免隔山买牛,尽可能与合作者见面洽谈。

2015年12月,《南京大屠杀史》的英文、日文版首先在南京大学出版社出版,并于12月初假座南京大学中美文化研究中心举行新书发布会。与会的李玫玲女士说:"翻译这本书的过程也是不断接受南京大屠杀惨剧现实的过程。"(《〈南京大屠杀史〉英译本上架》,《中国日报》2016年3月9日第20版)梁侃教授则感慨:"相信《南京大屠杀史》有助于人们了解政治学与地缘政治学对历史研习的影响。冷战时期,日美同盟即使不是完全阻止也是不鼓励揭露南京大屠杀这最黑暗的一页。"(《〈南京大屠杀史〉英译本上架》,《中国日报》2016年3月9日第20版)当年,这两本书入选中国人民抗日战争暨世界反法西斯战争胜利70周年重点书目,并获得国家出版基金出版特别资助。2018年1月,《南京大屠杀史》英译本获得江苏出版政府奖图书类奖一等奖。这样,《南京大屠杀史》终于有了一个非常好的英文参考本。

英文版出版后,我们收到南京市第二十九中学一位退休的邵老师来信,他对勘了《南京大屠杀史》的中英文本,也指出了若干细节的问题。比如南京地名五所村,译作 five villages,杨家附近山谷,译作 Yang valley,人名薛岳译作 Xue Qiu,货币名称法币,英文作 dollar 等等;也有中文错,可能在翻译英文史料时有错,中文以讹传讹。如英文的 trade union leader,对应的中文成了贸易工会主席,"贸易"二字多余。一位退休老师帮助作者、译者和出版者完善了作品。南京市民对南京大屠杀史研究成果的关注可见一斑。

四、由近及远:《南京大屠杀史》域外出版从韩文版起步

从 2014 年开始,《南京大屠杀史》就开始了申请中国图书对外推广计划"经典中国"项目,为此,我曾陪主编张宪文教授一同去了中共江苏省委宣传部大院,这是我第二次走进省委宣传部大楼,上一次还是因为《中国思想家评传丛书》,见了当时的宣传部部长王霞林。但大学出版社似乎很难争取到"经典中国"项目。同年,《南京大屠杀史》入选国家社科基金中华学术外译项目,当时规定由译者申报,后来一度改为由出版社申报,2019 年又改为译者与出版社共同申报,因为可以视同国家社科基金项目,想要申报的译者非常多,但最终需要出版社和作者授权,所以许多想韩译《南京大屠杀史》的学者,电话都打到我这里来,也有联系到作者,通过作者来找我的。比如一位在青岛大学教韩语的韩国教授就通过作者找到我。因为前面日语翻译,曾经过于看重在日本的出版与上架,甄选译者不严谨,最后出版社终止合作。有了这一教训,我作为项目负责人,选择译者非常谨慎。基本只选择母语为翻译语言的译者,或者在目标语国家有完整的高等学历教育背景的中国学人。最后,在众多候选译者中,邀请了南京大学外国语学院韩语系原主任尹海燕教授。海燕教授是朝鲜族人,韩语是她的本族语,她在高丽大学校长办公室工作多年,韩文写作能力得到高丽大学校领导的认可。她后来由南京大学蒋树声校长引进到南大,创设了韩语系。这样的背景和同在南京大学的便利,让我对尹海燕教授申报这个项目十分有信心。她联系了韩国出版学术著作的景仁文化社。这家出版社原先不在国家社科基金版公布的名单里,后经版权部同事与国家社科基金办联系,确认可以由景仁文化社出版。

附3：韩文翻译者简介

1. 尹海燕教授

1993年毕业于延边大学朝鲜语言文学系本科，1996年获文学硕士学位。2001年2月，在韩国仁荷大学国语国文系获文学博士学位。2001年6月，留学回国到吉林大学外国语学院朝（韩）语系任教，同年7月被破格升为副教授。2006年9月，作为南京大学引进人才负责新建朝（韩）语专业，任南京大学外国语学院朝（韩）语系教授和学科带头人。自2006年9月至2015年6月，任南京大学外国语学院朝（韩）语系主任，自2010年3月起至今，任南京大学韩国学研究中心主任。2004年2月至2006年2月，任韩国高丽大学外籍教授兼任中国项目主管。2014年3月至8月，任韩国首尔大学奎章阁韩国学研究院客座研究员。现为教育部外语教学指导委员会非通用语教学指导委员，曾获国家教学成果奖二等奖和江苏省教学成果奖（高等教育类）一等奖等荣誉。长期以来从事东亚视域下的韩国学研究及中韩双语翻译工作，正在负责主编《南京大学韩国学研究丛书》《南京大学韩国学资料丛书》《汉译韩国学术名著丛书》等系列。目前，与韩国学中央研究院、韩国国际交流财团、韩国文学翻译院、韩国大山文化财团等韩国的主要机构都保持着紧密的合作交流关系。多次参加重要活动负责翻译工作，例如中韩大学校长论坛、中韩作家会议、世界翻译家大会、21世纪中韩学术论坛等。

近5年相关成果：

1)《德意志意识形态与MEGA文献研究》（韩译中），南京大学出版社，2010；

2)《金俊烨与中国：韩国的中国学、中国的韩国学》（韩文合著），韩国罗南出版社，2012；

3)《静静的顿河1（白石译本）》（韩文合编），韩国抒情诗学出版

社,2013;

4)《严力诗集》(韩文版),韩国文学与知性出版社,即将出版。

2. 尹盛龙博士

2000年6月,毕业于延边大学朝鲜语言文学系,获文学学士学位。2003年6月,毕业于延边大学朝鲜语言文学系亚非语言文学与比较文学专业,获文学硕士学位。2015年2月,在韩国高丽大学文学院国语国文系获文学博士学位。多年来一直从事收集和研究近现代韩国报刊上连载的小说作品。

近5年相关成果:

1)《1906年新闻连载汉文体小说研究——以〈皇城新闻〉和〈大韩日报〉为中心》,高丽大学研究生院博士学位论文,2015.02;

2)《朱门》(林语堂原著)韩文版,韩国渊泉出版社,即将出版。

3. 真田博子

真田博子(笔名:吉川凪)主要负责《南京大屠杀史》韩文翻译中出现的众多日本人名的校译工作。真田博子出生于日本大阪市,本科毕业于大阪府立大学。2001年2月,在韩国仁荷大学国语国文系获文学博士学位。2002年在韩国出版的研究专著《最早的现代派——郑芝溶》(亦乐出版社)曾获韩国文化部"优秀学术图书奖"。曾任新闻记者,现为明治学院大学讲师。

近5年相关成果如下:

1)《京城的Dada、东京的Dada》,吉川凪著,韩国이마出版社,2015;

2)《对苹果的执着》,谷川俊太郎著,吉川凪译,韩国비채出版社,2015;

3)《谷川俊太郎与申庚林的对话》,吉川凪译,韩国예담出版社,2015;

4)《日本右翼思想的起源与终结》,松本健一著,吉川凪译,韩国文学与知性出版社,2009。

附 4：韩国出版社简介

韩国景仁文化出版社创办于 1964 年,经过 52 年的不懈努力,已发展为国内外著名的综合性出版机构。现拥有 MEDIA 韩国学股份公司、养士斋图书社、历史印出版社、韩国学专门书店等子公司和文化之路公司、文化遗产活用研究所等联盟公司。

景仁文化出版社在创办初期主要出版了韩国学基础资料的影印本,最著名的《韩国历代文集丛书》共三千册,收录逾千位韩国学人的作品,从七世纪至现代,时代跨度大,内容覆盖广,举凡哲学、历史、文艺、政治、社会、经济、军事、地理、天文等,应有尽有,堪称目前最完备的韩国汉文文献。

除此之外,代表性的图书还有《首尔两千年历史》(40 卷)、《海洋与韩国史》(8 卷)、《韩国文化史》(40 卷)、《韩国独立运动史》(60 卷)、《韩日关系史料集成》(32 卷)、《美洲国民会资料集》(22 卷)、《崔南善全集》(24 卷)、《景仁韩国学研究丛书》(91 卷)等。

景仁的图书多次获得国家级荣誉,仅就 2014 年有 5 种图书入选"大韩民国学术院优秀学术图书",另有 6 种图书入选韩国文化体育观光部"世宗优秀学术图书"。

以上是《南京大屠杀史》韩文翻译者、校译者以及韩国出版者当时提交的介绍,由当年国家社科基金中华学术外译项目《南京大屠杀史》韩文版申请人提供,之所以要在此征引,是因为该项目公布后,出版社接到太多的电话,来自申请翻译者,帮助打招呼的作者甚至领导,我们理解该项目对于译者的意义,更理解该项目对于原中文出版者的意义。学术与学术翻译都是天下公器,出版社最后选定译者也是从此出发,并回到这一点。感谢那些关注关心这一项目的学人。

2017年6月,访问景仁文化社,自右至左为尹海燕教授、金鑫荣社长、韩政熙社长

2017年6月,我们访问了韩国景仁文化社。我始终觉得,国家给予资金补助,让我们把学术图书外译出版,我们有责任了解合作方,不仅为了当下的项目,也为了以后长远的合作。在韩国期间也访问了著名的韩国坡州出版城,参观了坡州城出版产业链的出版社、印刷工厂、仓储等,也访问了高丽大学出版社,增进了对韩国大学出版社的了解。

2017年是抗战史、南京大屠杀史研究成果出版的大年。2017年年中,我得到尹海燕教授的支持,拟定年底在首尔和南京分别举行一次小型学术活动。12月,景仁文化社试印了一部分韩文版《南京大屠杀史》,赶在南京召开"《南京大屠杀史》韩文版南京首发式暨学术研讨会",张宪文、张生、张连红、王卫星等学者兼作者,景仁文化社长韩政熙先生、高丽大学朴尚洙教授、译者代表尹盛龙博士分别从学术、出版和翻译的视角做了专题报告。我主持了会议。景仁文化社韩政熙社长说:"韩国社会对南京大屠杀史了解很少。尽管张纯如、周而复的作品被翻译成韩文,但是作为严谨的全景式学术著作,当属此次试印刊行的《南京大屠杀史》韩文版。在震惊人寰的南京大屠杀发生80周年之际,《南京大屠杀史》韩文版的出版更具有里程碑式的意义,将在韩国知识界、出版界引起巨大的反响。"这次活动抓住了重要的时间节点,在南京大屠杀死难者国家公祭前夕,媒体已经开始为公祭活动预热,新闻稿一出来,社交媒体和专业媒体都第一时间在重要版面发布,这是历史题材类图书营销宣传的最需要考虑的因素。

12月15日,"南京大屠杀与中日战争80周年国际学术讨论会"在高丽大学召开。历史学院姜良芹教授、吕晶副教授,外国语学院尹海燕教授和我作为南京大学的代表参加了会议。我因此赶了一篇急就章《出版语境下的南京大屠杀史研究》,海燕教授帮忙翻译了韩文,提交会议,后来完善修改后发表在2018年第4期的《出版发行研究》上。这次会议规模不大,但韩联社报道了会议,这对宣传中国学者的《南京大屠杀史》一书有帮助。韩国高丽大学历史学教授朴尚洙评论说:"从学术角度看,像这样的优秀学术专著出

2017年12月10日,《南京大屠杀史》韩文版南京首发式暨学术研讨会现场

版韩语版,打开了韩中学术交流的新篇章。期待以本书的出版为契机,韩中学界有关抗日战争的共同研究能够得以全面展开;从韩国普通读者的角度来看,本书以丰富翔实的证据揭开南京大屠杀的历史真相,为日本右翼分子歪曲历史的行径敲响了警钟。"韩国的会议,完全是借力使力,没有尹海燕教授的组织是不可想象的。所以出版人争取作者(译者)的支持,十分重要。

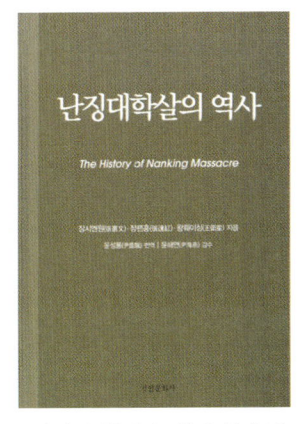

《南京大屠杀史》韩文版书影　　中国出版协会授予《南京大屠杀史》2017年度输出版优秀图书奖

尽管,韩文版只是试印本,正式出版物还没有出来,约请韩国专家为韩文版撰写的导读还没有落实。但又有什么关系呢,在南京大屠杀惨案发生80周年之际推出首发式这样的活动,媒体乐见,学者乐见,出版人何"乐"不为?!2018年,中国版权协会授予《南京大屠杀史》韩文版版权输出优秀奖,这是皆大欢喜的结果。

五、全球发行:《南京大屠杀史》英文版入选国家丝路书香工程

2017年,笔者申请了《南京大屠杀史》英文版"国家丝路书香工程项目"

的资助。美国圣智出版集团下属的盖尔出版公司愿意出版英文版《南京大屠杀史》。这是一家全球化出版公司,在英国、新加坡有分公司,在美国国内则有纽约、旧金山、俄亥俄州穆森、芝加哥、康涅狄克州的梅日登和缅因州的沃特唯尔等多家分公司。在任何一家分公司出版都是面向全球发行。新加坡因为属于"一带一路"国家,这家公司资格没有问题。从 2013 年春访问夏威夷大学出版社,到《南京大屠杀史》英文版入选国家丝路书香工程,经历了四个春秋的等待,一千多个日日夜夜的坚守,终于迎来了英文版的全球出版发行。

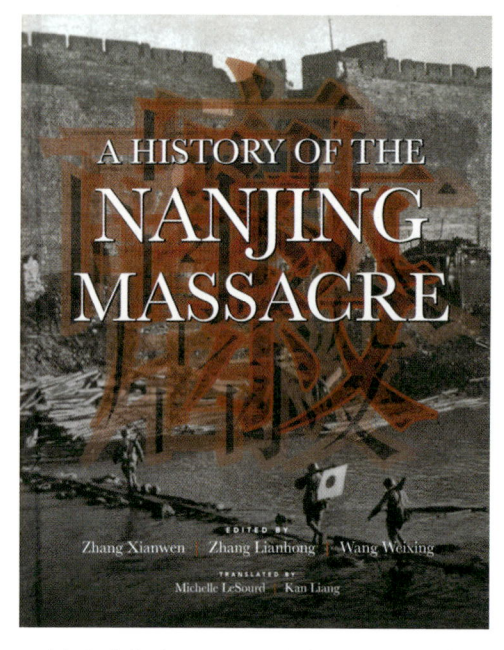

国家丝路书香工程项目《南京大屠杀史》英文版书影

如何做好英文版的宣传?这是一个挑战。如果宣传可以分为内容宣传与形式宣传的话,《南京大屠杀史》英文版的两次宣传显然都属于后者。

2018 年 4 月,国际三大书展之一的伦敦书展开幕,南大社和圣智出版集团都会派员参加。我们设计了在会展上签署出版合同的场景,这是典型吸引眼球的需要。我因这一年 5 月份要赴北卡罗来纳州戴维森学院做短期合作研究,没有赴伦敦参加此次书展。签约活动如期举行,中国驻英国大使刘晓明先生也关注了这一活动。

2018 年 8 月 22 日,《南京大屠杀史》英文版全球首发式在北京国际图书博览会举行,作者代表张连红教授、双方出版社的代表参加了首发式。圣智出版集团下属盖尔(Gale)出版社高级副总裁及总经理保罗·加佐洛先生说:"《南京大屠杀史》一书对有关这一悲剧历史事件(指南京大屠杀——引者)的相关研究做出了全新的贡献。从南京沦陷到日军暴行,再到国际组织援救难民的慈善义举和最终战犯的审判,《南京大屠杀史》全面叙述了这一历史事件的来龙去脉。《南京大屠杀史》将会为世界各地有志研究这一历史事件的学生和学者提供有价值的研究材料。"活动引起社交媒体、书业媒体的关注,也引发了世界出版同人、版权代理商的关注,一家泰国出版社的版代就是看了这次会议的报道,专程来南京签订了《南京大屠杀史》泰文版的版权输出合同的。

2018 年 8 月 23 日,国家丝路书香工程项目《南京大屠杀史》英文版全球首发式

现在回顾这次英文版的版权输出,还是觉得有遗憾,那就是没有约请美国研究中国历史的专家学者写一篇导读或书评,还是不够周密。接下来的其他文种的《南京大屠杀史》不能再有这样的遗憾了。

附5:《南京大屠杀史》英文版译序

南京大屠杀是我们所知的20世纪世界史最黑暗的册页之一。然而,由于各种原因,在1997年张纯如女士出版其《南京暴行:被遗忘的大屠杀》一书之前,这一历史悲剧仍然不为西方公众所知。从那时起,这一话题引起更多的关注。① 同时,日本右翼学者和政客持续否认南京大屠杀使得这一主题不再纯粹是历史事件,而是连续性的政治话题,特别是在东亚国家。我们相信,这部英文著作的出版会让西方读者更全面理解南京大屠杀暴行及其恶果。

这部《南京大屠杀史》是一部重要著作,值得我们关注。这是第一部全面叙述大屠杀事件的作品,著作者是一群南京的中国学人。从南京沦陷,到暴行本身,到国际社会拯救难民的努力,最终到审判战犯,这部著作从中国人、日本人和西方人的视野提供了大屠杀完整的历史。此外,本书的内容基于大量新出版的史料集。自2000年开始,南京大学张宪文教授与20多所中国及海外大学科研机构的学者一起努力,领导一个团队,搜集世界范围内所有关于南京大屠杀的史料,包括政府档案、纸质报告,幸存者和大屠杀参与者的私人收藏和其他许多相关史料。这一艰巨的努力的结果是出版了72卷本的历史,差不多4000万汉字,这是关于这一主题最全面的史料集。② 史料集对研究南京大屠杀贡献尤钜,也有助于进一步全面理解战争暴行和种族大屠杀。读者将会看到,这部书直接产生于史料集。③

---

① 除了这本书在序言和脚注中提及的学术著作,参见傅佛国《历史与史学史上的南京大屠杀》(伯克利:加州大学出版社,2000年)和吉田俊《"南京大屠杀"是如何建构的——中日美南京大屠杀的历史和记忆》(纽约:牛津大学出版社:2006),不少期刊论文以及电视电影产品也涉及此主题。

② 张宪文主编:《南京大屠杀史料集》,南京:江苏人民出版社有限公司,2005—2010。

③ 2012年,张宪文主编了三卷本的《南京大屠杀史料集》,2014出版了精选单本,部分是准备用于翻译成英文和日文。(译按:此处有误,三卷本的《南京大屠杀史料精选》江苏人民出版社于2014年12月出版,用于翻译成英文的是南京大学出版社出版的《南京大屠杀史》,由张宪文教授团队据2012年12月出版的《南京大屠杀全史》三卷本压缩改写而成。)

大约一年以前,张教授联系他以前的学生梁侃,寻找这部书的英文译者,梁侃立即推荐了他以前在南京大学中美文化研究中心的同学,毕业于美国波莫纳学院中国语言文学系的李玫玲。从 2002 年起,李玫玲就是专业的汉译英译者,她已经翻译和编辑过许多学术期刊的文章和专书。梁侃在耶鲁大学获得博士学位,现为西雅图大学文理学院历史学副教授兼副院长。李玫玲负责文本翻译和英文引文,梁侃充任编辑与校对。

全书人名和地名用汉语拼音音译,除非另有译法而为大家所熟知。日本人名用平文式罗马字转写,中日人名姓在前,除非是英文形式。为帮助西方读者理解,文本和脚注增加了背景文字的解释。

我们愿借此机会感谢下列人士。首先,我们感谢张宪文教授,他信任我们承担这项富有意义的工程。丽萨·梅纳得仔细加工了全部英文文稿,艾瑞卡·基诺对日本名字和出版物题名提供了协助。我们也要感谢南京大学吕晶,她日复一日查看通信,为翻译提供邮寄服务,回答翻译过程中出现的问题。南京大学出版社编辑张淑文勤勉快捷捕捉书稿的错误,编辑李鸿敏为该书的出版做了重要的准备工作。

李玫玲、梁侃、华盛顿、西雅图 2015 年 9 月(杨金荣译)

六、"连中三元":阿拉伯文、哈萨克文和希伯来文三语种同时入选"中华学术外译项目"

2017 年 12 月 13 日,习近平主席第二次亲临南京,出席南京大屠杀死难者国家公祭活动。2018 年年初,原国家新闻出版广电总局就"经典中国国际出版工程""丝路书香工程重点项目""中国当代作品翻译工程项目"发出通知,其中在"申报方向与申报重点"之"主题出版"部分,特别要求"加大南京大屠杀历史研究成果外译,资助一批体量适中、适于对外传播的南京大屠杀历史研究学术著作、史料图文档案集和文学作品"。职业敏感告诉我，要赶紧抓住机会。当时有不少出版社也想利用这个机会，我自己就接到多个北京的出版社打来的电话，希望做《南京大屠杀史》的外译出版。

2019年2月，笔者在开罗签署《南京大屠杀史》阿拉伯文版合同

2019年2月，笔者在开罗向埃及国家图书总局赠送《南京大屠杀史》

我询问负责版权的同事，《南京大屠杀史》有哪些可以对外合作的渠道，得知宁夏银川有一家公司，湖北荆州有一家公司。前者面向伊斯兰世界，做阿拉伯文为主，后者做俄文。银川做阿文可以理解，但荆州这个地方做俄文就有点看不懂。为了避免隔山买牛，2018年3月中旬，我和版权部同事一起飞往银川探个究竟。在塞北江南的银川，我们找到了这家颇有规模的中阿文化交流公司智慧宫。在公司的陈列室，看到了他们这几年输出的阿拉伯文版图书，林林总总，涉及政治、经济、文化、文学、教育等若干种类，包括习近平主席的多本著作，一些著名作家的阿文翻译出版物等都赫然在列。银川已经是我国重要的中阿文化经贸交流的前哨。有了这次面对面的接触和交流，我们决定借助智慧宫的渠道资源，申报《南京大屠杀史》的阿文版和哈萨克文版。2019年2月底，我和版权部同事飞赴埃及首都开罗，访问埃及希克迈特出版社，签下了《南京大屠杀史》的阿拉伯文版的合同，并拜会了埃及国家图书总局，向图书总局局长赠送了英文版《南京大屠杀史》。

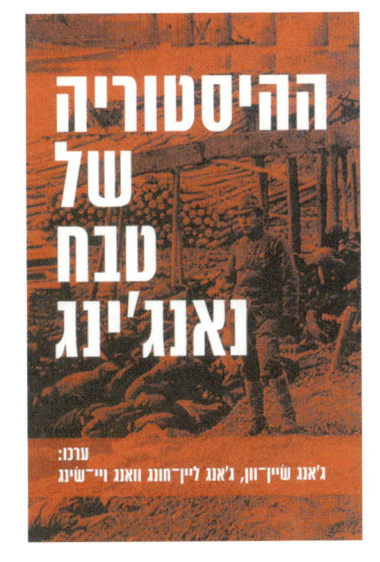

中华学术外译项目《南京大屠杀史》希伯来文版书影

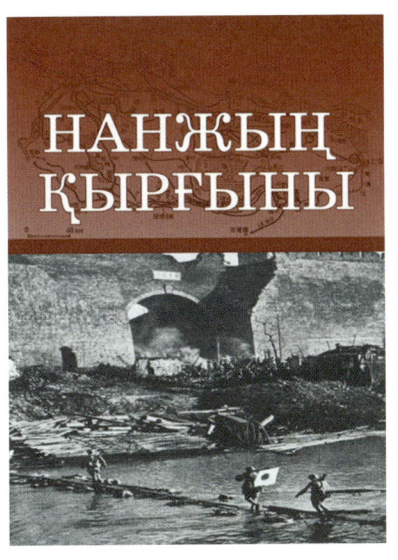

中华学术外译项目《南京大屠杀史》哈萨克文版书影

在选择《南京大屠杀史》海外出版语种时，曾有这样的思考，首先是联合国的官方语言，有代表性，如英文、西班牙文、阿拉伯文；其次是当年日本侵略的亚洲、太平洋地区国家的语言，如韩文；再次是南京大屠杀加害国以及与加害国在历史问题上形成对比国家的语言，如日文、德文；还有就是有与南京大屠杀惨案遭遇相类似的国家或民族的语文，如希伯来文、波兰文。

2018年春学期一开始，我拜访南京大学著名犹太问题研究专家徐新教授，并向徐教授表达希望争取国家出版基金"中华学术外译项目"支持，把《南京大屠杀史》翻译成希伯来文在以色列出版的打算。徐教授非常认可和支持这一想法。徐教授是中国最早访问以色列并在希伯来大学发表演讲的中国学者，曾获得以色列巴尔-伊兰大学荣誉博士学位，是中国犹太研究会会长，他也曾组织以色列历史学家与中国历史学家就纳粹屠杀犹太人历史与南京大屠杀史研究开展对话。他的支持给我以很大的信心。徐教授随即致函以色列的友人联系以色列出版社，并安排我们于2018年6月访问特拉维夫和耶路撒冷，落实版权输出事宜。6月9日深夜，我们从上海浦东飞赴以色列特拉维夫，下机伊始，就在特拉维夫拉宾广场以色列露天书市上与Kinneret Zmora Dvir出版社签署了版权输出合同，这也是很令人难忘的合同签署仪式，我非常感佩以色列同人的敬业精神。

经过紧张的运作，2018年年中在申报"中华学术外译项目"时，《南京大屠杀史》同时获得阿拉伯文、哈萨克文和希伯来文版翻译出版资助，有同事戏称为"连中三元"，我说，2018年是戊戌狗年，也许是狗年走了"狗屎运"吧。其实，出版是时代思潮的晴雨表，被国家需要，是因为平时有储备，才可以随时服务国家战略。仅此而已。

2020年2月，收到了《南京大屠杀史》希伯来语的样书。封底有一段介绍南京大屠杀史的推荐语：

1937年年底日本人在其邻国中国的首都南京制造的大屠杀,伴随着其他各种暴行,令人发指。这是一场光天化日之下发生的肆无忌惮的残暴屠杀,数十万人化作冤魂,但直到近年几乎都完全被遗忘和忽略。这本书是第一次向希伯来文读者披露此事。是不是西方希望在战后与日本建立贸易关系,企图把东京作为对抗苏联共产主义在亚洲蔓延的楔子,从而导致了故意的健忘症?日本没有充分认识到自己的罪孽,表面上看起来还无辜得很。

日本投降后,其华中方面军司令官松井石根被捕,并在东京国际法庭受到起诉。他被指控对指挥的军队在南京犯下的暴行负有最高责任。松井本人辩称自己与事件没有直接关系,但未被采纳。他被判处死刑,于1948年12月23日被绞死。

呈现在我们面前的是一项开创性的研究,是由三位中国教授和他们的专业团队基于世界范围内大量令人印象深刻的文件资料做出的。

对于对人性的多变及其可能刺激产生的兽性感兴趣者,以及对种族灭绝暴行的研究者来说,这是必读的书籍。(孟振华译)

七、资源与资助:海外出版的双瓶颈

《南京大屠杀史》走向海外路途并不总是顺畅的。首先是资源,或者说是渠道。国家资助项目有三项:"经典中国国际出版工程""丝路书香重点项目工程"和国家社科基金"中华学术外译项目"。无论哪个项目,需要与海外出版社(有指定目录)有合同,而且承诺如果申请不成功,合同就无法继续,实际需要海外出版社配合。海外出版渠道就是资源。现在各家出版社都在努力建构自己的海外合作出版网络,这种资源建设是长期的。我个人的体会是,所有海外合作出版社,条件许可都应该去"探营",加深彼此的了解,以便确定合作能否善始善终。这些年"走出去"项目,"靡不有初,鲜克有终"的案例不在少数,每家出版社,提起来都不免一声长叹。所以,近几年无论是去韩国、以色列、埃及还是去印度的出版社,都是抱持这样一种态度,到合作方那儿看看。另一个体会是,向发达国家输出版权,一开始洽谈可能比较困难,但一旦确定下来,合作的效率非常高。英文版《南京大屠杀史》在新加坡出版,前后不到一年时间,可能因为这本书稿南大社出版过的英文本。但希伯来文本是要重新翻译的,从2018年春季联系,6月份签订合同,2019年8月提交译文送专家审核,在全国哲学社会科学工作办公室审了近4个月。2019年12月12日下午,全国哲学社会科学工作办公室打电话通知,说希伯来文版《南京大屠杀史》可以出版了。2020年2月,以色列出版社已经把样书寄送到南京来了。我坚持请以色列的出版社约请一位著名专家在希伯来文版前加一篇导读文字,他们的条件有点高,但质量也很高,他们约请了特拉维夫大学常务副校长、著名中国问题专家,特拉维夫大学历史学与东亚学教授谢艾伦写了一篇高水平的导读:

附6:《南京大屠杀史》希伯来文本序

日本占领中国南京时所制造的"大屠杀"的历史,应当以各种可能的方式被全人类所铭记。尽管它未必能与欧洲犹太人遭遇的大屠杀和纳粹及其同伙针对特定群体的屠杀相提并论,但我们不应忽视旭日帝国的士兵在邻国中国所制造的前所未有的杀戮、强奸和暴行。这些令人发指的行为发生在中国的首都——南京,从1937年12月13日(五个月前全面爆发的中日战争的转折点)开始,持续了六周时间。中国军队一败涂地,在屠杀之前,国民政府已经撤退到了西南地区四川省的重庆。

数以万计的妇女被凌辱强暴,此后她们的身体被摧残,死于非命。中外人士都目睹了这一骇人听闻的野蛮行径,其中一些人甚至将其记录在案。然而,在某种程度上,人们对南京大屠杀(原文作"南京强奸案")的认识并不充分。它被推到历史的边缘,很久以后才部分地进入公众意识中。张纯如(Iris Chang)1997年出版的著作《南京暴行:二战中被遗忘的大屠杀》(*The Nanjing Rape:The Forgotten World War Ⅱ Holocaust*)为信息的传播做出了贡献。在人类历史上,如此短的时间内发生这等屠杀的事例实在屈指可数。诚然,在第二次世界大战期间,欧洲有数百万人被杀害——600万犹太人在希特勒的杀人机器下惨遭屠戮;而广岛和长崎原子弹爆炸的受害者人数约为日本兵在南京直接杀戮者人数的三分之二。但我们面对的不仅是数字,更要关注杀害中国平民和士兵的残忍方式。男性被人比赛用刺刀捅穿;女性被强奸后,乳房也在被杀之前被生生割下。在他们一息尚存之际,他们的器官便被日本人从身体中活活取出,躯体被钉在墙上。父亲被迫强奸自己的女儿,男孩被迫强奸自己的母亲……占领者所有这些暴行都是当众犯下的,而这些只是他们暴行的冰山一角。

南京这段可怕的历程几乎完全被遗忘和忽略,部分原因是二战中的同盟国在战后希望与日本建立贸易关系。西方此时把东京视为盟友,作为楔子对付苏联和传播到中国的共产主义。在日本国内,承认在南京犯下暴行的人受到压制,证据和档案记录的佐证也被阻挠。因此,包括张纯如在内的许多人都没能让日本清算其过去,或是教育后代曾经发生的事情,向受害者及其继承人支付足够的赔偿。占领南京大约7年后,原子弹袭击了日本,这场噩梦也影响了世界上一些敏感的公民,令他们忽略和掩藏(南京的屠杀)。

在此介绍的这本书是根据三位来自南京的中国教授研究成果的英文本翻译的希伯来文译本。该书第一次向希伯来文读者披露了以上提到的恐怖事件和之前的军事行动,还有故事的结尾,重点在于对事件的调查以及在南京和东京法院举行的审判。这项研究基于大量令人印象深刻的文件资料,它们被分成72卷,是本书的基础。

在南京城的西南方,成千上万中国人被埋葬的万人坑附近,建立了大屠杀遇难同胞纪念馆(如耶路撒冷的 Yad Vashem 一样),纪念这场可怕的大屠杀的受害者。

* * *

关于中文音译为希伯来文,这里说明一个技术问题:中国人用拼音系统将汉字的发音拉丁化,而在本书中,译者尝试将其转化为希伯来文的音译,以方便读者的阅读。希伯来语言学院对此还没有统一的标准,因此以色列各大学的教师在他们的希伯来文出版物和翻译自中文的作品中自行采用了用希伯来文转写中文的方式,使之尽可能接近标准汉语普通话的发音。此外,与西方不同,中国人的姓是放在名字之前的。

我真心感谢 Oded Peled,他将这本书从英文翻译成希伯来文。这绝非易事。Theresa Eisenberg 不辞辛劳,专业编辑译文,并勇于挑战书中特殊的术语和本书主题包含的紧张气氛。特拉维夫大学东亚研究系杰出的学者 Roni Desheh,协助了中希互译,并给出了很多重要的建议。目前的版本中,各种谬误在所难免,但我们必须牢记译者所面对的各种客观困难,包括精神和文化层面的差别,以及跨越了八十年岁月的时空差距。

特拉维夫大学　谢爱伦(Aron Shai)(孟振华译)

如果遇到资源卡壳怎么办?可以联手其他出版社,优势互补,特别是有些在海外渠道资源有优势,但内容出版不占优势的出版社可以联手合作。《南京大屠杀史》这样的题材非常适合版权输出到中东欧国家,如波兰,也适合输出到墨西哥这样的西语国家。2019年，我们与外研社合作，联合申请了《南京大屠杀史》波兰文本，外研社是主申，南大出版社是辅申。两家出版社把版权输出做成了，只是国内出版社在利益和事功上的分配比例不同罢了。

但如果资助卡壳，就尴尬了。2018年，教育部社科司要求申报一个《南京大屠杀史》法文版，作为"主题出版"选题，在海外出版。我邀请了中国法语教学研究会副会长刘成富教授领衔翻译了3万字的样张，申报"中华学术外译项目"，结果意外落选，这样资助就成了很大的问题。同样，联系皇家柯林斯出版集团出版公司印度分公司，申报《南京大屠杀史》印地文版的出版，也没有入选"中华学术外译项目"。如何破解这样的困局？或者转试"丝路书香国家重点出版项目"，继续争取资助，或者自筹资金，坚持把项目做下去。

《南京大屠杀史》印地文版既未入选丝路书香工程，也未入选国家社科基金"中华学术外译项目"，确实有点遗憾。印度这个亚洲大国对她邻邦中国的了解可能少于中国对她的了解，南京大屠杀史档案已经入选世界记忆名录，如果近5亿印地文读者不知道属于世界也属于亚洲的共同历史记忆也是一个遗憾。2019年11月，我们应皇家柯林斯出版公司董事长莫罕先生的邀请，访问了德里。冬天的德里有点若干年前北京的模样，天空总是有挥之不去的雾霾，大街上来来往往的汽车多半是日产的，印度百姓

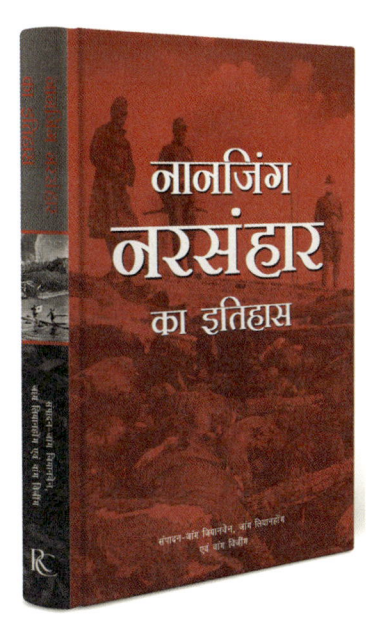

《南京大屠杀史》印地文版书影

熟悉日本的汽车文化,却不知道日本侵华以及在中国首都南京发动的骇人听闻的大屠杀,即使是德里大学的教授也不知情这段历史。与皇家柯林斯出版同人的交流,从出版谈到文学与城市,从泰戈尔谈到南京(1924年泰戈尔访问过南京大学),谈到南京大屠杀。莫罕先生听后表示非常愿意把《南京大屠杀史》介绍给印地文读者。回南京后,我们一方面继续申报现有资助项目,一方面自筹翻译费,决意推出《南京大屠杀史》印地文本。2020年下半年,终于解决了翻译费的问题,落实了印地文的出版。

2020年12月13日,皇家柯林斯印度公司在德里以网络的形式,向全球发布了《南京大屠杀史》印地文版。印度德里大学的普哈拉特·雷君(Prabhat Ranjan)教授为印地文版写了一篇导读性的序言,相信他的一段话,会给印地文读者以极大的震撼:"在阅读并翻译《南京大屠杀史》一书时,我感到充满了讽刺感。今天,日本作为一个国家已经有了不同的形象。这个国家热爱和平,信仰佛教,面临许多自然灾害,是第二次世界大战最受苦难的国家之一,人们对日本产生了同情心。但是,当我们一读《南京大屠杀史》,这本书中记录的日军实施暴力的细节与方式,就产生了一种不同的日本形象,它被深埋在历史的某个地方。日本帝国没有遵守战争的基本原则。读了这本书,人们意识到日军超越了掠夺、纵火和暴力的所有界限。对平民,特别是对妇女施以残酷的暴力,她们被强奸、折磨,很多时候,阅读本书中与她们有关的段落时,我们不由沉浸在巨大的悲伤中。这并不代表日军的武勇,恰恰更多反映出日军的野蛮,这是历史上耻辱的一页。"

皇家柯林斯印度公司总编辑克礼逊·卡尔诗(Krishan Kalsi)撰写了一篇出版前言,认为"这本书填补了我们知识空白,日本侵略者对南京无助的公民所犯下的残酷罪行是我们此前所不知道的。希望本书的读者能够反省暴力的徒劳",因为"每个人、每个民族的生命都是神圣不可侵犯的"。

附7 《南京大屠杀史》印地文版出版前言

1937年12月13日,日本帝国军队进攻并占领了当时的中国首都南京。随后几周发生的一切使人类蒙羞。日军士兵穿过街巷,不分青红皂白杀害和折磨无辜的中国公民,烧毁房屋,抢劫财物,强奸妇女和未成年的女孩,从而很快将这座城市变成了人间地狱。

很难相信,日本军官竟然会纵容这些骇人的强奸和可怕的屠杀,这些本来是可以避免的。但那根本不可能!与奥斯威辛集中营一样,南京大屠杀也是反人类的罪行。尽管极少数日本人试图控制规模,但暴力和破坏随处可见。由于居住在南京的相对较大的国际安全区人员见证了这场屠杀,事实已经为世人所知。国际安全区值得赞扬,它不仅解救了成千上万的中国公民,而且在欧美的媒体上记下了难忘的屠杀史事。他们中许多人保存了日记。日本士兵在南京全城强奸大量年轻女孩和老年妇女的描述,都有完整的记录。稍有抵抗就招致残酷屠杀。受难者身首异处,令外国目击者吃惊。

令人震惊的是,实施南京大屠杀的日本人无法说出野蛮行动的理由。后来,杜撰了许多争议,提出许多毫无根据的理论,声称从未发生过大屠杀这种情况。但是,侵略者对无辜受害者所表现出的野蛮行径已成为近代历史上最残酷的反人类罪行之一。

由于"历史是胜利者所书写的",因此中国历史上的这一创伤面相从未成为西方二战历史叙事的一部分,这一状况持续到1997年张纯如的畅销书《南京暴行:第二次世界大战被遗忘的大屠杀》之出版。经过数十年的努力,这本新人耳目的著作,其涉及公共领域的权威史实在几十年之后开始引发更多的关注。

除了新增有关南京大屠杀的文献,《南京大屠杀史》是近来引发全球关注的具有里程碑意义的史著。这是由南京的中国本土学者撰写的具有开创性的综合性研究。从城市沦陷、暴行本身到国际社会为拯救难民所做的努力,这本书完整再现了南京大屠杀史事。此外,该书主要吸收了新出版的资料,详细分析了中国、日本和美国历史教科书和报纸的丰富材料,回溯了理解南京大屠杀的复杂性。最终,真相压倒了一切。

皇家柯林斯印度公司推出《南京大屠杀史》印地文版,首次尝试将这一世界上被忽略的历史提供给广大的读者。我们坚信,迄今未知的历史值得我们进一步去认识。如果印地文读者从未听说过南京大屠杀,这就不足为奇了,因为南京大屠杀史缺席世界历史已久。本书是皇家柯林斯印地文最新出版物之一,它为读者提供了窥见部分学者和史学家不够关注的史事。这本书填补了我们的知识空白,日本侵略者对南京无助的公民所犯下的残酷罪行是我们此前所不知道的。希望本书的读者能够反省暴力的徒劳。同样,胜利者/侵略者也需要接受一个事实:每个人,每个民族的生命都是神圣不可侵犯的。

克礼逊·卡尔诗(Krishan Kalsi)
BKM 皇家柯林斯出版公司　总编辑
(杨金荣译自英文)

附录 8　《南京大屠杀史》印地文版译序

南京大屠杀是人类历史上最黑暗的一页。如果不是翻译《南京大屠杀史》一书,我恐怕不会知道这一幕现代世界的残酷大屠杀。但是在 20 世纪的战争史中没有提及南京大屠杀。南京那时是中国的首都,1937 年 12 月 13 日,日本侵略军不仅攻占了南京,而且进行了六个星期的血腥屠杀,这一点世界战史几未提及。第二次世界大战期间,美国袭击日本广岛和长崎的灾难,被亚洲铭记为世界上最大的灾难之一,这使得日本在南京暴行的叙述隐藏在历史的脚注中。

恰恰是在翻译本书的过程之中,我才知道,在张纯如的名著《南京暴行:第二次世界大战被遗忘的大屠杀》于1997年出版之前,公众对这一历史悲剧并不知晓。换言之,在1997年之前,大多数人并不知道这一人类悲剧。历史有其自身的政治。有时一些人在历史上凸显,有时一些人被遗忘,有时一些人没有置于应有的历史位置,但时机一到,几十年后,终于有人能够揭露这可怕的悲剧。在阅读并翻译《南京大屠杀史》一书时,我感到充满了讽刺感。今天,日本作为一个国家已经有了不同的形象。这个国家热爱和平,信仰佛教,面临许多自然灾害,是第二次世界大战最受苦难的国家之一,人们对日本产生了同情心。但是,当我们一读《南京大屠杀史》,这本书中记录的日军实施暴力的细节与方式,就产生了一种不同的日本形象,它被深埋在历史的某个地方。日本帝国没有遵守战争的基本原则。读了这本书,人们意识到日军超越了掠夺、纵火和暴力的所有界限。对平民,特别是对妇女施以残酷的暴力,她们被强奸、折磨,很多时候,阅读本书中与她们有关的段落时,我们不由沉浸在巨大的悲伤中。这并不代表日军的武勇,恰恰更多反映出日军的野蛮,这是历史上耻辱的一页。

重新展开并审视历史,必须从许多真实的史料中收集大量事实。在这本书中,作者/研究者不辞辛劳地收集了史料,事实牢固地建构了日军如何在南京以寻找中国战败士兵的名义在经济上和社会上摧毁了战乱中留在南京平民的历史。他们无端怀疑,以残酷的方式杀害了约三十万无辜者。在这方面,作者引用了当时南京国际安全区外国人的书面资料。他们大多数来自美国和德国,这些人不仅目击了屠杀,而且还施以援手,制止屠杀。他们还努力在国际媒体上发表与这次屠杀有关的消息。战后,有对战争罪犯的审判,书中也使用了这些审判档案史料。此外,书中还使用了难民史料,甚至是日军官兵的个人资料作为史料。

总体而言,所有史料来源都证实了同一点,即日军在占领当时的中国首都南京犯下了难以想象的残暴罪行。

在翻译时,我觉得自己好像在历史的黑洞中旅行。事实证明这段旅程使我感到惊讶、不安和沮丧。一方面,在这本书中,我们必须遇到一些曾见过战争恐怖并幸存下来的人物。在他们的记忆中,无论有多少日记,那场战争仍会出现在他们的记述中。另一方面,这本书似乎也指向了南京的辉煌,南京被日军掠夺了数月之久,但仍不能完全抹去它。

读者在阅读翻译作品时,有时会经历译者经历的旅程。《南京大屠杀史》就是一本这样的书,它使读者想起了日本军队对人类文明所犯下的可怕罪行。

普拉哈特·雷君（Prabhat Ranjan）
德里大学
（杨金荣译自英文）

附9 《南京大屠杀史》印地文版全球发布会在德里与南京同步进行

中国社会科学网讯(记者吴屹桉　通讯员戚宛珺)　12月13日,BKM皇家柯林斯出版集团宣布《南京大屠杀史》印地文版正式于全球发布。这是世界上第一本关于南京大屠杀的印地文图书,发布仪式由BKM皇家柯林斯主席莫罕·卡尔诗先生主持。

《南京大屠杀史》印地文版缘起于2018年莫罕先生对南京大学出版社的访问。莫罕先生对南京大屠杀的历史表示震惊:"南京是一座如此美丽的城市,而且是古代中国的首都之一。你怎么能想象在1937年的六个星期里,有30万人被杀害？"数月之后,南大社一行应邀访问印度,两家公司开展了深入与严肃的讨论,在新德里签署了合约,皇家柯林斯计划在2020年南京大屠杀纪念日(南京大屠杀死难者国家公祭日)发布这本图书。

由于新冠肺炎疫情的影响,《南京大屠杀史》印地文版的出版也遭遇了挑战。其间,南大社和BKM皇家柯林斯出版集团克服困难,坚定合作。《南京大屠杀史》的策划编辑杨金荣博士也在印地文版的出版过程中,就专业历史知识方面做出了重要贡献。作为译者,普拉哈特·雷君教授用纯正的印地文来翻译本书。正如他在序言中所说:"读者在阅读翻译作品时,有时会经历译者经历的旅程。《南京大屠杀史》就是一本这样的书,它使读者想起了日本军队对人类文明所犯下的可怕罪行。"

BKM皇家柯林斯出版公司是皇家柯林斯出版集团在印度的分支机构,由印度知名出版人莫罕·卡尔诗先生与其兄克礼逊·卡尔诗先生共同创立,为印度知名学术出版机构,分别以英文、印地文等多种语言翻译出版了200多种中国主题图书,与多家中国出版社保持着长期合作。莫罕先生认为,印度作为拥有14亿人口的大国正在逐渐了解中国,但对南京大屠杀这一段历史知之甚少,因此有必要向广大的印度读者传播这段史实,《南京大屠杀史》印地文版的出版也具有重要的意义。

除了已经出版的《南京大屠杀史》英文版、韩文版、希伯来文版之外,今后两年南大社还将出版阿拉伯文版、哈萨克文版、泰文版、法文版、西班牙文版等语种《南京大屠杀史》。南大社力图在让海外读者了解作为"世界记忆"的南京大屠杀研究成果的同时,推动中国历史文化"走出去",提高中国大学出版社的品牌影响力。(原载"中国社会科学网"2020年12月18日)

八、绚烂之极归于平淡
版权贸易是海外出版的可持续之路

2018年8月的北京国际图书博览会上,《南京大屠杀史》英文版举行全球首发式。这次活动让泰国一家出版社版权代理发现了《南京大屠杀史》这部书。2019年3月,泰文版权代理来到南京,与我们签下了版权输出合同。泰国购买版权的是一家以出版历史和战争类题材为主的专业出版公司,据版代预估,《南京大屠杀史》在泰国市场可以有3000册的发行量。

我个人最看重这种形式,因为它完全符合市场规律,为国家创造了价值,而不费一分公帑。国家的资助,全是纳税人的血汗钱,能不用,尽量不用。出版人应该最大可能发挥市场的作用,推进出版成果的国际化。

版权输出其实就是服务贸易。我们现在为了扶持版权输出,把具有中国话语、中国价值的作品输出到海外,采取了资助的形式。资助的大头是翻译,占到资助总额的60%。这种扶持在初期,是对文化"走出去"的支持。但常识告诉我们这是不可持续的。中国还是发展中国家,发展中国家文化输出到发达国家,固不可取倒补贴的政策;就是输出到发展中国家或欠发达国家,也不可长期采取这种补贴政策。

以往发达国家在向发展中国家输出版权时的做法,可以供我们今天参考。一是通过国际组织资助出版,但不许用于营利。20世纪90年代初,南大出版社出版过一本《医生就在你身边》,由联合国妇女儿童基金会资助,包括版权与出版费,但条件是不能用于销售,只能用于免费赠送。另一种情况,是授权免费使用版权,但翻译费、出版费要自己筹。南京大学出版社曾经通过美国驻华大使馆文化处取得美国Basic Books公司的授权,出版《美国种族简史》一书。美国驻华大使馆的逻辑是既然是免费授予版权,就不能用于营利。上述两种情况都不资助翻译费。

目前,国家社科基金"中华学术外译项目",调整为译者与出版者共同申请,译者申请成功视同获得国家社科基金科研项目。这就鼓励了许多国内译者积极申报,一旦获得机会这确实是一件名利双收的好事。但站在翻译、出版、传播这一文化"走出去"链条的角度,不尽合理。

首先,"中华学术外译项目"是要在海外出版,不是简单的翻译,而出版社通常是一个团队在专门应对学术外译、出版和传播事务,这不是译务所可同日而语的。其次,面向国外读者的作品,由非母语的中国译者翻译,多少有点令人匪夷所思。尽管全国哲学社会科学工作办公室也鼓励中外联合申报。国家社科基金资助的应该是中华学术外译出版,而非仅仅停留在外译层面。

文化"走出去",应该是靠作品自身的影响力,通过常规的版权贸易形式走向世界。回到南京大屠杀史研究成果本身,张纯如女士的作品以十数种语言翻译出版,畅销不衰,就传播效果而言,是非常大的成功,也是出版人今后努力的方向。

附10 《南京大屠杀史》何以能实现多语种海外出版传播

2014年,南京大学出版社(以下简称"南大社")出版了《南京大屠杀史》,近年来又陆续力推韩语、希伯来语和阿拉伯语等多语种版本,取得了非常好的国际影响。这本书是在什么背景下出版的?与同类题材相比该书有什么特点?记者采访了南京大学出版社学术出版中心主任、《南京大屠杀史》策划编辑杨金荣编审。

杨金荣表示,《南京大屠杀史》首发于2014年侵华日军南京大屠杀死难者国家公祭日前夕,这本书是基于2012年出版的三卷本《南京大屠杀全史》重新编撰发布的、第一部面向社会公众的南京大屠杀死难者国家公祭读本。这一读本写作的基础是南京大学联合南京地区100多位教授、学者,花了10年时间,先后赴日、美、德、法、英等8个国家和地区搜集的4000多万字的原始史料,这些史料是还原南京大屠杀历史真相的铁证。《南京大屠杀史》以严谨的态度、简练的笔法、清晰的架构,向读者呈现了一部权威易读的南京大屠杀史。希望能够借此提醒广大民众勿忘国耻,警钟长鸣,加强国家的使命感,提升民族的凝聚力。

出版以及推广这本书,是出版社的历史责任、职业使命和专业精神的综合体现。从2012年起,他们就在谋划多语种海外出版。《南京大屠杀全史》的封底有6种文字的书名,这可以说是初心所系。2013年起,他们开始谋求与美国大学出版社的合作。2015年,他们邀请专业译者,集结编辑力量,先在国内出版发行了《南京大屠杀史》的英文版与日文版。英文版的主要译者是为习总书记翻译过《摆脱贫困》一书的李玫玲女士,这一译本为后续推进该书的"走出去"工作奠定了良好的基础。随后的几年内,他们又积极与境外一流出版机构接洽,陆续确认了《南京大屠杀史》英文版、韩文版、希伯来文版、阿拉伯文版等多语种版本在海外的出版发行工作,一直致力于将这份"世界记忆"传播出去。

杨金荣介绍,目前《南京大屠杀史》韩文版、英文版已在海外正式出版发行,希伯来文版、阿拉伯文版和哈萨克文版也已正式签约。其中《南京大屠杀史》韩文版在2017年12月推出,英文版2018年伦敦书展上推出。2018年6月,又奔赴以色列落实《南京大屠杀史》希伯来文版的出版工作。2019年2月,又应邀赴埃及访问,达成该书阿拉伯文版的版权输出。阿文版图书市场涵盖22个阿拉伯国家,阿文读者可以通过手机应用软件从网上购买图书。从这个意义上说,可以触达很广泛的读者群。今年,他们正着力推进法文(非洲区)、印地文、泰文版的出版工作。

南大社力图在让海外读者了解作为"世界记忆"的南京大屠杀研究成果的同时,推动中国历史文化"走出去",提高中国大学出版的品牌影响力。海外的出版合作伙伴都对这本书给予了很高评价。

杨金荣介绍,该书英文版出版方美国圣智(Cengage)出版集团旗下的

Gale 图书出版公司高级副总裁兼总经理保罗·加佐洛这样评价:"《南京大屠杀史》一书对有关这一悲剧历史事件的相关研究做出了全新的贡献。从南京沦陷到日军暴行,再到国际组织援救难民的慈善义举和最终战犯的审判,《南京大屠杀史》全面叙述了这一历史事件的来龙去脉,将为世界各地有志于研究这一历史事件的学生和学者提供有价值的研究材料。"

2017 年 12 月,南京大学出版社应邀参加了在韩国高丽大学举办的"南京大屠杀与中日战争专题学术研讨会",提交了《出版语境下的南京大屠杀研究》论文,并接受韩国 KBS 电视台记者的专访,加深了韩国民众对南京大屠杀历史的了解。

韩文版出版方韩国景仁文化社社长韩政熙认为,迄今为止,韩国社会对南京大屠杀史了解很少。作为严谨的全景式学术专著,当属此次试印刊行的《南京大屠杀史》韩文版。在震惊人寰的南京大屠杀发生 80 周年之际,该书韩文版的出版更具有里程碑式的意义,将在韩国的知识出版界引起巨大反响。

希伯来文版出版方 Kinneret Dvir Zmora 出版社曾出版过希伯来文版《狼图腾》等畅销书,是以色列大型出版社之一,该社表示出版此书,是希望让在二战中同样惨遭大屠杀的犹太读者了解南京大屠杀这段相似的历史,不忘却这段沉重的历史记忆。

(原载《中国出版传媒商报》2019 年 4 月 16 日第 8 版)

出版营销：一个人的叙事

大学出版社，特别是国家重点大学出版社有一个天然优势，即大学母体的美誉度、品牌含金量会自然投射于出版社。这类出版社自诞生起，就像《红楼梦》里的贾宝玉，与生俱来带有一块"通灵宝玉"。但出版社如果老是"借光"，而不能"自带光芒"，其发展及在出版江湖的地位也是堪忧。唯有通过出版优秀的作品，进行恰到好处的宣传，出版社的文化形象、品牌含量才会层层累积，形成良性发展的逻辑闭环。

从20世纪90年代以来，出版环境发生了巨大的变化。图书出版的宣传、推广也走过不同的路径，堪称今天直播带货、软文推广、微信营销的前世，也是社会文化变迁在出版宣传环节的折射。这里记录了部分笔者个人参与、策划、经历的出版营销方式、路径，从中可以窥见大学出版宣传的微春秋。

一、编书与"办报"同步

笔者刚入职出版社时，曾主动要求去发行部门工作一年，同事们有点不理解，认为应该发挥专业优势，与书稿打交道，与作者打交道。其实我是在读了日本企业家盛田昭夫的一本自传后，做出这样选择的。盛田昭夫建议年轻人到企业工作，应该熟悉产业链的各个环节，到产业的各个环节体验一段时间。一年的发行生活,让我有了营销的自觉和图书的市场意识。

我在发行的一整年,跑图书订货会,跑各地的新华书店和"二渠道"(当时对民营书店或图书批发公司的称呼),扩展了行业视野,初步熟悉了图书发行的流程及规则性的东西,也了解了许多有价值的市场信息,这些在编辑看似无用之用的东西,对于后来独立组稿市场图书增添了感性认知。今天的年轻编辑,如果有机会,在出版产业的各个环节熟悉一下,未尝不可。

除了常规的发行业务,我还兼做了两件事,一是轮值编辑报纸《南大书友》,这是出版社与《南京大学报》联合出版的校报扩展版,实际是出版社的纸质"自媒体"。那时,上级管理部门对于这样的增版,管理比较宽松。《南京大学报》是旬报,每月三期,逢 10、20、30 日出版,《南大书友》每月一期,每月 20 日出版,每期 4 版,随校报赠送,也向行业内寄赠。出版社社长、总编、编辑、发行、编务均参与撰稿。以我与同事高锦明兄主编的第十二期为例(下同),一版头条有社长署名文章《切实加强编辑出版队伍建设》,四版有总编辑署名短论《禁绝买卖书号,端正出版方向》,这样的话题似乎常谈常新;有出炉新书的书评、书讯,如评介叶继元研究员的《核心期刊概论》;有介绍海外书业动态的,如《英国书市一瞥》《盛况空前的香港"江苏书展"》;有出版社业务介绍,如图书征订排行榜,年度选题介绍,折扣与效益,印数与成本,著作权保护法律法规;还有学术名人谈读书,例如戴安邦院士(学部委员)介绍自己最喜欢读的书是有关化学的业务书,出版的第一部书是《江苏土壤分析》,向青年学子推荐的书是毛泽东的《实践论》,寄语青年学子:实验很重要,要有科学的品德和精神,要实事求是,追求准确,要有专研探索的精神,要善于写作。这样的一份报纸,集政策宣讲、业务探索、学术评介、资讯发布、信息交流于一体,以图书推广、形象建构、品牌提升、文化建设为指归,主要面向大学师生,虽然范围有限,但意义超出办报本身。

《南大书友》报影

《南大书友》办了好几年，我们几位热心编辑轮流主编，组稿、画板、编校、印刷、分发，过了一把"办报"瘾，这要感谢《南京大学报》两位主编方延明教授和王月清教授的支持。后来《南京大学报》出版1000期，主编王月清教授请我谈点感言，我还提到校报支持联合创办《南大书友》，营造校园书香文化，是南大校园的一件雅事。

与此同时，出版社制定了在社会报刊发表书评、书讯的奖励规则。那时我们可以发表书讯、书评的渠道并不很多，专业的书讯、书评报刊有《中国图书评论》（北京）、《中国新闻出版报》（北京）、《博览群书》（北京）、《读者导报》（上海）、《文汇读书周报》（上海）、《周末》（南京）、《书与人》（南京）。当时的学术刊物还愿意发表书评，但版面也有限。所发表多系专业性书评，有时也会发表名家的序跋。我曾经编辑美国格林奈尔学院历史系教授谢正光先生和南京大学历史系范金民教授联袂主编的《明遗民录汇编》（上下），著名学者钱仲联先生为书稿作序，我们先将钱序让读者先读为快，发表到上海《书城》杂志，除了提前与读者分享钱先生的精彩论点，也有借名人效应在读者圈为这部书预热的用心。

二是负责联络江苏经济台文化专栏《明月千里》开展特约活动。时间从

1993年5月4日到11月4日,为期半年,重点宣传本版图书,借助无线空间,通过电波,传播书香。先后宣传过《爱国诗词鉴赏辞典》《中国读书大辞典》《曹聚仁传》《难忘鄂尔多斯》等重点图书,也就读书这一话题展开对话。曾经和哲学系林德宏教授一起去南京中山东路西祠堂巷江苏广播电台经济台频道做过一档科技与阅读的专题节目,与主持人对谈交流,在线回答听众(读者)的问题。

办报,撰写书讯、书评,与读者空中交流,看似偏离编辑出版岗位职责,编辑不像编辑,记者不像记者,但对于入职不久的年轻人培养营销意识、市场概念还是有积极意义的,也折射出那个年代图书出版宣传的样态与范式,与网络时代的宣传有所区别。

二、人民大会堂的新书发布会

《中国思想家评传丛书》出齐50部时,中共江苏省委和南京大学在人民大会堂召开新书发布会。时间在1995年5月15日。南京大学中国思想家研究中心和出版社具体操办。那时,没有高铁,坐飞机也不容易,还要运上若干套书,每套50本,所以,学校备了一辆大巴车开往北京城。出版社派了几位编辑,李忠清、左健和我,老中青的代表,与中国思想家研究中心徐雁、陈晓宁老师一道坐上大巴,经过两天两夜,才到北京城。出发那天是在5月6日。我们一早从江苏进入山东,特别是经过沂蒙山区,道路颠簸,也担心会遇到拦路抢劫,甚至设想,万一被抢劫,一定要保护好《中国思想家评传丛书》样书,大家意识到北京之行,不只是业务之旅,也肩负着政治任务。第一天车开到山东泰安,已经是深夜11点,人困车乏,大家简单吃点饭,和衣而睡。第二天一早继续赶路,到北京城也是快深夜12点。国务院古籍整理领导小组秘书长、中华书局总编辑傅璇宗先生特地看望我们。从打前站到最后会议结束离开北京,我们一直住在东厂胡同1号北巷民盟中央招待所。发布会开始前,同事黄继东兄又从南京驰援我们。

《中国思想家评传丛书》首批50部的新书发布会,邀请了许多领导和学者,领导主要有国务院原副总理谷牧,全国人大常委会副委员长李铁映,民盟中央主席钱伟长,广电部部长孙家正,中共江苏省委常委、宣传部部长王霞林,《求是》杂志副主编戴舟,南京大学副校长张永桃等,著名学者有北京大学张岱年教授,复旦大学的潘富恩教授,南京大学茅家琦教授等,作者代表有山东师范大学孙占元教授等。这么高规格的会议,我是第一次见到,很开眼界。我想也只有匡老有这样的气魄组织200部(后来实际是201部)思想文化巨制,召开这样高规格的新书发布会。会议在人民大会堂二楼云南厅举行,那是一个很有民族特色的大厅,墙壁有许多云南民族风情的紫铜浮雕。中央电视台、《光明日报》《人民日报·海外版》等主要国家级媒体都给予报道,全国人大常委会委员长乔石还为《中国思想家评传丛书》题词"弘扬优秀传统文化,建设社会主义精神文明"。我们为会议前前后后在北京待了近十天,也了解到这样一次会议,即便是由中共江苏省委和南京大学出面,要达到预期的效果很不容易,需要付出艰辛努力。例如,领导的邀请发出了,但迟迟无法确定能不能参加,如果领导是校友,或者曾经是学者,确定性还好一些,如果是大领导,就不一样了,大领导也可能"身不由己",有高处不胜寒的无奈。几天下来,感觉即便是这样公对公的活动,人情的作用也是无处不在。例如,向中央领导赠送50部《中国思想家评传丛书》样书,就得到了匡老工作过的吉林大学在中央某大机关重量级校友的帮助,当天发布会的新闻能不能在《新闻联播》播出,直接影响到新书发布会的社会效果。我们会务组在张永桃副校长带领下,拜访了广电部部长孙家正学长,当时,国

1995年,匡亚明主编与《评传丛书》编委、作者及编辑小组负责人合影

1996年5月,与《评传丛书》副主编茅家琦先生在人民大会堂发布会现场

1996年5月，与时惠荣社长（中）等在人民大会堂发布会现场

家领导人在非洲访问，是中国元首第一次访问非洲，需要重点报道。《评传丛书》新书发布会能不能排上新闻联播，身为广电部部长的他也不是非常确定。最终，发布会总算如愿登上央视新闻联播，但也让我多少体会了在人民大会堂举行新书发布活动，其复杂性绝不亚于组织出版大型学术图书本身。以后见之明视之，这样大型图书的新书发布活动，要么作者及作品本身非常优秀，要么参加发布会的领导官阶足够高。而后者又往往取决于前者。匡亚明教授主编的《中国思想家评传丛书》1997年香港回归前夕在港举行出版100部发布会，2006年在南京举行了201部整体出版新书发布会，都非常成功。

1996年《评传丛书》50部新书发布会，给南京大学出版社以很大的鼓舞。社领导从北京会议回来后，力排众议，下大决心，花20万元重金，邀请全国著名的图书装帧设计专家、人民文学出版社的设计师张守义先生重新设计200部《中国思想家评传丛书》的封面装帧，从此，《中国思想家评传丛书》重新披上盛装,出现在出版界、读书界和学术界,后来这套书一直以此新书衣走向图书馆、走向读者的书架,走向热爱中国传统思想文化的人们。2010年,南京大学以这套传世著作赠送给联合国秘书长潘基文先生。

三、向澳门各界赠送"祖国读本"

参加北京人民大会堂的新书发布活动,增加了些许大型新书宣传活动感性认识,增加了以后自己独自策划新书发布活动的胆气,也激发了自己跃跃欲试的冲动。机会终于在三年以后降临。

1998年开始,我尝试自主策划组稿。我的第一个选题就是后来所说的主题出版。我想策划一套面向公众、大俗大雅,庆祝中华人民共和国成立50周年的图书。我移用做学术史研究的方法来做选题。首先,以1997年香港回归的大众读物作参照,到图书馆查卡片(那时还没有电脑检索),看出版了哪些迎接香港回归祖国的主题出版大众读物,然后找出各种读物的特点,利用我在发行部门工作过的优势,进一步了解哪些读物最受市场欢迎,有哪些操作层面的技巧。其次,我意识到,共和国50周年,是国家政治生活中的一件很大的事,出版社都会推出自己的选题。本着人无我有,人有我优,人优我快的原则,在全国政治文化中心之外,推出这样的图书,一定要"先声夺人",在"快"字上下功夫。1998年年初,我就约定我的几位同学,南京大学的杨丹伟博士、中国药科大学社科部纪乃旺和淮阴师院历史系张德顺博士分别撰写《建国50周年知识问答500题》《国旗国徽国歌国都知识问答200题》,几个月后就拿到书稿。记得1998年夏天,我带着三岁的女儿去南京中山陵音乐台郊游,她在草坪玩耍,我就在洒满绿荫的音乐台回廊偷闲审稿。1998年10月,两本书就定稿下厂。12月份,全国大学出版社订货会在河南郑州举行,两本殷红封面的样书已经出现在展台,当年年底征订数就超过两万套。真有点喜出望外!到1999年4月,已经连续多次上了北京王府井新华书店前十名排行榜,先后印刷7次,一年不到,销售7万套,获得中国发行协会颁发的优秀畅销书奖。

"祖国读本"获全国优秀畅销书奖

1999年春节过后,出版社新任领导请我吃饭,请我为他想想如何策划一点有影响的图书和活动,我想我大概不是第一个受邀请。这位领导刚上任不久,大概是真想做点事。其实应该我请他吃饭,倒不是我要巴结领导,这不符合我的性格,而是因为他上任后,曾希望我负责某部门工作,被我谢绝了。我的理由是我自己还在在职读书,该部门工作要经常出差,即使不出差,也是常常忙于迎来送往,这样我就无法完成我的学业,而做编辑不需要坐班,可以自由灵活安排自己的时间,这是我所需要的。所以总觉得有负期许,欠下一个人情,应该我请他吃饭才对。而长我20多岁的领导,在新春里请我吃饭,无论如何是一种诚意。

我想到了正在大卖的两部迎接共和国50周年的读物,想到澳门即将回归。这两者之间能否找到交汇点。我想到杰出系友澳门教科文基金会主任吴志良先生,可否与他联系,在澳门回归之前,开展一个"庆国庆,迎回归"的主题活动,向澳门大中小学赠送《建国50周年知识问答》和《国旗国徽国歌国都知识问答》，这两本书其实是最好的国情知识普及读本，也是即将回归的澳门同胞所需要了解的。在我的业师崔之清教授的支持下，很快联系上了吴志良先生，崔师的硕士研究生李卫华兄在江苏驻澳门办事处工作，也给予了很大支持。我借力学缘关系，开启策划在澳门的宣传活动。出境宣传，这其实已经远远超出个人的范畴，这个活动自然也就升格为南京大学的活动，但具体事情仍由出版社承担。

1999年8月25日，南京下着豪雨，我乘车前往南京禄口机场，准备前往珠海，提前布置于8月31日在澳门教科文中心举行的南京大学向澳门各界赠送"祖国读本"的活动。当时南京没有直通珠海的航班。当天，我先乘南京飞广州的航班，出广州机场后，我打的前往澳门。为了节省开支，我和一位男士合乘一辆的士前往珠海，到达珠海时已经是晚上十一点多。教育部台港澳司一位罗姓处长出面接待了我。第二天，我从珠海拱北海关入澳门。因为澳门尚未回归，我当时持有的证件还是江苏省外办签发的护照，这也是我第一次持有因公护照。

到澳门的第一天，听到的新闻竟然是离我入住的酒店不远处发生了枪击案，一男子陈尸街头，我是第一次到澳门，也是一人独自出境，遇到这样的事，内心还是有几分不安。把庆祝澳门回归与迎接中华人民共和国成立50周年结合起来，在澳门回归前夕，举行"庆回归、迎国庆"，向澳门各界赠送国情读本，当然是很好的主题策划活动，而且有很好的抓手，有已经出版的图书。目的明确、目标确定后，方法与路径才是最重要的。无论是对澳门的了解，或者是赠书活动本身，以及在澳门当地如何演练活动，在我是一片茫然。学校方面将有学校学术委员会主任（党委书记）韩星臣教授与校长助理张异宾教授出席这样的活动，如何落实活动细节，在我全是挑战。这个时候，我才真正体会到什么叫"目的热,方法盲"。我从文稿准备起,负责提供活动的通稿,学校两位领导、出版社领导的讲话稿。涉及澳门方面的人与事,由教科文中心、江苏省驻澳门办事处以及教育部台港澳司罗处长等领导协调。澳门地方不大,但 1999 年的澳门却引人关注。活动预定在 8 月 31 日,8 月 30 日《澳门日报》需要一篇报道,这就需要提供背景材料。当时我在大学还没有使用笔记本电脑,多亏吴志良学长的教科文中心提供了协助,让我顺利完成多份文稿的准备工作。为活动正式开始前,《澳门日报》、澳门当地电视台的先期报道做了很好的铺垫。

1999 年 8 月 31 日,笔者与南京大学校长助理张异宾教授在澳门教科文中心

8 月 31 日,活动在澳门教科文中心正式开始。全国政协副主席、澳门总商会会长马万祺先生为活动送来祝贺花篮,新华社也随后发布电讯稿,报道南京大学在澳门的活动。

这次活动确实很辛苦,但收获也不少。

1999年8月31日,南京大学在澳门教科文中心向澳门各界赠送"祖国读本"

1999年8月31日,全国政协副主席、澳门总商会会长马万祺先生为南京大学向澳门各界赠送"祖国读本"活动送来花篮

赠书活动结束后南京大学领导、师生、校友访问江苏省驻澳门办事处

附1：新华社稿

南京大学向澳门赠书

新华社南京9月3日讯　为迎接国庆50周年和澳门回归祖国，南京大学日前在澳门教科文中心向澳门的学校和团体赠送了南京大学出版社出版的《国旗、国徽、国歌、国都知识问答200题》和《建国50周年知识问答500题》两种图书近2000册，以让澳门同胞更好地了解祖国以及新中国50年的光辉历程。

四、从《我的祖父孙中山先生纪念集》
　　到《我的祖父孙中山》

1996年，在南京召开的"孙中山与现代中国"学术会议上，我认识了中山先生的哲嗣孙穗芳博士。我告诉孙博士，南京大学正在组织编撰出版201部《中国思想家评传丛书》，开卷之作是《孔子评传》，压轴之作是《孙中山评传》,她说这是对中国优秀传统文化的传承。她说她祖父就是中国传统文化传承者。会议期间,她拜会了《孙中山评传》领衔撰著者、著名历史学家茅家琦先生,访问了南京大学出版社以及南京大学南园一栋孙中山先生办公用过的小楼,如今已经规划用作南京大学与民革江苏省委共同发起的中山文化研究院办公楼。

2000年下半年,我在美国中部爱荷华州格林奈尔学院历史系做访问学者时,收到孙穗芳博士邀我当年11月参加在夏威夷举行的纪念孙中山诞辰134周年的学术会议的邀请。11月7日,我乘美国环球航空公司(TWA)航班自爱荷华首府得梅因(De Moines)机场经圣路易斯机场飞赴夏威夷。在圣路易斯转机遇到一个小插曲,坐上飞机后,迟迟不能起飞。后来机组广播说,飞机出现机械性故障(Mechanical Problems)。不少美国旅客选择下飞机。我当时既远离出发地,更远离目的地,无法做任何行程的调整或改变。

```
                    Sun Yat-Sen Foundation
                    For Peace and Education

    Prof. Jin-rong Yang, Nanjiang Scholar
    Dept. of History, Grinnell College
    1409 Park St. Grinnell
    Grinnell, Iowa 50112
    Tel.(641)236-4175                              October 6, 2000
    Fax. (641)209-4985

    Dear Prof. Yang,
          This is to verify that you are invited to Hawaii, on November 8,
    2000 to attend a ceremony and luncheon of dignitaries and friends
    to honor Dr. Sun Yat-sen's 134 birthday and to annouce the release of
    Dr. Lily Sun's new book "an Album in Memory of Dr. Sun Yat-sen"
    A great Man and Epoch-Maker, and to recognize the generous gifts from
    Dr. Lily Sui-fong Sun to the LAMA Library of Kapiolani Community College
    to establish "Dr. Sun Yat-sen China Collection".

          You can use the opportunity to do the study and research of
    Dr. Sun Yat-sen and his thought in Hawaii.

          With best wishes always,
                                             Much Aloha,

                                             Sincerely Yours,

                                             Dr. Lily Sui-fong Sun
                                             President of Sun Yat-sen Foundation
                                             for Pease and Education
```

2000年10月,孙穗芳博士邀请访问檀香山函发现问题就等于解决问题,况且在起飞前发现问题更是幸运之事。抱持这样的想法,我坚持在飞机上坐等。那天正是美国总统大选开票日,是民主党候选人戈尔与共和党候选人小布什之间的对垒,机舱内的电视在同步直播得票统计动态,这多少缓解了我的焦虑。两个小时后,技师解决了问题,飞机晚点两小时起飞,但到达檀香山时,太阳依然没有落山,只比原定时间晚到了 10 分钟。

夏威夷纪念孙中山先生诞辰 134 周年学术会议是小型的,会议在一家名为欧兰匹尼的学院举行。会议之后,大家到孙中山铜像前敬献花篮。孙穗芳博士是孙家后人中少数致力于研究孙中山者。她虽然不是专业研究者,也没有受过专门的历史学的训练,但学建筑出身的她,孙中山研究颇有成绩。孙中山先生诞辰 130 周年前夕,她在两岸同时出版《我的祖父孙中山》。简体版由大陆人民出版社出版。这是从孙家后人的视角撰写的第一部孙中山的传记,对中山家世、日常生活、亲属族群、乡里轶闻多所着墨,丰富了孙中山研究,弥补了已有出版物之不足。前此,繁体版由台湾禾马文化出版,短时间内连续印刷三次。2000 年,孙穗芳博士在香港秋海棠出版了《国父孙中山先生纪念集》。这是一部

2018 年 5 月,笔者在檀香山拜访《我的祖父孙中山》一书作者孙穗芳博士

图文集，其中有不少孙家后人珍藏的照片和孙中山先生的墨宝。南怀瑾、顾毓琇等文化名家为之作序。此次，孙穗芳博士邀我访问夏威夷，就是希望在南京出版这部纪念集。她说在南京出版纪念祖父的文集很有意义。我答应年底回国后就申报选题。2001年10月大陆简体字版与读者见面。2002年11月下旬，孙穗芳博士应邀来中国大陆上海、广州、南京、天津、大连等城市签售《我的祖父孙中山先生纪念集》，2002年11月22日《解放日报》《联合时报》，11月

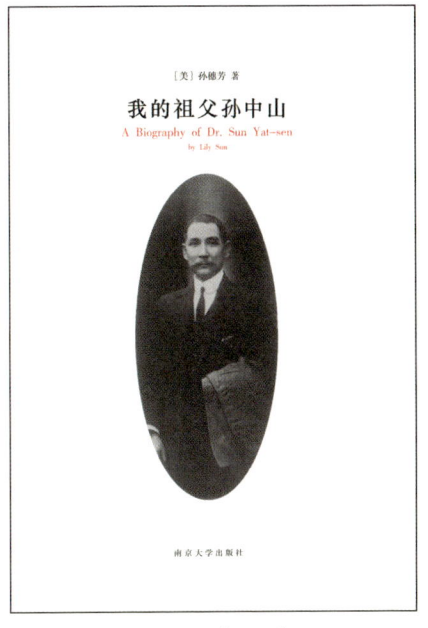

《我的祖父孙中山》书影

2002年11月，孙穗芳博士为《我的祖父孙中山先生纪念集》预签名

25日《人民日报》《广州日报》,报道了孙博士在上海、广州等地签名售书的活动。2003年3月,她又赴北京海淀图书城签售,报道媒体的规格高,报道密度频繁。3月20日的《北京青年报》以大篇幅图文报道,这部纪念文集也能一再印刷。孙穗芳博士是我个人邀请签名售书的第一位作者。在南京期间,她得到中山陵孙中山纪念馆馆长韩建国先生的支持,在中山陵景区为读者签名。

2011年是辛亥革命100周年。2010年下半年,我与孙穗芳博士联系,约请她修订重印《我的祖父孙中山》,孙博士答应《我的祖父孙中山》交南京大学出版社出版。作者增加部分照片,修改了一些错误,补写了后记(二),交代了出版经过。《我的祖父孙中山》第一版由民革党员、书法家周同科教授题签,出版后,因封面色彩不理想,又重新排版更新了封面。这些年,孙博士除了继续在各地演讲,宣传其祖父的思想,还捐赠中山先生的铜像,累计超过200尊。我也通过民革组织,协助她与地方和一些学校联系。她所到之处也会签名销售《我的祖父孙中山》。2011年,她先后在南京总统府和中山陵景区、江苏省泰州高级中学、南京大学、东南大学、南京市逸仙小学等,

2006年11月,笔者应邀担任民革江苏省委纪念孙中山先生诞辰140周年演讲比赛决赛评委,与全国人大常委会副委员长何鲁丽主席、孙穗芳博士等领导、嘉宾合影

为读者签名《我的祖父孙中山》。无论是在总统府还是在中山陵,因为客流量大,孙博士通常连续签名一两个小时。2011年10月,南京大学与民革江苏省委在南京大学仙林校区举行"纪念辛亥革命100周年暨《我的祖父孙中山》出版座谈会",南京大学党委书记洪银兴,民革中央副主席、民革江苏省委主委、全国政协常委、江苏省政协副主席程崇庆,江苏省新闻出版局局长徐毅英等与孙穗芳博士及其公子王祖耀先生一同出席,并参加了南京大学仙林校区孙中山铜像揭幕仪式。我以编辑兼民革南京大学总支部主委的身份参加会议。历史系陈蕴茜教授也受邀出席。

2011年,《我的祖父孙中山》入选全国农家书屋项目,先后销售4万余册。

五、《顾毓琇词曲集》的再版宣传

顾毓琇先生曾任中央大学校长,是中国近现代史上杰出的文理大师,著名的教育家、科学家、诗人、戏剧家、音乐家和佛学家,一生创作了许多脍炙人口的词曲。1997年,南京大学出版社曾经出版过老校长的《顾毓琇词曲集》,很受读者欢迎。2014年,顾毓琇先生的哲嗣顾宜凡先生建议再版该书。受南京大学教育发展基金会左成慈教授之托,我负责该项目的再版。合同签订后,我于2014年国庆节,给顾毓琇先生之孙、蓝海电视董事长顾宜凡先生写去了一封邮件,表达对再版《顾毓琇词曲集》的态度:

顾董事长,您好!

顾校长是近代中国的著名科学家、教育家,也是重要的文学创作家,顾老的作品,不仅属于他个人,也属于近代中国文学史,对于南大校园里的我们来说,顾校长的作品还是一份独特的精神养料,我们有幸再版顾老的作品,感到荣幸。顾老古典文学造诣深厚,我们唯恐编校不周,伤及顾老词曲的表达。前一版的冠图、题签均保留,封面设计正进行中,小样出来后,我们会请您过目。顾董事长对再版的冠图和设计、用材有什么指教,请赐告,我们一定尽力把顾校长的书装帧印制好,尽可能让外在的形,与内在的神,相匹配。

谢谢你们的审校。

顺祝　节日快乐!

杨金荣　敬上

2014.10.1 自南京大学鼓楼校区

顾宜凡先生提出了很有建设性的意见。在冠图部分,将原来的五页十面调整为四页八面,压缩了部分重复的图片,"调整后的冠图,着重反映顾老与文学,特别是与诗词的渊源,衬托此书的文学分量"。同时,更新了顾老的《作者小传》:

在卷末收录五位专家在不同时期评价顾老诗词的文字:

1. 张其昀为顾老《和清真词及其他》写的序;
2. 梁敬錞为顾老《冈陵集》写的序;
3. 许渊冲为顾老《顾毓琇汉英对照诗词集》写的序;
4. 阚家蕅的论文:《漫谈顾毓琇先生的诗词》;
5. 杨义的论文:《顾毓琇的文学创作》。

顾宜凡先生还提供了初版《顾毓琇词曲集》存在的校对错误,这对出版社是无言的压力。顾老校长非常博学,词曲又是非常专门的学问,不是能"断文识字"者就可堪任编辑的。我特约了古典文学修养深厚的李轶伦博士担纲编辑;在开本上,放弃了初版的小32开,而取大32开;封面设计,请著名人文画家赵庆先生担纲。

顾毓琇先生学贯中西,在许多领域有开创性的贡献。他的交友也十分广,不少词曲作品记录了他与中国近现代教育家、思想家、文学艺术家的交往,因此,《词曲集》不只是文学作品,也有不少纪事词曲具有珍贵的史料价值。例如:书中第7页收录顾老一阕《沁园春·悼胡适之先生》,就非常精辟地概括了胡适这位著名的思想家不平凡的一生:

> 来到人间,七十余年,寿逾古稀。任风吹雨打,披荆斩棘,自由天地,任意思维。大胆假设,小心求证,重建文明更莫迟。要尝试,但先闻风气,不为人师。当年敬谢诸仙,葫芦里微物试相猜。待游方卖药,声名四海,文章种子,收获成堆。日月光辉,举行照耀,洗净蓬莱天上回。哲人在,仰高风亮节,千古奇才。
>
> 自注:适之先生四十七岁生日诗:"卖药游方廿二年,人间浪说小神仙。于今回向人间去,洗净蓬莱再上天。"

这是一部非常值得推广的作品!

南京大学左成慈教授建议顾宜凡先生写一篇再版后记,我非常赞同,曾两度致函顾宜凡先生,"催逼"再版后记:"家国一体。家的历史,也是国的历史。您若写出与顾老相处的细节,读者会通过您笔端的文字体味大家的风范,在分享私家历史的同时,也丰富了对一个群体、一个国家历史的认知,这样鲜活的历史,独特而珍贵,读者错过岂不可惜。"最终争取到百忙之中的顾宜凡先生的支持,答应写一篇《后记》:"对写再版后记,我出于种种考虑,一直是有些犹豫的。但最近越来越感到,在出版社很容易被绑架去做'市场的

《顾毓琇词曲集》书影

奴隶'的今天,您和左教授这样的有识之士,积极促成《顾毓琇词曲集》的再版,实在是你们视野和情怀的体现,这就很值得记录。"顾宜凡先生非常谦虚,他在邮件中说,"虽然我没有什么资格对我祖父的诗词品头论足,但从我们祖孙相处的细节,可以反映出老人家的诗人气质和风范,这对读者来说,也许是有参考价值的"。2015年新年伊始,顾宜凡先生数易其稿,写出了一篇饱蘸情感的后记。《中华读书报》第一时间刊发了这篇后记,《南京大学校友通讯》2014年冬季号转载了这篇后记。《新华文摘》编辑部刘永宏先生看到《中华读书报》的文章后,向我电话核实了文章中的历史细节的叙述,将之全文发表于2015年《新华文摘》第7期。

顾宜凡先生为其祖父著作《顾毓琇词曲集》再版撰写的后记,"简略传记了顾老科学与才艺的一生,情真意切,读者循此可以穿越时光的隧道,去领悟大师和那个时代,对词曲作品也增添了理解与感悟"(2014年12月31日笔者致顾宜凡先生邮件),对于进一步扩大作者与作品的影响有积极意义。2015年1月《顾毓琇词曲集》再版一刷,2017年春,该书再次缺货加印。

对于历史名人遗作的再版宣传,《顾毓琇词曲集》一书得到了原作者后人的支持。出版人抓住了机遇,请历史名人的后裔,为读者再构有关历史名人的记忆,间接实现了著作者、读者与出版人的精神互动,不失为一次有意义的文宣活动。

六、《居正与近代中国》在台北首发

居正是民国时期重要的政治人物,曾经担任国民政府司法院院长16年半之久,他是西山会议派人物之一,也曾被蒋介石投入监狱。1949年以后,居正退出政坛,在台北淡江创办英语专科学校(今淡江大学前身),从事教育工作。

居蜜是居正的孙女,其父居浩然、母亲徐萱,都毕业于清华大学。徐萱乃是近代著名科学家徐寿的苗裔,其姐姐也就是居蜜的姨妈徐芳是毕业于北京大学的才女,胡适的学生。居蜜女史是不折不扣的大家闺秀。她自台湾大学图书馆系毕业后,留学美国,获得哈佛大学历史学博士学位,在美国国会图书馆亚洲部工作三十五年,长期致力于中国善本书整理和中国历史文化研究,发表过《美国国会图书馆藏康熙字典和中美外交文化史暨中国印刷术革新》等,对中国民族文化文献的整理很有建树,整理了国会图书馆三千多件纳西文书手稿,并建立了纳西网站,读者可以通过美国国会图书馆找到链接,她的这些基础性工作对于中国学术研究很有价值。

2002年,居蜜博士代表族人将居正遗物捐赠南京中国近代史遗址博物馆(总统府),2004年,将居正文献捐赠上海图书馆。2010年,中华书局出版了居蜜主编的《居正与辛亥革命:居氏家藏手稿汇编》,著名历史学家章开沅先生为其作序。2011年年底,居蜜博士找到南京大学图书馆采编部主任陈远焕,希望在南大出版其《居正与近代中国:居氏家藏手稿释读》,要求是参照中华书局本,繁体竖排、全彩印刷,没有出版资助。陈远焕老师找到我,我的判断是,有社会效益,市场价值可以忽略,需要送审报批,如期出版有不确定性。2012年9月,海峡书展在台北举行,希望作者配合在台北举行首发。

很快,居蜜博士就答复:第一,台北有可以动用的丰富资源,协助《居正与近代中国》首发式;第二,个人赠书之外,请支持赠书台湾学术机构图书馆。

2012年2月24日,居蜜博士从美国国会图书馆致函南京总统府:"自去年《居正与辛亥革命》出版后,大陆及台湾均颇获好评。南京大学出版社拟出版《居正与近代中国:居氏家藏手稿释读》一书,以彩色套印的形式,展现有关祖父与中华民国史迹。现商请贵馆协助提供以下电子文件,交南京大学出版社:(1)乾隆六子永瑢手写金刚经;此经为居正被蒋介石入狱时,友人赠与,后送交五女居瀛玖,具历史意义。(2)居蜜注释金刚般若波罗蜜经手写本。(3)金刚般若波罗蜜经 钤印图档(正文首页卷端题'金刚般若波罗蜜经',下印钤二:'皇六子印''佛弟子',并同页右下钤收藏印:'张树珍藏书画之章';第七十九页全经抄录完后,钤印凡三'皇六子章''叨身基旅''无忧树下';第八十页跋文后钤印:'永瑢''惺斋'。钤印图档尺寸以原大小为佳。)以上电子文件,直接由南京大学出版社与贵馆联系"。从这封转发的邮件可以看出,居蜜博士对出版《居正与近代中国》一书充满了期待。

进入出版流程后,最为担心的是台北的新书发布会。2012年7月8日,居蜜博士自华盛顿发来一个长达281人的名单,其中标注应允出席新书发布会的有中国国民党荣誉主席连战,国泰慈善基金会董事长钱复,台湾行政部门秘书长胡为真(胡宗南幼子),陈诚文教基金会董事长陈履安(陈诚之子),"国史馆"馆长吕芳上,"中研院"院士张玉法、陈永发,台北故宫博物院院长周功鑫,台湾地区图书馆馆长曾淑贤、主任俞小明,台北中华图书馆学

2012年9月14日，中国国民党荣誉主席连战先生接见南大代表

2012年9月14日，台湾国泰慈善基金会钱复董事长与南大代表交流

会秘书长彭慰,台北文化基金会李永萍女士,新竹清华大学讲座教授李弘祺,中央大学汪荣祖教授,"中研院"著名学人张朋园、朱浤源、王正华、林满红、黄自进、杨翠华等,阵容十分壮观,大致包括国民党政要及后裔,著名学者,学术文化机构负责人。

7月22日,居蜜博士再度发来邮件:她要邀请连战荣誉主席,请发一份有关新书发布会的宣传单(flyer),告知发布会的时间与地点,她需要将这些信息发送至连主席办公室,以便他们正式接受邀请安排行程。另寄上20份宣传单到她华盛顿家中,她要发送国会图书馆、马里兰大学图书馆、约翰斯·霍普金斯大学图书馆和乔治城大学图书馆。居蜜博士为新书发布会动用其学术资源、个人资源,让我对即将到来的台北新书发布会增添信心。

2012年8月11日一大早,我又收到大洋彼岸的邮件:九月十四日中午宴请将在台北101大厦第85楼意大利餐厅,所有请帖由她具名,从台北寄出。邀请名单除上次挑选外,增加了:蒋经国基金会执行长朱云汉。101大楼的宴请应该是为新书发布成功而准备的,我没有想,也不允许作如斯想。作者替参加者想到了,特别是她想到参加新书发布会的大陆代表。这场新书发布会的意义已经超越了萦绕海峡半个多世纪的历史恩怨,回归中国文化的本源:"有朋自远方来,不亦乐乎?!"她不仅安排得如此温馨,还想得非常周到,真有历史学家做考据的绣花针功夫,心细如发。

四天后,居蜜博士再度发来关于101午宴安排的邮件:许淑晶女士是世界华人工商妇女企管协会台北第二分会会长,正在做9月14日午宴安排准备。她需要一些海报、照片等制作餐厅背景。请协助她准备一些印刷品材料。她需要知道当天会有多少大陆朋友参加午宴,她会从台北办公室发出邀请函。

2012年9月14日，中国国民党荣誉主席连战先生、居蜜博士（右二）与南京大学代表合影，右三为时任南京大学副校长杨忠教授

9月14日上午，《居正与近代中国》新书发布会顺利举行，连战、钱复等先后致辞（详见本书《在台北发布新书》）。是日中午，居蜜博士在台北地标建筑101大楼85楼宴请海峡两岸的嘉宾与代表。国务院新闻办公室网站、《凤凰网》《新浪网》《网易》《江苏新闻网》《你好台湾网》《中国图书对外推广网》、台湾《中时电子报》等媒体都有图文报道。这场发布会的意义远不止此。钱复称南京大学出版社出版《居正与近代中国》"有道德勇气"，居蜜博士称没有想到共产党这么重视出版，重视文化，台北的这场发布会，改变了海外许多人对大陆陈旧的印象。

这次与居蜜博士的合作是一个良好的开始。

2012年12月6日晚，我在北京江苏饭店《南京大屠杀全史》发布会间歇，拨打国际长途电话给居蜜博士，请她推荐美国国会图书馆收藏中国学者研究南京大屠杀的最新成果。第二天，居蜜博士就给我回复邮件，嘱我将

《南京大屠杀全史》寄给美国国会图书馆中国部主任潘铭燊博士。2013年10月11日,台北佛教居士会、民革南京大学总支部和南京大学出版社联合在南京举办"居正与民国文化学术座谈会",居蜜博士再次来到南京大学校园,并以自己在海外游学工作几十年的体验,发表对于其祖父及民国文化的灼见。

美国国会图书馆收藏《南京大屠杀全史》复函

美国国会图书馆复函信封

2015年5月2日,居蜜博士发来邮件,附上5月1日《华盛顿邮报》一篇关于美国国会议员麦克·本田(Mike Honda)抗议日本首相安倍访美报道的照片。她的英文电邮说:附件是今日《华盛顿邮报》关于国会议员麦克·本田抗议日相安倍访问的报道,特别是关于慰安妇问题。2007年,国会图书馆亚洲部员工为本田议员准备了文件,最终通过了121号议决案。这是寻求日本政府道歉的重要里程碑。居蜜博士要我将此信息转给《南京大屠杀全史》主编张宪文教授。

很显然,居蜜博士知道我们出版了《南京大屠杀全史》,她把相关的美国社会对于慰安妇态度的最新动态告诉国内学术界,她大概是提醒我关注一下这一主题。我很感谢她的这份信任!

七、从《中华民国史》到《中华民国专题史》

1971年,在全国出版工作会议期间,周恩来总理指示,将撰写中华民国史列入全国重点出版规划,具体由中国科学院近代史研究所(今中国社会科学院近代史研究所)组织研撰。南京大学也在20世纪70年代开始启动中华民国史的研究。南京大学出版社出版民国史占尽天时、地利、人和。

拜访台湾"中央大学"原校长余传韬教授一行，左一为张宪文教授

20世纪80年代中叶，张宪文教授主编的《中华民国史纲》在河南人民出版社出版时，影响超出了学术界，我当时还是南京大学历史系的一名学生。我曾修读过张先生的《中国现代史料学》，这是张先生为全国高校历史系师资培训班开设的课程，后来经修订在山东人民出版社出版。我开始向张先生约稿《中华民国史》(4卷本)，是在20世纪90年代末期。两岸已经有"九二共识"，台商投资大陆已经有年。民国史研究已经经过了由"险学"到"显学"的转身。正因为如此，作为国家社科重点规划项目成果的多卷本《中华民国史》，引起出版界的关注。据张先生云，先后有九家出版社前往约稿。我硕士研究生念的中国古代史，在职攻读博士研究生念的中国近现代史，张先生曾为我们开设"民国史研究专题"。我向张先生约稿时，有三重身份，毕业于历史系，我是张先生的学生；供职学校出版社，我是张先生的同事；同住一个小区，我是张先生的邻居。有了这三重关系，张先生的《中华民国史》最终花落南大社。这是国内第一套《中华民国史》。目前，国内有三套

"中华民国史",最早出版的是 2005 年 12 月南京大学出版的 4 卷本《中华民国史》,其次是 2006 年由北京师范大学朱汉国教授领衔主编的 10 卷本传统"二十五史"体例编修的《中华民国史》,最后是 2011 年辛亥革命百年前夕中华书局出版的 36 卷本《中华民国史》。

2006 年 3 月 13 日上午,南京大学出版社、南京大学中华民国史研究中心在南京大学鼓楼校区知行楼举行了《中华民国史》(四卷本)首发式暨出版座谈会。来自江苏省新闻出版局、江苏省社会科学联合会和南京大学的主要领导以及江苏省社会科学院、中国第二历史档案馆、中国近代史遗址博物馆、南京大学、南京师范大学等单位的专家学者出席了会议。江苏省新闻出版局局长徐毅英、江苏省社会科学联合会党组书记孙艳丽和南京大学党委书记洪银兴先后在首发式上致辞,对《中华民国史》的出版表示祝贺。同日,新华社记者王骏勇从南京发出专电:《四卷本〈中华民国史〉在南京首发》,称"这也是目前出版得最为完整的民国通史"。

《中华民国史》再次引发海内外关注的是 2006 年 7 月 29—31 日在两蒋故里奉化溪口镇举行的"第 5 次中华民国史国际学术研讨会"。156 名海内外专家参加了会议,其中,来自中国港澳台地区 28 名,来自日本 10 名,来自韩国

《中华民国史》获奖证书

3 名,来自美国 5 名,来自德国 3 名,来自英国 2 名,来自澳洲 2 名,来自新加坡 1 名,另有来自中国大陆学人 100 余名,均为海内外知名的民国历史研究专家,共收到论文 118 篇,是国际民国史研究的学术盛会。出版社邀请了国

2006年11月，笔者向全国人大常委会副委员长何鲁丽赠送《中华民国史》

2006年7月，张宪文教授向蒋经国儿媳蒋方智怡赠送《中华民国史》

2006年7月，张宪文教授向宋子安儿媳宋曹俐璇赠送《中华民国史》

2006年7月，与独立书店代表在溪口《中华民国史》首发式上

2015年4月,与《中华民国专题史》主编张宪文教授、张玉法院士在南京紫金山庄

内各大独立书店(当时还没有这个概念)的经理,参加此次会议,并召开专门由作者、专家和编辑参加的《中华民国史》品评会,同时,策划了在两蒋故里向中国国民党中常委蒋经国的儿媳蒋方智怡女士,陈诚的女婿余传韬先生,宋子安的儿媳宋曹俐璇女士等民国政要后裔,以及向美国斯坦福大学图书馆、日本中央大学图书馆、韩国首尔大学图书馆、德国柏林自由大学图书馆、英国谢菲尔德大学图书馆、台湾"中研院"图书馆、宁波图书馆等学术机构赠送了图书。此次会议,在蒋氏故里举办,意味深长。蒋方智怡女士说,参加这次会议并接收《中华民国史》赠书,内心非常激动,溪口蒋氏历史与中国近代历史,乃至世界近代历史息息相关。史料是历史研究的重要基础,要用事实说话,同时,历史应从社会、经济、政治、军事等多面向切入,以人为镜,明乎得失。

这次图书品评会和赠书活动充分利用了国际学术会议的平台。会议时势把握得非常好。2005年,中共总书记胡锦涛在北京接见中国国民党主席连战,"相逢一笑泯恩仇",两岸关系进入新阶段。地点选择也很有新意。这是第一次在两蒋故里召开中华民国史国际学术研讨会,意义不同寻常。《中华民国史》的文宣策划,切合会议主题,与两蒋故里有千丝万缕的联系。海内外媒体争相报道,《中华民国史》的著作者、受赠者、品评者和出版者,一同由媒体的聚光灯走向社会,走向海内外。

附2:笔者在《中华民国史》溪口首发式暨专家学者座谈会上的发言

尊敬的蒋方智怡女士,尊敬的宋曹俐璇女士,尊敬的余传韬先生;
尊敬的张宪文教授,各位学术界、出版发行界的专家与同人:

晚上好! 首先我代表《中华民国史》的所有责任编辑,也代表南京大学出版社,感谢各位光临《中华民国史》溪口首发式暨专家学者座谈会。

中华民国史是中国历史长链上重要的一个环节,溪口在中华民国史上有独特的地位。今晚我们济济一堂,举行《中华民国史》的溪口首发式暨专家学者座谈会,很有意义。

由南京大学中华民国史研究中心主任张宪文教授领衔撰著的《中华民国史》是国家社会科学"九五"规划重点研究项目,也是南京大学出版社"十五"国家重点图书出版规划项目,是目前出版得最为完整的民国通史。它比较完整、系统地反映了民国历史的全貌,不仅吸纳了海内外学者许多新的研究成果,拓展了民国史研究的领域和内涵,也在较多的历史问题上运用新的史料,提出了新观点、新见解。从我们的编辑向张宪文教授组稿到正式出版,历时7年。在这7年里,出版社和作者精诚合作,反复沟通,力求做到编校精良;对开本、版式的设计反复推敲,在书的装帧、印刷方面则精益求精,真正做到精心包装。

《中华民国史》出版后,受到了各界专家的认可和好评,今年 3 月 13 日在南京举行的"《中华民国史》首发式暨出版座谈会"上,专家们纷纷发言,对此书的价值和意义给予了高度评价。《光明日报》、新华网、《中国图书商报》《新华书目报》《新华日报》、江苏教育电视台等媒体纷纷报道在宁举行的首发式;《中华读书报》《文汇报》《民国档案》《理论学刊》等报纸期刊也刊登了专家评论以及张宪文教授的访谈,盛赞这是一部史料翔实、富有创见的民国史研究新作。同时,此书的出版也受到读者的欢迎,目前首批印刷的《中华民国史》已经销售一空。

南京是民国的故都,南京大学是民国研究的重镇。南京大学出版社作为一个教育学术类出版机构,对民国历史文化类选题有别样的情怀。几年来,我们先后出版了一系列有影响的民国历史类著作,如《南京民国建筑》,该书被选为南京人民赠送连战先生的礼物,孙中山先生的孙女孙穗芳博士编著的《我的祖父孙中山先生纪念集》,张宪文教授和他的学术团队编著的《中国抗日战争史》,章开沅先生领衔编译的《天理难容——美国传教士眼中的南京大屠杀》(汉文、日文版)等等,我们将一如既往为民国研究的新资料、新成果,提供高质量的出版服务,希望得到民国研究的专家学者的支持,也希望得到发行界朋友们的支持,你们为传递文化薪火,沟通读者与作者、沟通读者与出版者,谢谢你们。

最后,我要特别感谢奉化市和溪口镇的有关领导,是你们的视野、智慧和心血,成就了中华民国史国际学术讨论会的召开,也为展示民国研究的新成果提供了一个平台。

谢谢大家!

附3:《中华民国史》溪口首发式暨专家学者座谈会议程

时间:2006年7月29日晚8点

地点:溪口宾馆三楼会议室

主持:崔之清教授

一、介绍来宾

二、张宪文教授发言

三、出版社代表发言

四、向有关个人和单位赠书

个人:蒋方智怡女士、宋曹俐璇女士、余传韬先生;

单位:台湾"中央研究院"近代史所,美国斯坦福大学胡佛研究所,日本中央大学,韩国首尔大学,德国柏林自由大学,英国谢菲尔德大学,澳大利亚拉筹伯大学,中国社会科学院近代史所;宁波天一阁博物馆,奉化(原中正)图书馆,溪口博物馆,武岭中学,南京大学中华民国史研究中心溪口研究所。

五、专家学者代表发言(北京师范大学历史系朱汉国教授,复旦大学历史系主任、亚洲研究中心主任吴景平教授,南开大学历史学院教授江沛,中国第二历史档案馆副馆长马振犊研究馆员,《文汇报》高级记者施宣圆等)

六、专题座谈。

附4:《中华民国史》溪口首发式暨专家座谈会受赠图书个人及单位

蒋方智怡　蒋经国先生儿媳妇

宋曹俐璇　宋子安先生儿媳妇

余传韬　　陈诚先生女婿

张　力　　台湾"中研院"近代史研究所副所长、研究员

潘邦正　美国斯坦福大学胡佛研究所访问学者

土田哲夫　日本中央大学教授

柳镛泰　韩国首尔大学教授

罗梅君　德国柏林自由大学教授

黄姆·赖特　英国谢菲尔德大学教授

费约翰　澳大利亚拉筹伯大学教授

汪朝光　中国社会科学院研究员

李峻荣　南京大学中华民国史研究中心溪口研究所副所长

周金康　溪口博物馆馆长

天一阁博物馆负责同志

奉化图书馆负责同志

武岭中学负责同志

台湾《中国时报》主编　毕忠宇

《中国时报》特派记者　林克伦

香港《文汇报》评论部主任、专栏作家　区汉忠

香港《大公报》评论办主任、社论主笔、专栏作家　王椰林

《人民日报》高级记者　彭国华

《社会科学报》特稿部主任　程炳生

浙江宁波本地的新闻界朋友

《中华民国专题史》共18卷，原计划22卷。这是由海峡两岸的两位山东籍同宗历史学家张宪文教授和张玉法院士领衔主编的，汇集海峡两岸68位历史学者联袂撰写。每一卷都有海峡两岸的学者参与，是真正意义上的两岸共修史书、共享资料的一次深度学术合作。这套书不同于中国社科院

2015年4月20日,海峡两岸四地合著《中华民国专题史》出版发布会合影

《中华民国专题史》书影

与台湾"中研院"学者合作的《新编中国近代史》(民国卷),虽都是集中两岸学者的智慧,共修民国史,前者是专题史,就若干问题进行深入探讨,例如《国共内战》,就是专门一卷,一些历史概念表达达成共识,为以后条件成熟时官修《中华民国史》奠定基础。后者实际是通史体例,不可能专门探讨专

题性问题。

这套书计划起步于2010年"第六次中华民国史国际学术讨论会",酝酿更早一些。出版社学术参与、智力支持与资金扶持,历经五年,于2015年年初顺利出版。2015年4月21日,南京大学主办,南京大学中华民国史研究中心和南京大学出版社协办的"两岸四地历史学学术研讨会"暨新书发布会在南京紫金山庄召开。这是海峡两岸首次联合编写大型民国历史著作,体现了习近平总书记关于两岸"共享史料,共修史书"的指示精神,受到海内外华文媒体的关注。这套书与《南京大屠杀全史》一样,获得教育部人文社会科学优秀学术成果一等奖,"两岸四地历史学学术研讨会"与《中华民国专题史》的新书品评、发布会,则是互为依托,相得益彰。

八、自媒体时代的宣传

自媒体时代的宣传,讲究的是流量,扩大的是影响。特别是2020年新冠疫情的爆发,彻底颠覆了人们的社交方式、生活方式,线上消费、线上经济演化到新阶段。创新在线宣传成为后疫情时代,出版人必须思考的问题。

线上宣传不等于与线下宣传切割。传统的线下宣传的一些经验、做法是可以为线上宣传所运用的。例如,微博是出版宣传的重要平台,属于线上宣传。如果善于借助线下的重要事件,在线上开展宣传,会收到意想不到的效果。笔者个人的微博,经常发布有关南京大屠杀史主题出版信息。主要是从2012年开始,持续开发这方面的选题,并推动《南京大屠杀史》海外多语种出版,一般阅读量在1万到2万。2017年1月22日,有报道说日本酒店放置否定南京大屠杀的图书,我尝试制造了一个话题:中国酒店可不可以不反其道而行之放置《南京大屠杀史》?并介绍了我们多语种出版的《南京大屠杀史》,结果获得 5.6 万次阅读量。同年 2 月 4 日,有报道说,加拿大将设置南京大屠杀纪念日,日方发起反对活动。笔者在微博上介绍《南京大屠杀史》英文版,表示可以帮助更多加拿大及其他西方国家人士了解这段历史,结果收获了 7.9 万的阅读量。这是典型的借助事件做宣传,只不过是把宣传搬到了线上,搬到了微博上。

线下活动,线上宣传,线上线下互动。大型图书、主题图书、历史名人或历史名人后裔的作品,可以通过线下发布会、演讲会、见面会等形式,与读者互动,引起媒体与公众的关注,寻找宣传的事件因子、现象因子,制造话题,引发网络关注,收获流量。单本图书的宣传,可以借助书市,如香港书展、上海书展、江苏书展等现实空间,与读者面对面,现场交流、分享、签售。这又倒逼出版社在选题的论证上、作者的选取上、内容的打磨上,都要下狠功夫。

2017 年是南京大屠杀惨案发生 80 周年。这是南京大屠杀死难者国家公祭日生效后的第一个逢十的"大年",国家一定有高规格的公祭活动。我与《南京大屠杀史》韩文翻译尹海燕教授联合策划了"《南京大屠杀史》韩文版南京首发式暨学术研讨会",由《南京大屠杀史》原作者群、译者、原出版者、韩文出版者以及南京大学和韩国高丽大学的历史学者参加,这一活动在 12 月 10 日在南京大学校园举行,这一活动的主题、时间点都是新闻眼,中国社科

笔者与何勇博士(中)及余秋雨教授(右)在 2019 年上海书展上

网等专业媒体、凤凰网等全国性门户网站都在头版给予报道。

2018年,我约请了联合国赴华项目负责人、联合国原中文组组长何勇博士撰写了一部他个人的自传《愿在他乡作使者》。2019年8月,在上海书展与读者见面。除了何勇博士本人,还特邀了著名文化史学者余秋雨先生为嘉宾。余先生与何勇博士私谊甚笃。何勇博士曾经两度邀请余先生在联合国演讲,这些也都见诸书中,余秋雨先生欣然为何勇博士新著题签。活动那天,恰逢台风袭击申城,风大雨急,原以为读者寥寥,不意场内人行过道也挤满了人。主讲人独特的人生经历和神秘传奇的文化色彩,邀请嘉宾的文化影响,成就了一场精彩的活动单元。活动不久,出版社转让了《愿在他乡作使者》一书的英文版权。

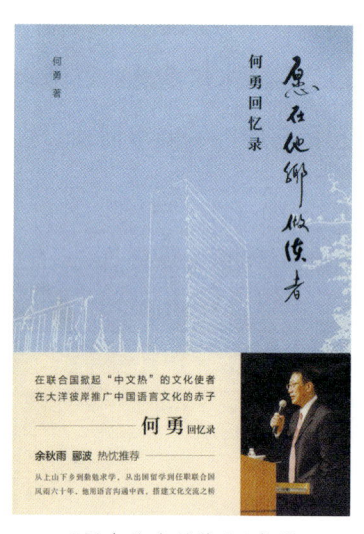

《愿在他乡做使者》书影

出版文宣早已进入自媒体时代。抖音、微信、微博成了出版文宣的新场域,直播带货、软文导购、直接推荐成了促销的新形式。我以为,不管技术如何发展,不管宣传的形式如何变化,单一僵化的宣传模式已经走入死胡同,自媒体时代的出版宣传越来越具有灵活性、越来越需要反应灵敏、快捷,越来越需要专业、有内涵、有聚焦。

从大的历史周期看,社会发展依然是一个渐进的过程,尽管呈现加速度趋势,历史上积淀的出版宣传的经验,依然可以借鉴。尽管历史不会简单重复,也不可机械挪用,但大学出版宣传一路风雨兼程探索的轨迹值得我们回望、反思与总结。

"中华优秀出版物"诞生记

《共和肇始：南京临时政府研究》（以下简称《共和肇始》）一书获得第五届中华优秀出版物奖提名奖，作为该书的策划编辑既喜出望外，又深受鼓舞。

记得那是2009年9月的一天，我约请南京大学中华民国史研究中心主任、南京大学资深荣誉教授张宪文先生在南京大学南苑餐厅共进午餐，与他约谈一部书稿，以纪念辛亥革命100周年。

张先生是我大学时代的老师。我在南京大学历史系读本科的时候，就上过他的课"民国史研究专题"和"中国现代史史料学"。我入职编辑后，张先生几乎是我联系最频繁的作者，因为我们不仅同在南京大学工作，我也与先生同住一个小区，我住5号楼，先生住4号楼，我也因此常常到张先生府上，听先生讲学人故事，聊学术动态，从中捉摸选题信息。我约请过先生多部书稿，如《中国抗日战争史》《中华民国史》（4卷本），这些书出版后取得很好的社会反响。

约请张先生吃饭本身就不容易，他能答应就说明他是肯定与我们合作的。那时，张先生主持的72卷《南京大屠杀史料集》即将整体出版，接下来，他要乘胜追击，在4000余万字史料的基础上领衔撰著一部代表中国学者研究水平的《南京大屠杀全史》，这样的作品，学历史出身的我，自然知道它的

与张宪文、张玉法教授在纪念辛亥百年国际学术研讨会上，左一为王川教授

分量与价值。但无论动机多么美好，贪婪总是不受待见的。要想着纪念辛亥革命100周年的书稿，又要争取《南京大屠杀全史》，兼得鱼和熊掌是不现实的。我不止一次在与先生的喝茶聊天中，听先生分析国家领导人在辛亥革命90周年和孙中山先生诞生140周年大会讲话对辛亥革命性质的精辟概括，他作为历史学家对辛亥革命有他自己的见解。南京是辛亥革命果实的落脚地，作为在南京这块土地上学习工作了近30年的历史学编辑，我没有理由错过时机，没有理由不做一本纪念辛亥革命百年的图书，尽管我心里还惦记着南京大屠杀史的选题，但时不我待，我按照重要且紧迫的选择原则，与张先生谈起了辛亥百年的选题。先生边吃边聊，称书稿最好在材料上、观点上都有新意，他建议说，有一批南京临时政府公报，刊布不久，学界较少利用，有关南京临时政府的研究有一点，但仍有较大空间，不妨就"因地制宜"，写一本研究南京临时政府的书。一顿饭还没吃完，选题就初步确定了。

张先生最大的优势，是在海内外有一批学有建树的弟子，他们可以按照各自的专长,组成张先生的研究写作团队。选题确定后,张先生提出基本观点、思路和提纲,撰写导论,全书统稿,另有四位张先生的博士(教授)分别撰写相关章节,其中薛恒教授的博士论文就是有关南京临时政府研究的,这就使得本书更具学术的前沿性。例如,南京临时政府成立前后,孙中山曾多次表示让位袁世凯,"一方面表现了他的宽广的政治胸怀,不计较个人得失;另一方面也是革命发展的需要",改变了过去认为孙中山领导的"资产阶级革命软弱性"的革命史观;而南京临时政府的成立则"标志着中国走向民主共和新时代"。

  这本书在选题申报的过程中,得到原国家新闻出版总署领导的重视。他们曾希望海峡两岸出版人能够联手出版,以纪念辛亥革命百年。我长期关注民国史的选题,南京在海峡两岸交往中又有着特殊的位置,我们立即找到台湾某出版社总编辑,商讨联合出版的可能性。我们的着眼点是两岸合作出版纪念辛亥百年的形式,对方的着眼点可能是经营,结果未能如愿合作;后来我们与香港中和出版集团联署出版,对方认同我们的审稿、编辑,这对我们很大支持。事实上,我们对书稿的审核,除了经过学术委员会的审查,还在技术上,借助学校研究生院用于审查博士论文的查重软件,对书稿进行审查,避免撰稿者的抄袭或者直接把自己已经发表的文字挪移过来。这一措施对确保书稿质量,有辅助意义。

  在确定《共和肇始》的封面时,从构图到着色等,编辑与美术设计人员也是用了一点心思。编辑特地到当年临时政府成立所在地,去寻找历史的气息,并找到了南京临时政府的一张珍贵照片和印章图,分别放在了封面和封底。书的底色是青、红、白、黑四色,青色为底色,主书名为红色,书脊文字为白色,形式与内容非常贴切。

在《共和肇始》一书的编辑过程中,我们按照学术出版的要求加工制作,规范注释和参考文献格式,抽查核对史料,编制索引,完整体现学术著作的要素、规范,得到学者们的认可。

《共和肇始》一书在获得第五届中华优秀出版物奖提名奖之前,个人还是承担了较大压力的。首先,学术出版本身已经很难,主动约稿的学术书,作者不仅不可能提供出版资助,还要支付稿酬,既要说服选题论证委员会,且要承担可能的市场风险。我当时已经为辛亥革命100周年准备了一本大众读物《我的祖父孙中山》,这本书完全可以担当辛亥百年主题出版,也会有不太坏的市场回报(事实上,该书先后销售了4万余册),完全可以不自找苦吃,做一本费心费神费财费力的学术书。我当时几乎偏执于对价值与工作伦理的判断:辛亥革命把中国推向了现代国家的征途,在亚洲建立了第一个民主共和国,废除了几千年的权力世袭制度,颁布了中国历史上第一部

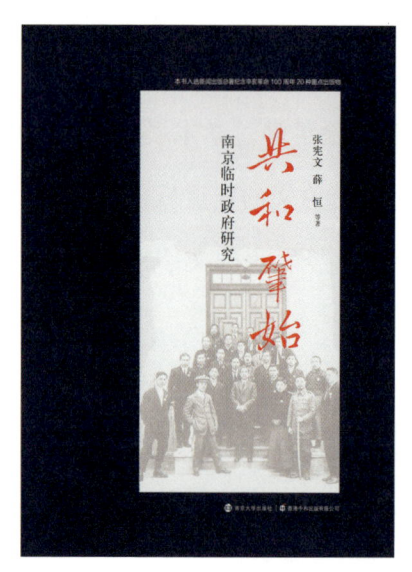

《共和肇始》封面　　　《共和肇始》获中华优秀出版物奖图书提名奖

具有民主共和性质的国家大法,而南京又见证了临时政府的成立和临时约法的颁布,作为这座历史文化名城的市民、历史学编辑,倘若不顺天时,因地利,借人和,推出一部有分量、有特色的学术著作,以纪念辛亥革命100周年,会非常遗憾。

(原刊于2014年《中国大学出版年鉴》,收录时略有改动)

"江苏好书"约稿记

约稿《苏州人》一书是一次冒险的跨界。

在《苏州人》这部书上架之前,我的两位同事已有叶兆言先生的《南京人》、肖复兴先生的《北京人》,他们都是策划中外文学图书的好手。我觉得苏州这个城市值得有一本文化随笔,也很想一试身手。2014年起江苏书展永久落户苏州,如果在这年推出一部《苏州人》,也算是我们奉呈苏州读者的见面礼。但我的的确确是文学的门外汉,缺少策划文学类图书的经验,也缺少这方面的作家(者)资源。

可我还是执意想做《苏州人》这本书,可能源于我和苏州这座城市说不清的关系。

我算半个苏州人。我的高祖为避太平天国兵火,从苏州阊门一带迁徙到现在的江阳小邑。我的父亲在20世纪50年代在苏州一家手工作坊谋生,后来公私合营、社会主义改造,成为地方国营工厂的一名工人。我对苏州城市的最早体认,就是苏州十全街的江南食肆,观前街的新华书店,狮子林的假山和齐门下塘的码头。我入大学前能拥有的课外书,像清人编纂的《古文观止》、邓拓的《燕山夜话》、钱歌川的《英文疑难详解》等都是父亲从苏州买了寄回乡下。

我也曾与苏州两次擦肩而过。一次是读书,一次是工作。高考填报志愿时,中学老师建议我报考他口中的江苏师范学院,也就是今天的苏州大学,理由很简单,我父亲在苏州工作。父亲的工厂与江苏师范学院所在的十梓街仅隔一个街区。其实,不仅我父亲在苏州,我的舅舅、伯父均在苏州工作。我最终报考了第一志愿南京大学历史系。当年我所报的高考志愿也没有一个是江苏师范学院。

研究生毕业时候,苏州铁道师范学院一位教研室女老师(很遗憾,忘了这位老师的名字)特地到南京大学南园20栋研究生宿舍,介绍学校的情况,希望我可以去教书。记得那位老师曾提到两项条件,一是讲师可以分到一套两室一厅的房子,一是"铁师人"寒暑假可以免费乘火车。这两项福利无论在当时还是在今天都有诱惑力。那位女老师为了我的事,在炎炎夏日来到南京,很令我感动。最后我服从学校决定,留在了南大。第一次错过了去苏州做师范学院的学生,第二次又错过了去苏州做师范学院的老师。苏州成了我学术生活的"远方"。

苏州是历史文化名城,无论是明清以来鼎盛的人文,还是改革开放以来的现代化步伐,这座城市有太多值得了解的都市文化内涵,书卷气息,精致的品位和悠久的历史是这座城市的底色。如果推出一部《苏州人》,由谁来写呢?最好是著名作家,熟悉苏州和苏州人的生活,热爱苏州这座城市,曾经写过苏州题材的作品。几个条件框下来,江苏省作协范小青主席无疑是最合适的人选。她在苏州插过队,在苏州念过大学,写过苏州题材的小说《裤裆巷风流记》,还被拍成电视剧。但读历史出身的我,与读文学出身的大作家几乎没有交集。此前,我没有做过任何文学类的选题,甚至对于近在眼前的作家,也缺乏敏感。记得在美国做访问学者,学校放秋假,我在美东纽约—华盛顿—波士顿的三天两晚的华人旅行车上,遇见某著名女作家,她们一行三人,其中一位是东部某省城的退休副市长,晚上在华盛顿郊外的香格里拉酒店,我和这位副市长同住一间房,第二天这位副市长还向这位女作家介绍说我是大学出版社编辑,我居然没有一点约稿的意识。那时出版社分工还非常严格,大学出版社不允许出版文学作品,当然,我也不是文学圈内的人,也不一定约到稿,一路上我与这位作家几乎没有互动,直到在波士顿一家叫 No Name 的龙虾店,我才有机会用那不甚地道的英文帮助他们与店内的侍者做沟通,才总算是有了交流。可见我对作家、对文学选题有多不敏感。《苏州人》这类选题在我是第一次尝试,要想赶在 2014 年 7 月江苏书展上与读者见面,不知道胜算几何。

社会学家说,任何一个你要想找的人,最多通过 6 个人就可以找到。我在自己"朋友圈"展开搜索,看通过谁可以牵线搭桥。有时看似需要踏破铁鞋的事,得来却一点也不费功夫。我研究生同学韩正彬兄就在省作协办公室任主任,正是范主席的部下。通过正彬兄,我联系上了范主席。

2013 年 7 月 31 日,我给范小青主席写了一封约稿信:"篇幅在 25 万字～30 万字之间。凡是可以反映苏州城市性格与苏州人情绪的,都可展现出来;已经发表的篇什,当然可以收进来;特别希望能有挠到现代苏州人性格痒痒处的篇什,让苏州人'围观'《苏州人》,观照自我,找到自己的影子;也希望有一些对比,比如与杭州人、与上海人或与南京人,让读者在比较中了解苏州人。"我还真不把自己当外人,第一次写信就这么开门见山,直奔主题,并提出在下面三个时间节点推出:2014 年 4 月下旬的江苏书展(后来改为 7 月),或者 7 月上旬的香港书展,或者 8 月中旬的上海书展,交稿到出版社需留 3 个月的时间。第一封信,就大致定下交稿时间,也有点太操之过急。8 月 11 日,范主席在百忙之中回复我:现在的工作和其他任务都比较重,很难有安定的时间来专心地写作这本特别想写也特别在意的书,即使硬着头皮接下来,很可能会马虎应付,而自己又特别不想让这么好的题材在手里轻易地处理掉。我想,作协主席的责任大概类似于大学校长。白天开会、处理行政事务,晚上或双休日回到书斋写作,等同于大学里常说的"双肩挑",一定非常忙碌。范主席这一次委婉地拒绝了我的邀约,还建议我约请另一位著名作家来写《苏州人》。我多多少少有点挫折感,反思是不是有点唐突,是不是在用己之短,避己所长。倘若在自己熟悉的史学圈中策划选题,无论是专著还是通俗读物,抑或翻译作品,史界前辈、同门师友都可以引为奥援,可谓轻车熟路,而文学于我毕竟是跨界。三天之后,我再次驰函范主席:我坚信您是《苏州人》这本书最合适的作者。出版社不愿错过一位好作家和作家不愿错过一个好题材,心情是一样的,恳请范主席重新考虑一下。您可以把过去写过的文章,汇集起来,适当增加一些篇什,字数不一定非要 25 万~30 万字,过两年再推出修订版;或者忙过一阵子,您再着手写出您最想写出的《苏州人》,我们愿意等待。请给我们一个机会!

编辑约稿、催稿都是考验耐心的活儿。8 月 14 日发出的邮件,9 月 14 日、10 月 14 日、11 月 14 日,都没有收到回复。到了 11 月底,时已深秋,终于收到了范小青主席的邮件,她答应写一部《苏州人》:"最近抽时间考虑和整理了一下关于散文集《苏州人》的内容,觉得可以接受这个任务,大约一个半月到两个月内可以交稿(争取春节前)。"在我真有点峰回路转,柳暗花明的况味。我当天就给范主席回函:"在这个初冬微寒的时刻,您的邮件,让我感到一阵暖意。谢谢您对我的信任与支持。"

范小青主席所以最后答应给我们写《苏州人》这部书,我想应该是她热爱写作,热爱苏州使然,是苏州的女儿对城市母亲的感恩,她说《苏州人》是她特别想写也特别在意的一本书。而我的那句"出版社不愿错过一位好作家和作家不愿错过一个好题材,心情是一样的,恳请范主席重新考虑一下",也许引起了她的共鸣。这句话也是我当时心底最真实的想法。

2014年春节前夕,范主席如约交了书稿。这样赶在江苏书展向读者呈现《苏州人》这部新书应该没有问题了。

2014年4月1日,我就封面设计向范主席征求意见:"封面设计了两个不同的色调,一个偏粉,一个偏灰白。编辑说,您倾向于前者。我们也在微信、微博等新媒体做过调研,一万多参与调查的读者,大多数喜欢后者。审美本来就是见仁见智,但考虑到调查前的承诺,我们以大多数读者的选择为选择,加之4月23日全民阅读节在即,和您商量,先印刷灰白封面的平装本满足读者。不知您意见如何?"范主席第二天即回复说"灰白也挺好"。

《苏州人》护封　　　　　《一个人的车站》书影

2014年7月6日,在苏州金鸡湖畔展览中心,范小青主席如约来到我们的展台,与苏州读者见面,我也是在这个时候才与范主席第一次见面。其实,此前我应该是有机会见到主席的。她是江苏省第九届政协常委,第十二届全国政协委员,我是第九、十、十一届江苏省政协委员,第十一届省政协提案委员会副主任,是有机会在省政协开会遇见的。但直到江苏书展在苏州金鸡湖畔,我才见到范主席。由于2014年江苏书展第一次在苏州举行,《苏州人》这本书,很受苏州读者青睐,读者争相购买、索取签名,与作者合影留念。整个书展期间,《苏州人》销售始终位列第一。当年这部书也被评为"江苏好书"。至此,我这个与苏州有点历史渊源的历史学编辑策划的《苏州人》选题算是得到了认可——作者的认可,读者的认可,江苏好书评委会的认可。

当年下半年,南京大学校园读书节前夕,我受读书节组委会一位领导委托,代为邀请范主席来南京大学为读书节活动做一场报告,作为读书节的重要活动。范主席因为要陪同前来南京的中国作协领导,日程与读书节活动日程因在同一天,未能成行。

两年后的金秋十月,苏州科技大学邀请范小青主席在苏科大校园做了一场"文学与当今社会"的报告暨《苏州人》签名售书活动。晚餐时,邀请方领导讲,苏州科技大学的前身就是苏州铁道师范学院,也就是我研究生毕业那年擦肩而过的工作单位。没有想到是因为《苏州人》这部书,我来到了这所学校。

三年后的秋天,我列席江苏省政协常委会,范主席则以驻苏全国政协委员的身份参加省政协常委会。会议休息空当,我在省政协机关大楼的过道上与范主席相遇。我提出希望再为范主席出一部散文集,作为2018年江苏书展的新书,范主席愉快地接受了。2018年夏,散文集《一个人的车站》顺利出版。2019年,该书也入选了江苏好书。

策划《苏州人》一书,是我的一次跨界操练,就社会反响和市场表现而言,应该称得上合格。但我始终认为,做出版,就像办大学,大学应有自己的特色专业,出版应该有自己的专业特色,其共同点是,特色离不开专业。我所擅长的专业特色,就是历史类学术书籍,《中华民国史》《中华民国专题史》《南京大屠杀全史》等系列民国图书、抗战图书是我擅长的范畴,这些选题的策划是以专业为支撑的,而跨界策划,总有人在异乡的陌生感。虽然我策划《苏州人》一书,也算及格,回想起来,还是不那么底气十足。

(《苏州人》,南京大学出版社 2014 年 4 月版;《一个人的车站》,南京大学出版社 2018 年 5 月版)

———— 出版手记

历史学家萧启庆教授印象*

四川师范大学历史文化学院主办"龙泉驿历史文化名人暨纪念王叔岷先生百年华诞学术研讨会",承蒙院长王川教授邀请,有幸参加这样的学术盛会。我对王叔岷先生及其学问没有研究,但我在南京大学元史研究室师从陈得芝教授读硕士研究生时,见到过王叔岷先生的女婿,我的同乡先贤,著名蒙元史专家萧启庆教授,由此知道王叔岷先生及其女儿王国璎先生。借王叔岷先生学术研讨会的机缘,介绍一下我所认识的萧启庆先生。

(一)

萧启庆先生生于1937年,江苏泰兴人,与近代著名地质学家丁文江同乡,蒙元史研究专家,台湾"中研院"院士,2012年11月11日辞世。

萧启庆先生9岁离开大陆去台湾,曾在家乡襟江小学念过书,1955年考入台湾大学历史学系,同班同学有李敖。李敖曾不止一次赞叹他这位历史学家同学。1959年台大历史系毕业后,萧启庆先生又在台大历史研究所攻读硕士学位,追随历史学家姚从吾、札奇斯钦教授,由此奠定了他一生史

---

* 这是2014年10月17日在成都"龙泉驿历史文化名人暨纪念王叔岷先生百年华诞学术研讨会"上的讲演。

学研究的根基。1965年,他在美国哈佛大学获得远东研究硕士,同年,与同系才女王国璎结为百年,婚礼由王叔岷先生的好友哈佛教授洪煨莲先生主持。1969年,萧启庆教授在哈佛大学远东语言与文明系获得博士学位,师从杨联陞教授和美国蒙元史专家柯立夫(Francis Cleaves)教授,杨联陞也是刚刚获得唐奖的余英时的老师,萧先生与余先生有同门之谊。杨联陞、余英时、萧启庆先生师徒三人都是台湾"中研院"院士,也是史坛佳话。萧先生的博士论文以元代军事制度为主攻方向。博士毕业后,萧先生在美国明尼苏达州立大学任助理教授,1974年转任新加坡国立大学历史系高级讲师,由于新加坡国立大学是采行英联邦大学制,萧启庆先生1986年始任历史系教授。1994年,萧启庆教授离开新加坡,回到他熟悉的台湾岛,执教于新竹清华大学历史研究所。他在美国教书的5年中,曾回台湾大学历史系任客座副教授一年,讲授"内陆亚洲史",介绍西方对近代中国历史研究的评价,既报答母校的栽培之恩,又得教学相长之乐。萧启庆先生1974年离开美国赴新加坡,与他的岳丈王叔岷先生有关系。其时,王叔岷先生,在南洋大学执教。萧先生赴新加坡执教,王国璎先生在新加坡大学汉学系执教,可以同时侍奉双亲,安居乐业,家庭团聚,乐在其中,萧启庆教授在新加坡度过了二十春秋,奉献了一位史学家最美好的人生年华。

在新加坡这样的"寡民小国"(这是萧先生的戏称)研究蒙元史,天时、地利、人和均不沾边。新加坡国立大学是教学型大学,上课是大学老师的第一要务。新加坡大学历史系和中文系约定,历史系仅可以讲授中国近代史的课。萧先生十多年的学术兴趣与学术积累,却不能与他的学生们分享。他面临两种选择:或者放弃研究蒙元史,转治中国近代史,研究与教学合一,这样会轻车熟路;或者教学与研究平行,一边教中国近代史,一边研究蒙元史,左右开弓,相比前者,要付出更多辛劳。萧先生选择了后者,除了他的执着,还有一份责任,当时研究蒙元史条件最好的中国大陆,学术研究处于不正常状态,他认为他不能再放弃,尽管在远离蒙元历史现场的星洲,遥想当年漠北的金戈铁马是一件不可思议的事。

但学术研究不能没有传承。在新加坡国立大学他不能带研究生,研究资料也相对匮乏。他曾戏称自己研究蒙元史是"独行侠",与澳大利亚国立大学蒙元史专家罗依果(Igor de Rachewiltz)是南半球仅有的两个蒙元史学者。1994年,萧先生回到台湾清华大学历史研究所,既带硕士,又带博士,视弟子如己出,悉心育人,培养了一批辽金元史研究新锐,台湾清华历史所也因此成为海内外辽金元史研究的重镇。萧启庆先生甘坐冷板凳,始终耕耘在自己的学术家园,为世界蒙元史研究做出诸多开拓性的贡献,2000年当选为"中研院"院士。

(二)

萧启庆先生在回顾自己的学术道路之时,曾称自己的史学根基是在台大确立的。在台大史学系,他的老师姚从吾先生对他影响最为深远。姚从吾先生早年毕业于北京大学,是胡适之先生的弟子,又曾师事著有《新元史》的柯绍忞,留学德国多年,受欧洲兰克学派史学浸染,回国后,又糅合乾嘉学派的方法,研究辽金元史,并移植至台湾,是中国辽金元史研究的奠基者之一。姚从吾先生很看好萧启庆先生传承自己的学问,对他的学士论文《忽必烈潜邸旧侣考》赏识有加。

萧先生在台湾的另一位学术导师就是札奇斯钦教授。札奇斯钦早年也毕业于北京大学,后留学于日本早稻田大学,精通蒙文、日文和英文。他在台大讲授蒙文,听课者一开始只有七八人,后来越来越少,最后就剩下萧启庆先生一人在坚持,如此一对一的教学,让萧先生学到很多蒙古语言文字和历史的知识,为今后的持续的蒙元史研究,做了重要的语言文字工具储备。

萧启庆先生在哈佛读书期间有幸遇到两位大师,一位是柯立夫教授,一位是杨联陞教授。柯立夫教授师承20世纪上半叶最有影响的东方学家法国人伯希和(Paul Pelliot),他精通汉、蒙、满、波斯多种语言,主要以历史语言学的方法,尽可能多地占有史料,以考证见长;杨联陞教授顺应世界汉学研究风气的变化,不再仅仅泥于实证研究,而是借鉴当代社会科学、行为科学的成果,设定研究论题,组织论证材料,并立足于严谨的训诂与考证之上。萧先生后来总结为大处着眼、细处下手的治学方法。萧先生兼收二位先生所长,完成有关元朝军事制度的博士论文,探讨了元代军事制度的由来、演变及其与元代覆亡之间的关系。论文本身就是萧先生继承师门治学方法的写照,既有上穷碧落下黄泉,广泛搜求各种材料的功夫,又能大处着眼,选择了一个解读蒙元历史绕不开的基础性课题做研究。

萧先生一生治学严谨,有一份材料,说一份话,每立一论,必有详赡的材料和扎实的考证,但又不止于考证,不失于支离破碎,尽量回到宏观的历史学及社会科学概念,微观考据与宏观解释相兼顾。这是萧先生在治学方法上继承前辈并努力超越的地方。

(三)

我第一次见到萧启庆先生是在1988年春,萧先生来南京大学元史研究室访问,当时我在研究室读研究生。萧先生此行是台湾开放大陆探亲后的第一次大陆之行,主要任务有四:一是会友,他要见见大陆的研究同行,我的硕士研究生导师陈得芝教授就是他在南京大学要见的第一人;二是讲学,先生要把自己的研究带给大陆的同道,以增进海外与大陆的蒙元史研究交流;三是查询资料,无论是南京大学还是南京图书馆古籍部都有先生需要查阅的资料;四是寻根,先生少小离家,一别就是四十年,如今开放大陆探亲,先生第一时间,作故乡行,解思乡愁。1988年4月,记得正是张艺谋的电影《红高粱》火爆上演的时节,我陪先生坐长途客车,自南京中央门到苏中泰兴如泰运河边的长途客运站,回到他阔别四十年的故乡访旧寻根,一路上,先生努力用不太丰沛的家乡话,讲述记忆中的家乡生活场景。回到泰兴县城,他找到一家远房亲戚,又凭儿时的记忆,寻找到自家老宅的大致方位,人是物非,相顾无言。看了看他读过的襟江小学,也是当时泰兴最负盛名的小学,来到儒学前旧址,不远处是江苏省泰兴中学的校园,襟江小学和儒学前算是当时的家乡文枢所在。在儒学前旧址的一处凉亭,夕阳西下,先生给我拍了当时还不太普及的彩照,随口说了一句"日暮乡关"。愚钝如我多年以后才慢慢体会到,这不只是乡关即景,而且是先生身临故土思绪的表达。先生虽然回到了故乡,却再也见不到当年的家园。从台北到波士顿,从明尼阿波利斯到新加坡狮城,哪里才是真正属于自己的家?!

作为以蒙元史为研习方向的研究生,未见萧先生我就拜读过他的著作《元代史新探》。萧先生来南大后,我得以聆听先生"讲经说法"。先生的"台湾史界四十年"的讲座,第一次系统介绍了台湾史学1949年以后的路径:1949—1965年为史料学派主宰期,1965年后为解释学派兴起期,第一次比较了1949年以来40年来的两岸史学研究:大陆史学重史观,台湾史学重史料;大陆史学重小传统、重群众文化的传统,台湾史学重大传统、重文人学士和帝王将相的传统;大陆史学重多元民族史观,台湾史学重汉族中心主义史观。讲座给人从未有的新鲜。争得先生同意后,我把先生的讲座整理发表在上海社科院《学术界动态》1988年第7期,与学界分享,后被人大复印资料全文转载。

蒙元史是一般人眼中冷僻的学问,涉及的民族历史语文多,进入门槛高,问津者少。我为在南大遇见源自故乡的著名学者而感到亲切与高兴,对萧先生的学问敬仰不已。萧先生也对我这位后学不弃,回新加坡后,经常寄赠他的论文抽印本和未刊打印稿。当年,我就翻译了萧先生《剑桥中国史·元代中期政治》的部分内容发表于中国元史研究会《元史研究通讯》(总第14期)。1989年,萧先生惠寄他即将在美国《宋元研究集刊》发表的学术书评打印稿,我将其翻译后发表在《蒙古学资料与情报》(1990年第2期,见附件)。我的硕士论文"潜邸侍臣与仁宗文治"选题,也受到萧先生学术研究的启发。

1996年,我编辑纪念著名蒙元史专家韩儒林先生90周年的论文集《内陆亚洲历史文化研究》,内收萧先生的大作《元色目人金哈剌及其〈南游寓兴诗集〉》。《南游寓兴诗集》在中国失传已久,萧先生根据在日本内阁文库发现的抄本考证了金哈剌之族属、家世、科第、仕历、诗集流传及其文学价值。

2007年秋,我得"中研院"近代史所所长陈永发院士错爱,受邀赴"中研院"近代史研究所访学。在南港期间,我专门去荣民总医院看望了刚动完手术的萧先生,向他赠送了我出版不久的博士论文,祝愿他早日康复,期待他再回故乡看看。

病愈后,萧启庆先生仍耕耘不辍。2011年夏,我收到萧启庆先生的一封电邮,是为在南京图书馆古籍部查询资料一事,未曾想这也是我和他的最后一次互通音信,兹引邮件如下:

金荣乡弟

　　07年病榻前一别，忽忽又已四年。上次承你前来探病，十分感谢，又蒙惠赐尊著，知你转型成功，十分为你高兴。

　　此次得芝先生前来讲学，十分成功，当然更高兴的是多次与他伉俪晤谈。

　　我要在南图要找的书原有二种，一为沙溪偰氏宗谱，一为普氏家乘，后者为至正五年状元普颜不花家谱，括云与高昌偰氏同出一源，按普颜不花为蒙古人，当为误托，两书皆应为抄本，我系自网络文章得知南图有此二书。既然仅能抄录，请以沙溪偰氏宗谱为优先，请吾兄酌情办理。

　　祝

近佳

　　启庆谨托

我与南京图书馆的友人联系后，赶紧回复海峡对岸的萧先生：

萧启庆先生，您好！

　　很高兴收到您的电邮。您说的两种书，《沙溪偰氏宗谱》已经查到，南图古籍部主任徐忆农女士已经安排工作人员完成了电脑扫描工作，下周，陈师会请元史室研究生前往抄录。

　　第二本《普氏家乘》，所查得信息如下：

　　普宝琳《溧阳沙涨里普氏家乘》，12卷，卷首1卷末1卷，光绪22年，GJ/2005104

　　普积仁（同上书），GJ/9021413

普积仁(同上书),GJ/6002426

不知道先生所要的是否就是以上三种或其中之一,烦请先生确认后赐告,以便与南图联系。

匆匆,敬祝

安康!

同乡晚学　金荣　敬呈

蒙元史是一门坐冷板凳的学问,多少人中途退出,我自己就是一名"不名誉的逃兵"(胡适之语)。萧先生始终耐得住寂寞,终其一生,坚守在自己学术园地,出病房不久,又忘我地耕耘在蒙元史研究天地,直至生命的最后岁月。

我的家乡先后走出六位院士,萧启庆先生是其中唯一的人文科学院士。我一直期盼有机会在家乡介绍这位声名远播的史界大家。未曾想,在成都龙泉驿,在萧先生岳丈王叔岷先生的故乡先行了。其实,像萧启庆先生这样的世界知名史家,不仅仅属于他的家乡,也属于他的祖国,属于他所热爱的学术事业,属于人类文明薪火相传的历史,这样想来,在哪里介绍他已经不重要了。

谢谢主席,谢谢王川教授!

附:笔者译萧启庆教授《爱尔森新著〈蒙古帝国〉一书简评》

新加坡大学萧启庆教授撰文评介爱尔森的著作《蒙古帝国:蒙哥汗在汉地、斡罗斯和伊斯兰国家的政策》,文章将发表在美国的《宋元研究集刊》上。此据萧教授惠寄的打印稿编译如下,以飨读者。——译者

爱尔森的著作对早期蒙古帝国的统治做了全面的研究,探求了蒙古人

创建蒙古帝国的历史。作者没有因为研究涉及多种语言文化，只局限于对某个汗国的研究，而是用"全面的方法"研究了整个帝国，即用"站在帝国君主高度"的史学眼光"看待整个帝国"。

本书最重要的成就之一在于将蒙哥在各农业社会实行的制度和政策体系化。作者企图确立一个相对统一的蒙古统治各汗国的模式，但各地制度悬殊不一，资料也不齐全，不能有力地支持作者的观点。笔者将就蒙哥征调资源最重要的两个方面——征税和招募军队，与作者进行一些商榷。

波斯蒙古史学家大卫·摩尔根认为，不要把蒙古人的税制过于系统化，他甚至怀疑是否应该把蒙古人的征税称为"制度"。爱尔森将蒙古赋税简化成几种类型，这与蒙古在各地征税情况不相符合。作者用常贡（qalan）一词统称蒙古人以前的传统的赋税。qalan一词源于波斯语，对其意义的解释，波斯学者的意见也不一致。A.K.兰布顿指出，qalan一词在伊利汗国时期可能指"不时需索"或"某种差役"；摩尔很认为，qalan是不时征税的总体概念，具有典型的蒙古特征，主要推行于定居人民中间，包括某些徭役。故此，用qalan/alban概括蒙古原先的农业税和商税是否妥当还不能肯定。同样也不能肯定地认为，华北地区征收的丝料和包银与牙老瓦赤在中亚可能推行过的、后来蒙哥又可能采纳作为国税的科差（qubchiri）是等同的，包银也不一定完全是牙老瓦赤发明的。当科差作为人头税的货币交纳之时，丝料和包银作为户税，分别以丝和银交纳。汉文史料的确表明，把包银作为地方税是牙老瓦赤奏请的结果，但在此之前20年，包银税制已经存在。史载窝阔台朝早期的一位地方官员，首征包银税，以应公家急需。随后华北地方其他各地起而效法。脱列哥那在华北的征税它又奏请汗廷在全国范围内征收包银，由于汉人军阀的抵制，这一建议没有被采纳。因此，蒙哥没有把牙老瓦赤在中亚的措施推行于华北，只是在全国实行确定已久的地方税法。日本学者海老泽哲雄仔细研究了包银制度,他承认包银与牙老瓦赤的科差(qubcihri)之间有一致性,两种制度平行发展,包银制源于中国宋代的免役钱和助役钱及金代的物力钱。

作者认为,蒙哥朝形成了一个"部分货币税的过渡时期"。这一观点不能令人信服。作者的观点立足于这样的基础之上:蒙哥汗发行大量的货币,新引进的科差(qubcihri)以货币或实物折纳。对于后者,笔者没有异议,前者则有可商榷之处。作者根据《元史》中的两段材料,认为蒙哥汗廷恢复了在"全国"的货币发行。《世祖本纪》载,1253年立京兆宣抚司,又立交钞提举司,印钞以佐经用。立宣抚司是忽必烈治理新受封地京兆所需,而不是蒙哥为着整个华北所立。在京兆印钞一事还可在《元史》中找到佐证,《元史》卷123载,蒙哥任命也可札鲁花赤不只儿印行"宝钞",但没有说明宝钞发行的数量或范围。实际是在不只儿统治下的京兆、河南等地方官发行的货币非常有限。然而作者根本没有考虑到,有些材料与1253年以前的历史根本无关,另有一些材料所系时间已不可考。上述提到京兆等处发行货币,完全是在蒙哥朝时期,并得到忽必烈的协助。1253年不能作为一个分界线,因为这一年所立京兆宣抚司只是一个地方机构。忽必烈即位后,在全国发行货币,部分赋税以货币交纳。从这一点也可推断,蒙哥一朝华北没有发行所谓"全国性"的货币。至于西方汗国,作者搜集的极富价值的货币学史料确切地表明,这一时期,中亚、伊朗和金帐汗国铸成了大量钱币。尽管这些钱币上铸有蒙哥的名字,然而,无论钱币本身或其他任何文献资料都不能说明发行这些货币是蒙哥的创制。

志费尼说过,蒙古人括户时整十整百整千地编民。作者据此孤证,企图重构蒙古人在各汗国征调兵员的统一模式。他试图说明汉地、斡罗斯与中亚、伊朗编民单位军事和行政管理的双重性。但是没有史料证明上述地区有过作者描述的那种制度。斡罗斯史料提及过，作者在书中引用过，但是米切尔·拉伯雷夫怀疑其写实性质。虽然作者承认"斡罗斯编年史从来没有直接说军队自这些万户召集而来"，但他辩称，"依我之见，万户为蒙古提供军队是无疑的，这是汉地、伊朗和太和岭万户的主要功能"，并矛盾地说，"在我看来，即使不是在蒙哥以前，万户制也可能形成于蒙哥朝。征服中亚后，汉地、斡罗斯、伊朗归降蒙古人，万户制在汉地、斡罗斯和伊朗施行时，被引入中亚，这似乎很奇怪"。至若伊朗，作者又是把万户当作军事编制提到的。

尽管作者对蒙哥及其统治的评价客观、公正、谨慎，有时仍失之偏颇。作者引用了大量《元史·宪宗本纪》的材料，却没有提到过蒙哥是一个极其迷信、沉溺于巫术的君主。蒙哥识别人才的能力也值得怀疑，因为忽必烈就批评过他的政府用人不当。作者还把前任可汗与蒙哥臣僚的改革归给蒙哥一人。例如，中央向诸王封地收税，不是蒙哥创始，而是承自窝阔台汗，中原之地归复秩序与繁荣应归功于忽必烈而非蒙哥。诸王及宫廷官员矫命颁发的符牌，被作者描述成是蒙哥宣示权威的一项措施，即便真是蒙哥重建威信的标志，也不属创建。大卫·爱伦指出过，这是窝阔台和贵由为防止蒙古政体离心力量的再现所采取的措施。

作者认为，"蒙哥本质上不是改革者"，他"宁愿拘于传统，以传统的方式，通过传统的制度，实施他的统治"。这是对蒙哥政治风格的尖锐而公正的评价。仔细阅读作者在书中呈示的蒙哥的政绩，笔者惊奇地发现，蒙哥一朝几无制度上的改革。统治结构、括户、征税以及征发人力的制度，或多或少保持了窝阔台时期的原貌。中原地区所行的包银制度和西方汗国所行的科差制度是唯一突出的例外。蒙哥的成就主要在于巩固了拖雷系的权力，加强了对诸王及官僚的约束。依笔者之见，蒙哥只是健全制度的改革者，而窝阔台和忽必烈则分别是创建制度和重定制度的改革者。

笔者对作者所做的挑剔,反映了作者所从事的研究课题与研究方法的复杂与困难,决不能认为是作者力不能及。事实上,在当今蒙古学研究者中,很少有人愿意也很少有人有能力写成这样的专著。这本杰作连同已发表的数篇出色的论文无疑将确立作者在研究蒙哥朝历史这一领域的领先地位。

(原载《蒙古学资料与情报》1990 年第 2 期)

爱荷华河边：访著名作家聂华苓

在爱荷华拜访著名旅美作家聂华苓,完全是一次偶然的机会。

那时我在爱荷华州的格林奈尔学院历史系做访问学者,得知南京大学校友、著名女作家兼翻译家聂华苓老师,就居住在离格林奈尔一个多小时车程的爱荷华城,非常希望有机会,能够拜访聂老师。我相信,拜访聂老师这样著名的作家,一定胜过我在课堂听课,图书馆翻故纸、做卡片,或者看胶片。

我跟我的指导教授谢正光先生一谈,他欣然答应,帮我联系。我当时真的不抱希望。聂老师是国际知名的作家、翻译家,她会见一个根本不搭界的后学?我自己也觉得有点给我的美国老师为难。

几天后,谢正光教授的夫人杨明博士,打来电话:"我们一个月以后去看聂老师吧!"杨明博士毕业于爱荷华大学艺术系,聂老师曾在爱荷华大学教过书。

2000年11月18日,星期六。下午,我们驱车前往爱荷华城,拜访这位在爱荷华的中国人都尊称"聂老师"的著名作家。

聂老师的家在一座小山上,山上长满了橡树,山下不远处就是蜿蜒美丽的爱荷华河。就像许多中国的古城,常常因水而得名一样,爱荷华城也是因水而得名。这座充满诗意的城市,曾经是爱荷华州的首府。在这样的环境中,坐山拥水,也许,正是这山这水,激发了她无限的创作灵感,让她写出了一部又一部令人手不释卷的作品。

我们的车慢慢爬上了山顶,来到一栋二层楼的洋房前。前来开门迎接我们的正是聂老师。

走进聂老师二楼宽敞的会客厅,我被眼前的情景怔住了:完全是中国化的人文气息,中国化的人文环境——墙壁上挂满了硕大的京剧脸谱,红的,黑的,白的,色彩斑斓,栩栩如生,似乎在告诉我们,身在异国他乡的主人对民族文化是如何的执着!这让我们想起了她的一篇短文《九龙壁》,那其中的几句话,也许是最好的注解:

> 九条彩龙在蓝天绿水之间飞舞,玩弄着金黄龙珠和火舌。四周镶着金黄框子。龙,天,水,龙珠,火舌——全是发亮的琉璃砖镶成的。九龙壁高两丈,长二十多丈,从元朝起就竖立在那儿,已经七八百年了。
>
> 我在爱荷华就那样子梦着九龙壁,在小说《桑青与桃红》里就那样子描写九龙壁。那是一股不可救药的怀乡病。

这种文化的怀乡病深深浸染在她的创作中,也弥漫在她的生活中。

在文学爱好者和文学研究者眼中,聂老师是位多产的作家。她写出了《葛藤》《失去的金铃子》《桑青与桃红》《台湾轶事》《千山外,水长流》,《桑青与桃红》被翻译成英文、南斯拉夫文、荷兰文、匈牙利文、朝鲜文;她也翻译了诸多美国小说,如《德莫福夫人》等。她和她的丈夫安格尔创办和主持了长达十余年的国际写作工作计划,为世界各地的作家提供了一个互动交流的跨文化的平台。我在爱荷华的日子,国际写作计划虽然暂停,但还是能够感受到这一计划的流风遗韵。我们常去爱荷华城的一对来自台湾的中国夫妇家做客。主人姓吕,祖籍山东青岛,太太也姓吕,是华文文学杂志《今日》的主编,他们夫妇,一直没有回过大陆,正是通过聂老师的国际写作计划,结识了许多大陆的著名作家,了解了改革开放后的祖国大陆,从中国作家融入世界作家大家庭感受到祖国文学艺术春天的节奏和整个改革开放事业的宏伟气象;而许多大陆作家也成为吕家的座上客。在吕先生家的客厅,挂着已故的江苏作家汪曾祺先生的手书的条幅"双吕心筑"。国际写作计划让他们因此获得了众多荣誉:1976年世界300多名作家,提名诺贝尔和平奖候选人;美国科罗拉多等多个大学的荣誉博士学位;1992年,波兰国家文化贡献奖,等等。

在史学工作者眼中,聂老师是一段重要的历史的见证者。

1949年,刚从南京大学毕业不久的聂老师,拖着母亲弟妹,流落到台湾。和大多数去台湾的大陆人一样,她当时处于极端困难中。用聂老师自己的话说,是连一支钢笔都买不起。由于她父亲在大陆时期就含冤去世,她急需找一份工作养家,承担起家庭的重任。但那时的台湾岛,兵荒马乱,谋职很不容易。聂老师在大学时期就发表过作品《变形虫》。正是她的文名,帮了她的忙。那时,恰逢一批自由主义人士和国民党开明派,从反共立场出发,为了对国民党政权进行有限的批评,创立了《自由中国》杂志。聂华苓在别人的引荐下,来到了《自由中国》社工作。

刚开始的两年,她只是做一些琐碎的编务工作。为了养家,不得不写文章、做翻译,挣些钱贴补生活。文章写多了,引起了雷震的注意,原来,《自由中国》不仅发表政论性文字,也有文艺类版面。一天,雷震走到她工作的小木屋,说:"聂小姐,我还不知道你写文章呢!从今以后,你就做编辑吧,特别负责文艺稿。"

这次"升迁",对聂老师和《自由中国》是一次"双赢"。

那时台湾文坛,"反共"文章满天飞,以"反共"作品出名的作家把持文坛,不"反共"的文学作品至为难得,也找不到发表的场所。聂老师负责《自由中国》的文艺版后,"反共"八股坚决不要!现在广为人知的柏杨,以写杂文而出名,他的第一篇讽刺小说就是在《自由中国》刊登出来的。

从《自由中国》的文稿管理员到文艺版的编辑,几年后,又成为《自由中国》编辑委员会的成员,聂老师成为《自由中国》杂志的越来越重要的一员。《自由中国》的生生死死,台湾岛内的风风雨雨,远隔重洋的胡适、中流砥柱的雷震、只问是非的殷海光,这些都是她如数家珍的身边事、昨日事。她是《自由中国》社唯一的女性,是 20 世纪 50 至 60 年代初,台湾历史的最清晰的见证者,最中肯的复述者。她以女性亲历者特有的敏锐圈点那一段艰难的历史。比如,她曾在北京和夏衍谈到台湾民主政治的殉道者、《自由中国》杂志社的核心人物雷震时,有下列一段:

"人会变的。"我说。"雷先生的'变'是从实际行动中,和统治权力硬碰硬体验出来的。刚到台湾的时候,一些'少壮派'民主人士,如殷海光,对他并不信任,认为他在思想上、作风上还是摆不掉国民党的框框。一直到国民党把他的党籍、官衔、特权一一褫夺之后,他的风格才显出来了。他成了台湾的'雷青天'!成了台湾民主的象征!"

"他到底有什么问题呢?"

"他的'问题'应该不是问题:他要组织反对党!而他们给他罗织的罪名是'知匪不报''煽动叛乱'。'匪'就是刘子庚;他们说他是受了邵力子妻子傅学文的指示,到台湾去为中共做宣传,策动雷震为'人民立功'。谁都知道,那完全是一件大冤狱!"

这么鲜活的口述历史,是任何一通书信、一则日记、一篇报道里寻觅不到的!

爱荷华河边：访著名作家聂华苓

作家兼翻译家的聂老师在把中国民族的文学艺术，介绍到西方，有她独特的视野。早在台湾时期，她就在香港出版了她英译的《中国女作家小说选》。1972年，她在美国出版了她的英文著作《沈从文评传》，把沈从文全面介绍给英语世界的读者；同年，她与安格尔联手英译出版了《毛泽东诗词》，在西方读者中引起反响。1974年，英译的《毛泽东诗词》拥有了英国版和法国版。而这正是中国大陆的"文化大革命"期间，聂老师"脚踏中西两只船"，把民族文学的精品向西方世界传播。据说，当时，在国际写作协会的世界各国的作家看到的中国的诗歌和小说，几乎是千篇一律，人们甚至怀疑，一个诗的王国，一个产生过李白、杜甫的国家，拥有那么丰厚的文学遗产，为什么到了现代就没有了好诗歌呢？为了不让有着悠久历史文化的中华民族被人误解，聂老师选译了大陆"反右"以前的一些著名诗人如艾青、公刘、邵燕祥、蔡其矫等人的诗歌，让作品本身来说话，来说明诗歌的国度从来不缺少优秀的诗作！其中，包括蔡其矫的一首《榕树》：

> 我想再也没有一种植物，像它那样，
> 充分表现我故乡的性格。
> 它的青铜一样四处伸展的纠缠的根，
> 即使最坚固的磐石也要被分裂，
> 但是慈祥的长须在空中飘荡，
> 却爱抚般地拂弄着光明的大气；
> 它的枝桠豪爽地让许多生命栖息，
> 低处有寄生的弱草，高处有安巢的雄鹰，
> 它巍立在路边向下伸出四围的手臂，
> 好像要把地上万物都一齐向高空举起。

那些诗,在各国诗人中引起了反响,认为"《榕树》就是中国!",中国有好诗人!在民族遭受困难的时候,在民族可能被误解的时候,聂老师用自己的笔,不,应该说用自己的心,把民族最鲜亮的一面展示给世界,为她自己,更为她身后的民族赢得了尊重!她是用自己的"人格",赢得了中国的"国格"!

冬天的夜来得很快。不知不觉中,窗外已夜幕降临,爱荷华城已是华灯初上。不远处,爱荷华河水面上,灯火摇曳,星星点点,格外迷人。

2000年11月,在美国爱荷华城访问聂华苓老师

回程的路上,我依然沉浸在聂老师的笑谈之中。尽管是天南地北,串起来,就是她人生这部大书的章节。

临回国前,我和指导教授一起又顺道拜访了聂老师,祝她圣诞快乐,永远快乐!

附记:2012年暑期,我和文学院刘俊教授在南京大学访问过格林奈尔学院(Grinnell College)的学者联谊会上相遇,谈起了聂老师。刘俊兄是海外华文研究专家,多年与聂老师保持联系。我试探着和刘俊兄谈起,可否向聂老师约稿。为此,我们专门挑了一个时间,在学校的西苑宾馆餐叙,商议具体的选题方案。2013年1月31日,我给聂老师写了一封邮件,表达希望出版她作品的愿望。三天后,我收到了聂老师的回邮:"金荣先生,首先非常谢谢你为出版我全集所费的时间和计划。我出版了二十几本书,包括几种外国语言和它们的版权。我已88了,日常生活细节,全是我勉强支撑。我在此不像中国作家有助手。我写作,读书,还要选两岸三地作家来参加爱荷华大学'国际写作计划',还要参加各国作家在爱荷华的活动,还要和朋友们来往。体力衰弱,(我已88了。)所有家务,都是我一人操劳,等等。我实在没法去编二十多本书了。有的出版社还有版权,如三联。非常感谢!聂华苓"

读完聂老师的信,我有点后悔打扰了这位蜚声海内外的著名作家,我们的学长,杰出校友。

台岛出版交流记

2016年7月25—30日,我和南京大学出版社台北访问团几位同人应台湾时报文化出版公司的邀请,对包括时报出版公司、联经出版事业股份有限公司、东华书局、印刻文学出版社、"中研院"出版中心等5家出版机构做交流访问。

这五家出版公司在台湾出版界各有特色,基本可以代表台湾的纸本图书出版。时报出版是中时报系下的一家出版社,专门出版店销书,以大众读物为主要选题方向,每年约出版400本图书,在台湾属于上柜公司,在大众图书出版的行列中,位于三甲。我们到访的时候,时报出版公司刚刚推出了一匣三卷本红色套装的《白先勇细说红楼》,时报出版董事长兼总经理赵政岷先生出于对我们的欢迎,把这套墨迹甫干的新书当作了见面礼。时报出版原属于《中国时报》系,现《中国时报》已经被台湾旺旺集团所收购。《中国时报》的创始人是曾位阶中国国民党中常委的余纪忠先生。余先生是我的学长,毕业于中央大学历史系,到台湾后投身报业,成为台湾报界的传奇人物。先生虽在远,一直不忘支持母校南京大学的教育事业,多次捐款助学。先生坚定支持国家统一大业,有一颗炽热的拳拳爱国之心。先生去世后,其家族后人,仍然支持母校事业的发展。我们此次访问时报出版,多少也有校友情谊的因素。时报赵董事长自我介绍时说,他毕业于台湾的"中央大学",

似乎有一种源于一宗的亲近与认同。

  店销书是当下出版人最难啃的骨头。台湾人口少，市场容量小，做店销书更勉为其难。时报出版专做店销书，确实需要勇气。正因为如此，他们也积极拓展与大陆的联系，一是输出优秀读物的简体字版，《白先勇细说红楼》在我们到达之前已经达成了与大陆的版权合同，二是借力大陆的文化产品，引进版权，拓展台湾阅读市场。大陆出版过一本《宋朝饭局》，在中国大陆市场上没有掀起波澜，时报引进版权后，在书名上做足了文章，调整为《吃一次有趣的宋朝饭局》，在"吃货"中搅动了一池春水，在台岛大卖5万册，几成经典案例，大陆的资源与台湾的包装营销有了一次美丽的邂逅。在图书细分市场与图书的先期营销方面，台湾同人的探索有一定的领先优势，而大陆的创作资源、市场空间则是台岛所不能企及的，两岸出版交流合作有一定的互补性。我2007年在台湾"中研院"做访问学者时，饭后常去"中研院"大楼的负一楼书店，偶尔发现几本"100个故事"系列，比如《关于经济学的100个故事》《关于考古学的100个故事》等等，严肃的学科知识谱系介绍还有这么写的，台湾出版人也是脑洞大开，我相信这是策划编辑的主意，大陆的经济学家、考古学家是绝对不肯这样写的。这是一套书，几乎涵盖了大学现有的学科，作者在写作时通过一些现象、案例、故事等介绍某一学科的知识、原理、流派、有影响的人物，故事只是引子，故事背后的原理、知识谱系才是主角。这是写作的技巧。因为读者习惯于读故事、听故事，这样写拉近了与读者的距离。后来，我几乎全部引进，历经十年，有50余种，统摄在"人文社会科学通识文丛"书名之下，很受大陆公共图书馆、中小学图书馆和农家书屋欢迎，所有"故事"全都加印。当然，百密一疏，这套书也有书名值得商榷的。有一本《关于"三国志"的100个故事》，版权合同签订后，几经琢磨，我把书名改为《关于三国的100个故事》，相比较而言，要通俗、接地气得多。记得有一次与韩国出版同人交流时,听说韩国出版物最多的就是三国故事。三国故事不少素材当然来自《三国志》,但"三国志"与"三国"虽一字之差,但读者定位有别,市场反应也不同。可见,两岸出版交流时,也不是简单的拿来主义。

联经出版事业股份有限公司则属于《联合报》系,总经理罗国俊曾任《联合报》总编辑,现兼任台北市报业商业同业公会理事长,在报界根深叶茂,这种图书出版与报纸经营的人才互动,在台湾出版界屡见不鲜。我们在和时报出版的同人餐叙交流时,也发现他们不少人有多年记者的经历,这种对新闻的敏锐,移植到图书出版界,也就练就了锐利的选题意识和现实的市场考量。联经擅长学术出版,出版过一批有影响的学术著作,如《胡适之先生年谱长编初稿》《胡适日记全集》《顾颉刚全集》《钱穆全集》《牟宗山全集》《齐如山全集》等,基本利用了民国学术资源。联经成立于1974年,比时报出版早一年,在人文社会科学、语言学、文学文化、商业管理以及亲子绘本等领域,经营有年,成绩斐然。但学术图书毕竟是小众,全台湾当局每年资助学术出版的总费用只有区区的50万新台币,僧多粥少,多数学术图书第一次印刷也是末次印刷,很少有重印的机会。这些年,联经深耕台湾市场,联经书坊成为堪比诚品书店的文化地标,同时,也积极布局大陆市场,成立上海书店股份有限公司,把联经的图书通过上海这个文化大都市,推向中国大陆,把大陆的宽广的渠道资源与台湾独特的学术资源完美嫁接。

相比前两者,东华书局在大陆公众中知名度就没有那么高,但却是三者中历史最悠久的。东华书局成立于1965年,以出版高校教材为主。我们在东华书局的会议室刚一落座,就看到张玉法院士主编的多卷本《中华通史》,也许是职业敏感,我刚拿起书来翻阅,执行长陈锦煌先生说,版权已经卖给北京的中信出版社了。陈先生对大陆的出版如数家珍,在北京享有盛名的合作出版公司华章公司,就有陈先生的影子。陈先生出生在缅甸,成长在新加坡,在美国留学、工作,熟悉海外华文出版,也熟悉世界出版,他是我十年来在台岛所遇见的最具全球眼光的出版家。尽管对纸本出版前途忧虑,陈执行长仍坚守家园,是一位真正有理想的出版人。东华书局在台北的地理位置绝对不亚于北京的王府井,对面就是台湾银行,再往左前方,就是台湾人尽皆知的凯达格兰大道。在这样繁华的要道,东华略显沧桑的哈佛红砖楼多了一份坦然,临街的一层正在装修,陈执行长开玩笑说,再晚几个月来,就可以在那里一边翻书,一边品尝东华的咖啡。东华人30多年前就开始了咖啡＋书店的模式。这令我想起了十多年前在美国大学书店看到的"混合经营"的图景:一边卖图书,一边卖文化衫、钥匙扣、运动服、棒球帽,还有许多我们今天称为文创的产品,后者的销售与回报丝毫不逊色于图书。东华的咖啡＋书店也许源于"混合经营"的启迪。

陪同我们去东华的是原来东华书局的总编辑黄荣华,他是南京大学的校友,是南京大学信息管理学院编辑出版学的博士,而我们一行中有两位同事恰好是南京大学编辑出版的研究生导师,我们之间成了亦师亦友的同道。黄总之所以离开老东家,是因为有了新的舞台,他目前是台湾数字图书协会的秘书长,另一个头衔则是台湾海峡两岸华文出版品与物流协会理事。

台湾的数字图书,主要做东南亚华文市场,中国香港、马来西亚、新加坡、印尼等,这些是台湾传统的文化产品辐射区,与当下大陆数字图书价格竞争无序乃至混乱的状况相比,台湾的数字图书的盈利模式非常独特。他们采用买断、年租等方案,电子书有年度限制,这是他们优长的制度设计,盈利稳定。他们与厦门外图的电子图书平台有很好的合作,与阿里云有技术合作。

理未乱,剪不断。

无论店销书、学术书、教材,还是方兴未艾的电子书,大陆的市场、大陆的平台、大陆的技术都在台湾的出版文化产业中显现身影。

与印刻文学的同人见面,已是交流的后半程。我们下榻在台北南京东路的 U Hotel,附近有一家祝家庄避风塘餐馆,印刻(INK)文学出版社的安初民董事长邀请我们在那儿餐叙,而做东的却是印刻的作者台湾女作家苏维贞。作家与出版人非同一般的情谊自此可以想见。苏维贞的作品前几年曾通过南大社引进给大陆的读者。印刻是台湾专业文学图书出版社,中国大陆不少作家如莫言、苏童等知名作家的作品也多通过印刻输送给台湾的读者。而安初民名片上的另一个头衔——台湾人民出版社董事长,让我们感到既陌生又熟悉。安先生绝不是抢注一个文化公司的商标那么简单,他似乎筹划在两岸出版文化交流的大趋势中下一盘棋。

自"中研院"出版中心引进的《胡适雷震来往书信选集》书影

台湾"中研院"出版中心,主要出版"中研院"同人的作品,成为史学作品出版重镇。三十多年来,"中研院"在民国人物口述历史、台湾地方献以及"中研院"学人专著出版方面,持之以恒,成绩不俗。"中研院"出版中心主要为院中学人提供出版服务,不太接受外来书稿,也罕见引进版权。2018 年,"中研院"成立 80 周年,"中研院"出版了潘光哲研究员主编的《胡适全集》之《胡适中文书信集》5 卷,及《胡适时论集》8 卷,弥补了大陆《胡适全集》之遗缺,方便了研究者。"中研院"的学术出版主要由"中研院"学人兼任。2012年,胡适去世五十周年,我们曾引进"中研院"出版的学术图书《万山不许一溪奔——胡适雷震来往书信选集》,当时负责人就是"中研院"研究员张力先生。除了万丽娟女士编辑、潘光哲校阅的这部书信集,还引进胡适纪念馆前馆长杨翠华主编的《远路何须愁日暮——胡适晚年身影》。"中研院"出版最有特色的是口述历史。自1990年开始,由"中研院"研究人员访问、整理出版了一批政要、学人的口述历史,前后持续30余年,至为难得。口述历史发端于美国,胡适在台湾提倡,中大校友郭廷以在台湾推动落地。这些政要、学人泰半来自祖国大陆,他们身在台湾,根在大陆,是两岸文化的纽带。南大社出版过许绰云先生的口述历史《家事国事天下事——许绰云先生一生回顾》。许先生是无锡人,用东林书院联语做书名,看似平常,用心不同寻常。这是由"中研院"院士、原近史所所长陈永发先生领衔访问,可见许先生在台湾史界的声望之隆。2007年,我访问近史所时,曾购买一部分"中研院"出版口述历史,如我们的双料校友杭立武的口述历史《杭立武先生访问记》,后来也购买过台湾师范大学原校长刘真的口述历史《刘白如先生访问记》。我曾犹豫过,要不要引进到大陆出版。摇摆不定的理由在于,这些书在大陆出版,显然需要做改动。而作为史料的东西改动以后就不同或大不同了。最近收到"中研院"出版的口述历史新作《曾祥和先生访问记》,由"中研院"女性学者沈怀玉、游鉴明女士访问记录。这可能是迄今为止,"中研院"出版的体量最大的一部口述历史。曾祥和先生毕业于重庆中央大学历史系,经历抗战、内战和迁台,执教60余年,是近代中国大学少有的历史学女教授。这部回忆录实际是曾先生与其夫君著名历史学家沈刚伯先生的双重口述历史。

在我看来,台湾与大陆的出版文化交流主要体现在三个层次。第一,是台湾出版的人文类图书版权"输出"到大陆。这类图书往往有大陆不具备的

2008年1月，参加中国大陆大学出版社台湾交流团，访问台湾五南出版公司

2016年7月，拜访"中研院"院士、历史学家陈永发教授（中）

优势，比如一些民国人物的日记、文集和研究，像10卷本《胡适之先生年谱长编》《陈诚先生日记》，这些是面向学术小众的，但大陆人文研究队伍庞大，需求相对比较大。第二是通俗类的读物。台湾出版市场化起步早，市场空间小，竞争激烈，出版物不得不贴近市场。近些年来，"中研院"学人的书稿在大陆出版者越来越多，与大陆学人合作研究、出版更成为新的趋势。我曾经接到"中研院"资深研究员出版多部论文集的邮件，很遗憾，最后未能落实。现在，越来越多的台湾学者参与大陆主导的人文社科科研项目，共同研撰出版，你中有我，我中有你，在研究出版中实现文化的融合交流。2015年，两岸史学工作者68人，联袂出版了18卷《中华民国专题史》，这是海峡两岸大型人文社会科学合作研究的经典，也是习近平总书记倡导的"共享史料，共修史书"的先行案例，我作为出版该项目的负责人，从主编的朦胧想法到落实选题，从书稿审订、编辑加工再到成品上架，历时五年，见证了两岸共修史书的艰难与喜悦，最终18卷专题著作整体出版，没有延迟，没有半途而废，善始善终。

"中研院"接待我们的是胡适纪念馆馆长潘光哲研究员和近代史副所长余敏玲研究员。蒙潘光哲研究员盛情，我们参观了胡适纪念馆，我还特别获得潘光哲兄馈赠的《乾隆甲戌脂砚斋重评石头记》一书，这是胡适生命的最后旅程中在台湾影印发行的一部红学研究用书，此系1975年第3次印刷，这是我此次台北之行的重要收获。

这次与台北出版同人交流期间，也有同道私下提醒，由于台湾政党轮替，新当局拒绝承认"九二共识"，有关民国史材料的利用、版权的转让可能会受到影响。回到南京不久，台湾"国史馆"就发表了限制大陆与香港史学工作者利用"国史馆"资料的声明，在海内外史学界引发愤慨。两岸学者在微信圈签名抵制。压力之下，民进党当局不得不草草收场。此一逆流，可以

2008年1月,访问台湾大学出版中心杨雪华主任

2008年1月,访问台湾五南出版公司杨荣川董事长

2017年4月，笔者向中共江苏省委常委、宣传部王燕文部长（左一）专题汇报对台出版合作与交流，左二为江苏省政协副主席程崇庆教授，右二为江苏省政协副秘书长殷志强教授

2015年12月，在南京饭店向台湾新党主席郁慕明先生敬赠《南京民国建筑》

看出台湾确有那么一些人是要阻隔两岸的学术文化交流的。但同文同种的中国人,相同的文化基因,如何人为阻隔彼此的交流?放眼五千年的中华文明史,南北分裂,政权对峙,文化的交流融合何曾因分裂而中断?!

就出版文化而言,两岸的交流不会因为台岛少数政治人物的操弄而停滞,十余年来的历史可以佐证。

2008年元月,台湾两党轮替在即,民进党沦为在野党已是板上钉钉。我参加了中国大陆大学出版社代表团与台湾出版同行的学术文化交流。此次发起邀请的是在台湾大学教材出版颇有影响力的五南出版公司。那时,两岸关系转暖在即,国共两党已经握手言和,民进党虽然文化上去中,但不得人心。本来是两岸大学出版业界的交流,台北出版行业公会,甚至台湾"陆委会"的官员都出席在欢迎我们的晚宴上。春江水暖鸭先知。此后八年两岸迎来了半个世纪以来最好的交往时期,就出版文化而言,两岸交流的标志性平台就是在这一时期打造而成的海峡书展,每年一次,台北和厦门轮流举办,两岸出版业从中受益良多。

如果再往前追溯,台湾文化业界对大陆的想象与期待,也早已有之。

2007年9月,我在访学台湾"中研院"近史所期间,不想被非常敬业的台科大图书公司总经理徐鸣龙先生请去喝茶,探讨台湾职业教育出版与大陆合作出版的可能性。台科大图书公司被称为台湾职教图书的"蓝海",我与徐先生素不相识,他从朋友处得知我来自江苏的出版界,但出于对海峡这边同业的了解的渴望,徐先生托友人与我约见,并带给我一批台湾职教图书,期望引进大陆。更有不太相关、从事台湾基础教育培训的业者,与我见面,希望挺进大陆的教学辅助读物市场,这些都令我始料不及。

显然,他们对大陆的文化出版市场充满了期待。事实上,两岸之间的教育体系的不同,课纲的不同,小学到大学的教材与教辅出版的差异性也是明显的。但在童书、通识读物、文学作品和学术出版等传统文化领域则空间巨大,我们这一次的台岛交流正是因此而行,这也说明了,经过八年的彼此交流合作,双方的合作路径已经越来越清晰。

当下,两岸的交流因为台湾当局拒绝承认"九二共识",而陷入僵局。但放眼未来,这不过是小波折、小插曲。两岸文化的交流必将如一江春水,绵延长流。

清初人顾炎武有诗云:"远路何须愁日暮,老年终自望河清。"两岸一家亲。两岸的文化交流不会因为一些小小的逆流而改变其浩浩荡荡的大势,这也是我此行与台湾出版同道交流后的真切感受。

《南京大学报》出版千期卮言

《南京大学报》即将出版满1000期,这是值得南大人庆贺的一件事。作为南大的一分子,除了是《南京大学报》的忠实读者,我与《南京大学报》还有一份特别的情缘。20世纪90年代初,我刚到出版社工作,参加了中国阅读学会副理事长徐雁教授发起的"书友俱乐部",与俱乐部成员一道编书、读书、评书、荐书,并在时任《南京大学报》主编方延明教授的支持下,共同办起了《南大书友》,作为《南京大学报》的扩展版,自己组稿,自己组版,自己编辑、校对,前后一共办了十几期,体验了一回"报人"的苦与乐。

图书和报纸同属传媒。如果说图书出版是在不断向读书界、知识界、学术界推出有思想文化内涵、有学术价值的作品,且让这些作品能够书架上立得起、读书人放不下、图书馆留得住,校报则是把学校里的人与事、情与景若干闪光的碎片,用文字记录下来,让南大人感知、感受、感动,也为后来者留下有关这所百年学府的史料。

从史料学的角度看,校报的刊发文字都是将来研究学校历史的史料。其中有一类"史料"弥足珍贵,读来很有营养感。因为在目前已经出版的两部南京大学校史(一部是1992年校出版社为建校90周年出版的《南京大学史》,一部是校庆100周年时由学校出版社出版的《南京大学百年史》)对这一部分着墨不多——那就是有关南京大学大师、名师的篇章。南京大学是一个人文底蕴深厚、大师名家云集的地方，大师名家们的道德文章构成了南京大学优秀传统，套用清华大学老校长梅贻琦先生的话，一所大学如果撇开了大师，就不成其为大学了。校出版社在学校领导和文科各院系领导的支持之下，正陆续推出"南雍学术经典"，整理出版南大历史上人文社会科学大家的作品，主要是面向专业层面的，而校报每个月一期，"走近大家"和"细说南大"系列，则是综合的、面向所有南大人的。"走近大家"主要是介绍在科学研究领域引领一代学人前行的学术大师，如《冯端：即物穷理写人生》(2008年10月30日第4版)、《王德滋：青山踏遍志弥坚》(2008年10月30日第5版)、《魏荣爵：大音希声蕴华章》(2008年12月20日第5版)；"细说南大"专栏，则侧重南大历史上的大师，如《一位学者校长的铮铮风骨——四位院士追忆中国现代物理学先驱吴有训》(2008年4月20日第4版)、《东方诗哲方东美的南大岁月》(2008年5月20日第3版)、《南高师故人王燕卿》(2008年9月20日第3版)、《顾毓琇与太虚法师》(2008年11月20日第3版)，这些大家的言行事功是南京大学"诚朴雄伟励学敦行"的绝佳写照，对后之学人不啻是一面镜子，给人以教益，给人以启迪，给人以鼓舞，也给人以鞭策警醒。今年4月20日第3版刊发了著名蒙元史专家陈得芝教授的文章《有一份材料说一分话》。陈先生是一位治学很严谨的史学家，在蒙元史学界有"南陈"("北陈"指原中国社会科学院历史研究所所长陈高华先生)之誉，早年在南大求学期间曾得著名近代史专家陈恭禄先生的亲炙，他以自身的治学经验告诉我们，陈恭禄先生的"一分史料说一分话"以及"要学有专攻"的教诲，他记得最牢，"所以无论教书写文章，没有史料依据从不敢随意发挥；遇到自己专攻领域以外的问题，也老老实实以'我不懂'应之"。陈得芝先生有感于现今一些学人，大胆假设有余，小心求证不足，或根本不作求证，"不少史学文章或著作，洋洋洒洒的大段论述，竟看不见材料出处的注释或说明"。"看到如此漠视学术规范的所谓'学术论著'竟能大行其道",陈得芝先生在校报撰文追怀陈恭禄先生这样的老前辈就不仅仅是追怀了。

南京大学迎来了107周年校庆,正阔步迈向第二个百年,如何让大师们的思想光芒照耀南大人前行在新的征程,我以为,校报以自己特有的视角做了尝试。根据麦克卢汉关于媒体的学说,当人们选用某种传播媒体时,这一选择,其实就已隐含该媒体所具的社会意义、演进角色及其深层影响效应。在网络时代,我们依然放不下《南京大学报》,也是因为校报本身所具有的人文"意义"与人文"角色",这是其他媒体比如网络所不能替代的。

校报千期,历经几代人的努力、坚持,书写的是新闻,积淀的是历史,镌刻的是一所大学乃至一个民族的记忆。

愿校报把"南京大学"的光芒不断放大,影响越来越多的南大人。

(原载《南京大学报》2009年5月10日)

编余书事

李新先生主编的《中华民国史》之出版，是中国史学界和出版界的一件值得庆贺喜事。我在念本科时，就读到过李新先生主编的第一本《中华民国史》，但迟迟未见后续。整体出版已经是三十年以后的事。一天，我突然接到外研社彭冬林兄的电话："杨兄，你是研究民国史的，要不要送你一套中华书局版的《中华民国史》？"我说："那当然好，可是太贵了，能够优惠卖一套给我就很感谢了。"冬林兄说，"那就甭管了"。

我与冬林兄是同年，一同进南京大学读书。他念法文，我念历史。在学校时，他住南园11舍，我住5舍。我们认识是在南京鼓楼的英语角。冬林兄喜欢历史，大学毕业时本打算考世界历史，或者投考北京大学张芝联教授，或者投考南京大学王觉非教授。毕业后去了人民文学出版社，编辑的代表作之一是《巴尔扎克全集》，中间一度参加援非。新世纪以后加盟外研社，负责对外汉语、小语种、海外出版等工作，成绩不俗。

接到电话后没几天，我就收到一整箱中华书局"中华民国史"，包括16卷本的《中华民国史》，12卷本的《中华民国大事记》和8卷本的《中华民国人物传》。16卷本的《中华民国史》是迄今为止规模最大的民国史研究成果，前后跨度超过了30年。《中华民国大事记》和《中华民国人物传记》继承了中国史学的传统，36册著作为进一步官修《中华民国史》奠定了较好的基础,是民国研究的重要参考书。

这套书启动最早,规模最大,是目前有关民国历史人物、事件最全面的一套研究性、工具性学术用书。我策划编辑的四卷本《中华民国史》是第一部"断代史",起于1911年,终于1949年。

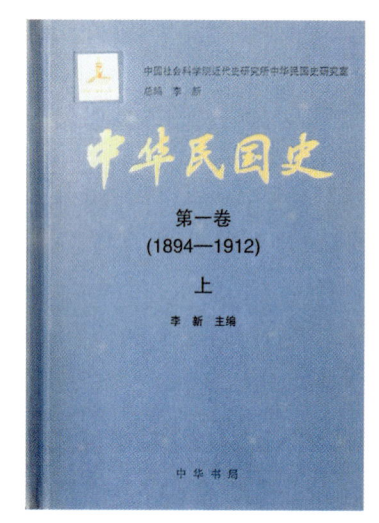

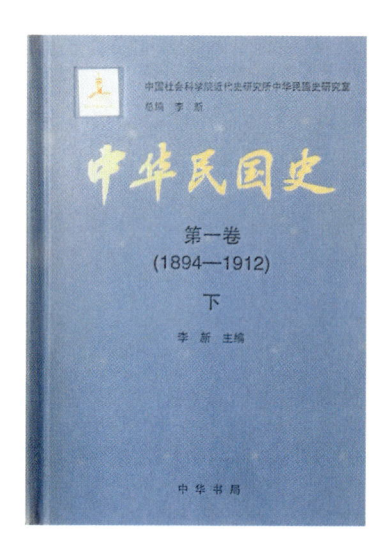

《中华民国史》第一卷书影

"有朋自远方来,不亦乐乎"。有朋自远方寄赠自己雅好的图书,更是赏心悦目的事。

在我的编余读书生活中,像这样得师友之助、受师友之惠的事,已经不是第一次了。

在我读学位期间,因确定以胡适晚年作为论文题目的方向,需要胡颂平编著的《胡适之先生年谱长编初稿》。该书共10册,由台湾联经出版公司于20世纪80年代初出版,尽管学校港台阅览室有一套,但毕竟不如在手头浏览便利,像我这样喜欢在天头地脚写写画画的人,非常盼望坐拥一套,可随时取览。我的作者,也是后来我在美国做访问学者的指导老师谢正光教授好像看出了我的心思,悄悄托人在台北买了一整套《胡适之先生年谱长编初稿》，邮寄给我，我打开海峡对岸寄来的邮包时，大喜过望。我的论文写作所以顺利，得力于谢教授相赠的这套书。我后来在谢教授所在的格林奈尔学院历史系访学，他又赠我多部英文中国史著，其中一部是《开放的帝国》（Open Empire），是该学院历史系教科书，由美国耶鲁大学的历史学教授 Valerie Hansen 撰写，是一部 17 世纪以前的中国通史，另外一部是 Arthur F. Wright 所著《简明中国佛教史》（Buddhism in Chinese History）。

胡颂平先生在出版十卷本《胡适之先生年谱长编初稿》时，有些材料还是隐去了。2015 年，台湾联经出版了《胡适之先生年谱长编初稿补编》，主要补充了 1959 年后的材料，对于研究胡适晚年甚有价值。美国圣约翰大学历史系李又宁教授托胡适纪念馆馆长潘光哲兄寄赠一本，勉励我继续把胡适研究做下去。李又宁教授是国际胡适研究会创会会长。

另一位常有赠书之谊的人是普林斯顿大学东亚系原主任周质平教授。2000 年在美国访学期间，我曾赴普林斯顿大学寻访当年胡适在普大葛思德图书馆工作的踪迹，体验 20 世纪 50 年代中国知识分子在美的艰辛，顺道拜访了周质平教授。周教授研究、整理和收藏胡适研究材料均有很高成就，也乐于帮助我这样的胡适研究后来者。他先后无私寄赠我三大本《胡适英文文存》《胡适英文未刊遗稿》《深情五十年：胡适韦莲书信集》以及多篇美国过刊英文杂志上的文章，让我的论文以及后来的专著多了一抹亮色。2019 年 4 月，我赴美国圣约翰大学参加"五四百年与中国新文化运动国际学术讨论会"之际，再度赴普林斯顿大学拜访了周质平教授。周先生在他的办公室，展示了多部有胡适签名的图书、杂志和演讲抽印本。据说是他在 20 世纪 90 年代花重金从一位收藏胡适图书的美国人那里收购的。这种分享也是一件赏心的事。

旅美华人作家石丽东女史也是我的作者。她曾帮我在台湾寻找一部出版多时的著作《吴国桢传》(1995年台湾自由时报企业股份有限公司出版)。吴国桢是近代中国的传奇人物,曾与中共领袖周恩来在南开同窗,担任过武汉市市长、国民党中央宣传部部长、上海市市长、台湾省主席,后因与蒋经国失和,出走美国,并在美国与蒋氏父子隔洋互怼,这件事甚至还牵扯上了当时的美国副总统尼克松。胡适也因此卷入其中。吴国桢的大学就是我在美国访学的格林奈尔学院。在美期间,我也努力寻找吴国桢的材料,后来在博士论文出版过程中增加了一章。但由于资料有限,仍觉意犹未尽。多年来我在寻找《吴国桢传》这部书。石丽东女史早年在台湾读大学,后在美国长期报道旅美华人杰出人士,科技界、人文教育界、政商界、文化艺术界都有,这些人多半来自台湾,因此她在台湾很有人脉。我就托她找一找,最理想的是在台北的图书馆借一套复印一下。2019年8月10日,她从美国发微信告诉我,"这套书托了好几位朋友,终于是一位年轻的博士后,多方探询有了结果,看到书觉得值"。我请她寄给我纽约的亲友。2019年12月5日,我

《吴国桢传》书影

终于拿到这套从台北到德州到纽约再到南京的《吴国桢传》。我回复丽东女史:"收到《吴国桢传》(上下),非常感谢!这套书出版已二十余年,书肆已无处可觅,想必是夺人所爱了。既感谢,又不安。"

今天遇到绝版书,可以朋友圈找电子文档,也可以上孔夫子旧书网搜索。早些年,绝版书就不那么容易了。人民出版社李建军兄与我是系友、同道,他研究胡适政治思想史很有成绩,余英时先生为他的大作作过序。他看见我的博士论文中引用了胡适于1951年写给蒋介石的"万言书"(其实不足四千字),就寻找这份材料。我当时是从台湾一位朋友赠送的《中国人物》创刊号上看到的,后来台湾《中国时报》也全文刊登了,但这两份材料都不易得,我复印了一份寄赠建军兄。不想建军兄过了些时日寄来了一套复印装订好的1979年中华书局版《胡适往来书信集》(上中下),互通有无,也有点"我投君以桃,君报我以李"的况味。

2018年是"中央研究院"成立80周年。"中研院"出版了《胡适中文书信集》5卷本和《胡适时论集》8卷本。《胡适中文书信集》最主要的贡献是汇集了大量胡适之先生晚年的书信,其中四、五两卷基本是1949年以后胡适的书信。尽管胡适是一位十分高产的书信作家,还有若干书信没有被搜罗进来,也很难网罗殆尽,我2019年在哥伦比亚大学东亚图书馆与珍本图书馆就发现还有

《胡适时论集》书影

不少胡适书信是《胡适中文书信集》所错过的,但无论如何,这是一部超越《胡适全集》的胡适书信集。至于《胡适时论集》更是有若干《胡适全集》未收录的文字,无论是《书信集》还是《时论集》,对胡适研究都很有价值。主编潘光哲兄寄赠一套《胡适中文书信集》5卷本,收到时,看到了一张海关的通知,上面有一行英文写着:"Your mail has been checked."海关出于工作需要,告知收件人,包裹已经被检查过,是例行公事。检查包裹也是世界各国海关通行的做法,英文应该作"Your parcel has been checked."mail通常作信件,如果海关检查别人的信件,还用英文告知收件人,这容易引起别人的误解。

在我的编余读书生活中,不只有"无功受禄",也有过"赠书留香"的时候。

我曾编辑过一套《明遗民录汇辑》(上下),因为当时印数少,现在已经难见踪影了。我自己只收藏了一套。若干年前,在苏州开南社100周年学术讨论会,遇到陈去病先生的外孙张夷。他托我找这本书,我思考再三,决定把手头珍藏了十余年的这套书赠送了张夷先生。因为《明遗民录汇辑》收有陈去病的《明遗民录》。在江苏省政协第十届三次全会期间,我从丁山宾馆驱车到我的新居找出这套书,面交了同是省政协委员的张夷先生。他双手合十,连声称谢。

我因供职于出版社,出版界的朋友所在多有,朋友之间互赠一两本书司空见惯。书来书往,其乐融融。然得书之乐,不在占有之乐,而在雪中得炭之乐,知音知己之乐。这是编余得书至乐的境界。冬林兄自北京寄来的36册《中华民国史》,我之所乐大概属于后者吧!

——————学术书评

《内陆亚洲历史文化研究》出版

《内陆亚洲历史文化研究》是一部海内外学人纪念历史学家韩儒林教授诞辰 90 周年的学术文集。

韩儒林教授(1903—1983 年)是杰出的历史学家,早年曾师从法国东方学大师伯希和(Paul Pelliot),运用历史语言比较的方法,比照境内与域外资料,进行历史研究,且是将这一方法引入我国的蒙古史、元史和西北民族史研究的先行者之一。韩儒林先生被誉为"我国现代蒙古史、元史和西北民族史研究的开创者",他所取得的学术成就,为海内外同人所敬服。他对民族史的严谨考证与研究结论,为同时代及后来学者广泛引用。他参与主持编绘的《中国历史地图集》是 20 世纪 70 年代最重要的人文社会科学成果之一,由他主编的《元朝史》是 20 世纪元史研究的集大成之作。韩儒林教授先后任中国元史研究会会长、中国史学会常务理事、中国民族古文字研究会名誉会长、联合国教科文组织《中亚文明史》编委会副主席。1982 年受聘为国务院学科评议组成员、国务院古籍整理出版规划小组成员。1983 年,韩儒林教授在南京逝世。

韩儒林教授生前一手创办了在国内外颇有影响的蒙元史研究专门机构——南京大学元史研究室,南京大学因此成为国内重要的元史研究中心之一。为缅怀韩儒林教授,南京大学元史研究室决定出版一部纪念文集。

此一动议既出,海内外学者积极响应,纷纷惠赐佳作,遂勒成《内陆亚洲历史文化研究》,由南京大学出版社编辑出版。

全书共收论文 30 篇,涉及蒙古、藏等内亚民族的政治、经济、宗教、文物、典制、民族关系等。杨志玖先生对蒙古初期"饮浑水功臣"的人数问题,在清人钱大昕、美国学者柯立夫等人研究的基础上,又据《元史》《元朝秘史》及元人文集,提出参加"班朱尼誓约"的人数为 19 人(《蒙古初期饮浑水功臣十九人考》)。周清澍教授就忽必烈"潜藩"时期的"新政"进行评介,认为忽必烈在汉地"新政"的意义和影响不可低估。一是"新政"大大提高了忽必烈的声望,在中原争取到大批拥护者,其次是"屯田淮蜀,移兵戍之"的成功,"已起平宋之本",奠定了"规一幅员",结束南北分裂局面的基础(《忽必烈潜藩新政的成效及其历史意义》)。姚大力、陈高华二位教授的论文是值得认真一读的有关中元政治史研究的新成果。姚大力认为仁、英二朝的儒治虽留下了若干不可忽视的积极成果,但由于有元一代,蒙汉两套制度体系长期并行不衰,儒治时期的政令多用儒家的君臣名分去重新规范大汗和蒙古上层的相互关系,而无论仁宗和英宗"都没有亲劳鞍马的业绩",又不屑讲求"惟和"来加强自身及其政治主张的合法性以及上层集团内部的认同感,因此,儒家政治作为一种纯粹的外来资源,就很难在改塑蒙古内部关系方面取得多少实效(《元仁宗与中元政治》)。陈高华考述了泰定元年(甲子,1324年)的进士姓名及其政治流向,认为尽管元代推行科举后,为官僚制度输入了新的血液,但元朝任官讲究"根脚",由进士进入政治上层者只是少数,因此,"科举制推行对元代政治生活的影响,应有适当的估计"(《元泰定甲子科进士考》)。陈得芝教授的《程钜夫奉旨求贤江南考》,通过统计的方法,剖析了江南士人对出仕元朝的态度,有助于我们认识元初江南士人的心态。周良霄教授则考证出《元史》中华书局点校本存在句读、人名、地名等 70 余处错误,特别是本纪部分的句号使用,"颇伤于滥",以致有些句子"有乖原意",这无疑将对治元史者助益良多(《〈元史〉校点献疑》)。王尧教授对元廷所传秘法提出新的见解:藏密本有许多合理的有利于修身养性、养生保元的道理,由于元廷帝后、太子、宫妃及王公大臣放纵享乐,置国事于不顾,密教因此蒙上尘埃。外界对密教之不全了解,是因为"受秘密戒得入,余不得预",所传秘法在很小范围的缘故(《元廷所传西藏秘法考叙》)。

此外,蔡美彪先生(《蒙古字元牌两种音释》)、刘迎胜教授(《蒙哥即位风波中的察合台、窝阔台系诸王》)、台湾学者萧启庆先生(《元色目文人金哈剌及其〈南游寓兴文集〉》)、日本学者吉田顺一(《铁木真与王罕的早期关系》)、植松正(《元代江南社会的官民构造和征税请负制度》)、美国学者柯立夫教授(《〈元史·忙哥撒儿传〉考述》)等,都有精彩的考证或论述。《内陆亚洲历史文化研究》一书既是一部严格意义上的纪念文集,又可谓一部国内外蒙元史及西北民族史学界特别的"学术集刊"。

(原载《中国史研究动态》1997年第4期)

考镜源流　传评得当

——《左宗棠评传》读后

孙占元教授的新著《左宗棠评传》一书,是南京大学出版社首批推出的 50 部《中国思想家评传丛书》中较为出色的一部著作。

其一,作者以近代中国历史为考察视野,纵横捭阖,不仅剖析了传主多层面的思想(横的一面),而且勾勒了传主思想的形成与发展,揭示其思想流变的内在逻辑与历史必然性(纵的一面),写出了左宗棠时代作为思想家的左宗棠。

如何写好写活思想家左宗棠,作者不是简单地从传主的文集、家书、奏稿、与同僚的函札等可稽考的文献中摘取片言只语,诠释归纳,平面化地勾勒传主的思想风貌,而是将左宗棠"同他所处的时代相联结",加以考察,既辨其思想之流,更考其思想之源,再现传主的思想脉络,这是作者对马克思主义的历史观与认识论在该书中的运用。

在近代中国历史上,左宗棠风云际会数十年,在政治、经济、文化、教育、洋务、外交、军事诸领域,业绩卓著,表现出超越群伦的思想活力。作者在揭示传主丰富多元思想之前,追溯了传主思想的原点及其演变轨迹。左宗棠早年"究心地舆兵法","潜心玩索"清初史地学家顾祖禹的《读史方舆纪要》,对魏源"经世以表全编"的《皇朝经世文编》爱不释手,以至"丹黄殆遍"。后以随嘉庆、道光两朝名臣贺熙龄"从学十年","讲求实行",深受贺氏思想影响,主张"读书所以经世","经世致用"成为左宗棠早年思想的主流。鸦片战争爆发后,左宗棠着意"海邦形势",提出"讥造船之厂","更造炮船、火船之式",至此,"经世致用"思想渐渐烙上时代的特征。而道光二十九年(1849年),左宗棠与林则徐长沙相会,则是左宗棠思想发展的又一次历史契机。左宗棠接受了林则徐"师夷制夷"的思想,这一思想亦成为左宗棠此后一生思想的内核,是他一切

《左宗棠评传》书影

(如洋务、外交、军事等)具有时代代表性思想的本源。其后,他的洋务、外交、军事等思想都是"师夷制夷"思想的流变。从"经世致用"到"师夷制夷",作者层层递进的揭示,使读者得以历史地认识思想家的左宗棠。

其二,评从传出,传评结合。《左宗棠评传》分生平篇与思想篇两部分。在生平篇中,作者"突出其(传主)倡导洋务运动以促进中国近代化和重视海防塞防以抵抗外来侵略的活动与作用";在思想篇中,作者则通过系统阐述和评介传主多层面的思想,"着意揭示其(传主)爱国以御侮、经世以致用、求强以自立等适应近代社会发展趋向的思想底蕴与特质"。作者没有割裂"评"与"传",而是力求做到丛书主编匡亚明教授所倡导的"传中有评,评中有传,评传结合"。谨试举一例,关于左宗棠在洋务运动中的地位,孙占元教授的评价是:左宗棠是洋务运动的真正首倡者。这一新人耳目之论不仅给

传主以从未有的历史界定,而且动摇了学界通常推曾国藩为洋务运动首倡者的观点。作者如斯置评是基于对史事的考述:咸丰十年(1860年),左宗棠代曾国藩拟《复陈洋人助剿及采米运津折》,提出"驭夷之道,贵识夷情",认为清政府"借师助剿"不过是"纾一时之忧",欲期"永远之利",尚须"师夷智以造炮制船"。作者考证曾国藩曾致函胡林翼,承认"左季翁(左宗棠字季翁)捉刀"之事,并坦言"鄙见与翁公相同"(见该书第360~361页)。这段史事的考述,有力地支持了作者的评价,是作者传评结合的范例之一。同样地,据史实考辨,作者重新评价了传主在近代海防塞防之争中的地位,指出左宗棠"东则海防,西则塞防,二者并重",李鸿章与他的争议应是"片面海防与海防塞防并重之争",而非史界流行多年的"海防塞防之争"。传为评据,评为传纲,评传交映,是《左宗棠评传》一书的显著特点。

当然,《左宗棠评传》一书也还是有可完善之处的。如,左宗棠与曾国藩、李鸿章等都是晚清历史的风云人物,如果将左宗棠与曾、李等作横向比较,作为思想家的左宗棠或许会更鲜明更丰厚地呈现在读者面前,但这并不影响该书作为一部出色的评传推向读者。

(原载《东岳论坛》1996年第5期)

拓荒巨人的思想光彩

——读《徐霞客评传》

中外学术界有关对中国古代最伟大的地理学家徐霞客的生平事功及其地理学和文学巨著《徐霞客游记》的研究,已经形成一个相对独立的学术研究体系,学术界称之为"徐学"。但从中国思想史的角度,把徐霞客放入中国思想长河的大背景下进行考察,朱钧侃、潘凤英、顾永芝三教授合撰的《徐霞客评传》,则是一次走入思想者精神家园的尝试。

一、该书展示出传主思想中最闪亮的部分——实学思想

勾勒徐霞客的实学思想,是《徐霞客评传》有别于其他徐学研究的特质。徐霞客的实学思想主要包括他的"不行不见""不行不知""行而可知"的知行观和"征事考实""经此验之"的科学精神与科学方法。在三百多年前,徐霞客为探奇而远游,为求知而远游,"万里遐征",通过亲自考察长江源头,第一个揭示长江的源头是金沙江,推翻了千余年来学界因循的"岷山导江"说。推翻旧说,需要的不仅是科学的勇气,而且更需要科学的论证。作为一名地理科学家,徐霞客不唯书,不迷信成说,提出"书之不足尽信",需要"征事考实",靠实践"经此验之"。这种思想,放眼三百多年来的中国学术思想,就是

实学思想。虽然在中国三百多来的学术史上，人们很少提及徐霞客，但徐霞客的实学思想是与顾炎武、钱大昕、戴震、王念孙等人治古音学、训诂学、校勘学的经学大师们的治学精神与方法，不谋而合的，也是与腐儒的章句之学、性理之学相扞格的。所谓"征事考实""经此验之"，就是撇开先人的成见，通过自己的实践，来稽核、考证、确认、检验一切学说、理论，以辨别事实的真伪；放眼西方近代以来的学术思想，就是实证主义的思想。中国现代地质科学的创始人之一，被胡适称为"我们这个新时代的徐霞客"的丁文江，惊叹"(徐霞客的)此种'求知'之精神，乃近百年来欧美人之特色，而不谓先生已得之于二百八十年前"。徐霞客没有像前人一样"承袭附会"，对山川面目为"图志经籍"所蒙，没有被《禹贡》《水经注》牵着鼻子走，更不信谶纬术数家言，而是以求知而探险，"穷江河之渊源，山脉之经络"，得出"江源者，必当以金沙为首"的惊世骇俗的结论。

正是由于徐霞客坚持"行而可知"的知行观和"征事考实""经此验之"的科学精神与科学方法，他的"行"助他走进了地理科学研究的无人区，例如，他关于喀斯特地貌的研究，领先世界一百多年。他的"考"使它推翻了流行千余年的学说。难怪著名科学技术史专家李约瑟先生称赞《徐霞客游记》："(这)不像是17世纪的学者所写的东西，倒像是一位20世纪的野外勘探学家的考察纪录。"这也从一个侧面证明，徐霞客的实学思想及其实践是远远走在时代的前列的。

二、该书放眼东西方思想的苍穹，分析传主的思想渊源

《徐霞客评传》一书，从中国传统思想文化、明代中叶以来的近世思想和伴随西学东渐的欧洲传教士的科学思想的影响，探讨了传主实学思想的

渊源。

徐霞客一生"不惮以身命殉",旅游探险,以独立自主的人格遨游于天地之间,摆脱世俗的功名利禄的羁绊,"自由自在"地观赏大自然中的万千山石、树木花草、虫鱼鸟兽、江河瀑布的形态美,常感"一身与林树人烟俱熔,彻成水晶一块",在长年累月的探险中,徐霞客视"此身"为"山川之身",正是《庄子》所讲的,"汝身非汝有",是"天地之委形也"。这种徜徉于大自然之中,与大自然融为一体的心灵享受,是"受了道家的天人合一、崇尚自然的思想的影响"。

《徐霞客评传》书影

明代中叶的王廷相、杨慎、李贽等,提倡经世致用,注重实践,在许多领域开风气之先。以学术为例,杨慎确立的治学方法,实际是乾嘉学派之滥觞。作者认为,这些是影响徐霞客思想的近源。徐霞客西行入滇,寻访杨慎的遗迹和文物,对杨慎很仰慕。杨慎在知与行的问题上,提出"知不若行",纸上得来终觉浅,必须经过验证,才能"理实"而为真知,这对徐霞客"不行不见""不行不知""行而可知"的知行观影响很大。同时,徐霞客的好友中有八位与传教士有直接往来、徐霞客多次前往传教士活动盛行的福建旅游考察,从而推断徐霞客一定受到了西洋科学与科学方法的熏染。

传统的道家思想,是徐霞客热爱自然,走进自然,融入自然,迈入探险求知的基础;近世的注重实践、经世致用思想,养成了他在探险求知过程中的

"经此验之"的科学精神与科学方法;西洋科学书籍与科学思想,鼓舞他远离空谈、追求实学;家乡的人文传统是他实学思想最深厚的积淀。作为一位思想家,徐霞客既属于自然科学的范畴,也属于人文科学的范畴。该书的三位作者,既有研究人文的,也有研究自然地理科学的,他们在各自的领域有不俗的成绩,他们通力合作,各尽所长,为我们展示了一位17世纪奇士的思想风采,让我们在21世纪重新认识徐霞客这位中国科学史上"拓荒的巨人"。

(原载《理论学刊》2006年第11期,收录时略有改动)

空山灵雨在 长忆落华生

——读《落华生新探》

新近,王盛教授推出新作《落华生新探》(南京大学出版社 1998 年出版)。这是他继《许地山评传》之后,在许地山研究领域的新的发现、新的心得。该书有如下特点:

一、以占有最新资料见长。作者从 80 年代初,就研究许地山及其作品,得到许地山夫人周俟松先生及其家人的关怀与支持,由于占尽地利(周俟松先生长期生活在南京)人和,再加上王盛教授朴实无华的治学作风,几乎从一开始,作者在许地山研究领域,就力求多发掘、整理资料,尽可能多地驾驭新材料,或考订史实,或阐发新意,以提升自己的研究高度。例如,学界对于许地山的籍贯,并存两种不同的说法,一是认为许地山原籍福建;一是含糊地提出"生于台湾",王盛教授不盲从,特地请教周俟松先生,又向她借阅许地山父亲许南英的遗著《窥园留草》,多方比照,考定许地山籍贯,论定许地山原籍为台湾。家书是一个人思想赤裸裸的流露,许地山有一些家书为学者所共知,而王盛教授新著作中披露的许地山致长女(与前妻林月森所生)许樊新的两封信则是作者征得许地山小女儿许燕吉同意后首次公开发表,该信的发表,从另一个侧面让我们认识了许地山"做事要有恒,要以善意估量人"的立身哲学。类似这种以占有最新资料见长的例证该书中还有

《落华生新探》书影

许多。

二、研究视野开阔。如果把新出版的学术著作比作一朵鲜花,那么一部成功的作品不仅要让读者感受到鲜花的芬芳,还应该让读者感受到整个春天,读者通过阅读一本书,进而可窥知整个学术大视野的景观。《落华生新探》称得上是让读者能够窥知整个学术大视野的著作。王盛教授在书中以相当的笔墨介绍了中国大陆的许地山研究,划分出不同的历史时期,对许地山研究的代表作、代表人物做出比较恰如其分的评价。例如,作者提出80年代初期,许地山研究不同程度地存在着"左"的倾向,以政治"标准"和"尺度"去衡量作家作品,得出某种牵强、生硬、难以令人信服的结论,甚至还不如30年代初期一些研究客观和公正。他还将读者引向日本的许地山研究,把日本学者松冈纯子女士有关日本评介、评论许地山的动态,介绍给读者,这不仅让读者领略到作者在许地山研究这领域中的游刃有余,还让读者充分感受到作者的学术视野和境界。

三、较高的学术悟性。王盛教授认为许地山作品中贯穿着民主精神、人本主义思想及宗教情怀。有关许地山作品中的宗教问题,王盛教授提出了自己的见解。许地山毕业于燕京大学,留学于美国哥伦比亚大学和英国牛津大学,对宗教有着精湛的研究,著有《道教史》(上)、《道藏子目引得》等,晚年在香港,仍研究宗教哲学,曾著有《扶箕迷信底研究》。一些学者也因此用宗教教义来注释许地山的文艺作品。王盛教授认为这是一种不审慎的研究态度,是一种偏见。许地山的《鬼赞》,曾被认为是"讴歌死亡"、宣扬"阴森可怕的寂灭主义",王盛教授指出:貌似虚无,实则"乐生"的作品,先秦时代就有过,《庄子·至乐篇》就是一例,许地山的《鬼赞》也不是真的宣扬什么"虚无""寂灭",而是以此愤怒抨击多苦的人生和暗无天日的社会,是借"鬼"之口唱出了一支热爱和眷恋人生的赞歌:"人哪!你在当生、来生的时候,有泪就得尽量流,有声就得尽量唱,有苦就得尽量尝,有情就得尽量施,有欲就得尽量取,有事就得尽量成。"这种让人读来新鲜的结论体现出作者独特的学术悟性。

(原载《江苏教育学院学报》1999年第3期)

中美敌对与冲突的由来

《敌对与冲突的由来——美国对新中国的政策与中美关系》以 1949 年至 1950 年中国历史最重要的转型时期为时代背景,以美国杜鲁门政府对华政策及中美关系为研究范畴,充分依据档案、报刊、论著、回忆录、官修文书等"广泛的历史资料",全面、系统和深入地阐述了 20 世纪 40 年代最末期和 50 年代最初期,杜鲁门政府对新中国的政策。

作者没有仅仅把自己的视线局限于 1949—1950 年这一特定区域进行研究,而是展开至 40 年代后半期,在尽可能大的历史进程中,寻求某种历史的内在逻辑。作者认为,除 30 年代末期和 40 年代前半期外,"美国对中共的态度是敌视和反对",它不能容忍中国人用革命方式冲击美国在华势力,"也不能容忍共产党人在东方大国取得胜利"。即便在共同打击日本法西斯的岁月,美国政府明知国民党政权腐败,也没有接受中共的合作主张。

作者还从"观念""政策和策略"两个层面分析美国政府与新中国的敌对与冲突。作者认为,美国政府与新中国交恶基于如下理念,即新中国是社会主义阵营的一员,认为是中共的意识形态决定了新中国的反美倾向;其次,美国有相当一部分人认为,新中国几乎建立在废墟之上,共产党不擅建设国家,中国不会很快成为东亚地区的强国,因此,中国在经济上有求于美国,中国要获得美国的经济援助,就必须按照美国的笛音来跳舞。所谓美国政府对新中国要"先取后予"而非"先予后取",而这些又与中国共产党的追求独立、平等的政策格格不入。

在敌对观念的支配下,美国政府不承认新中国、"尽可能加剧(中国)共产党人的困难"、阻止中国人民解放台湾和西藏,甚至在朝鲜战争爆发后,派遣第七舰队进入台湾海峡。

《敌对与冲突的由来》最具独特魅力的是作者提出了"不同于大多数研究者的看法":杜鲁门政府在1949年和1950年对新中国近乎彻底的敌视政策,一是出于其所谓战略利益的考量,一是出于其"感情和意识形态"的驱使,而当中美间由敌视走向冲突,中国军队参加朝鲜战争后,美国人又"在亚洲甚至世界范围内认为中国是对美国利益的主要威胁"。

仔细品味作者的这些结论,再在更大范围内观照美国的对华政策,不难发现,它们已超越了1949—1950年这一特定的历史限域。当中国正以一个飞速成长的发展中国家在东方崛起的时候,美国的对华政策又给人似曾相识之感。

(原载《博览群书》1995年第3期)

第一个脚印

在国外大学,募捐是堂而皇之的事,大学网站的醒目位置就是"捐赠"栏目,在校学生的父母,毕业离校的校友均可以向学校捐赠。校友的捐赠是大学特别是私立大学财政的主要来源。

在中国大陆,大学募捐就显得低调得多,在代表中国大学最高水平的"985"高校的网站,是找不到类似国外大学"捐赠"栏目的,这大概是受了中国儒家义利观的影响,耻于言利,羞于开门纳捐。但中国大学的发展除了多争取国家教育财政的拨款,又确实需要包括校友在内的社会各界持续不断的支持。

募捐,通俗地说就是化缘,就是说服有钱的企业家从自己的口袋拿出银子来。现实生活中政府承诺的拨款尚且姗姗来迟,企业家一分一厘积攒起来的辛苦钱,要他/她捐出一部分来,又谈何容易?南京大学出版社出版的《大学募捐十六讲》(左成慈著,2016年6月版)首次与读者分享了大学募捐背后的肌理与故事。

20年前,作者受学校之命南下,任南京大学驻香港办事处主任,面向香港企业界募捐。20年来,他克服语言关(学习粤语,提高英语)、生活关(一人在港,无论巨细,事必躬亲),筚路蓝缕,硬生生冲开一条路,套用一句俗语,他不是在募捐,就是在为募捐奔波的路上,为学校的发展争取资源,募集资金,先后赢得超过 5 亿元人民币真金白银的捐赠,在大学募捐的实践领域留下了扎实的脚印,也为中国大学募捐事业留下了值得总结的宝贵经验。

《大学募捐十六讲》是作者左成慈教授 20 年募捐事业的理论思考和实践总结,这部书虽然不及成熟学科教材的体系完备、资料详实,但当之无愧是内地大学募捐的第一部实训教材,虽然有待提升的空间还很大,但该书无疑是大学募捐研究领域的"第一个脚印"。

全书分上篇、下篇、外一篇和附录。在上篇,左成慈教授力图构建大学募捐的基本框架,他从概念入手,探讨大学募捐的伦理基础与法律法规依据,建构大学募捐的组织形式和基本原则,勾画大学募捐的路径,堪称大学募捐的入门通识。如果说,上篇是一只脚在学术界,下篇无疑是一只脚在募捐的实战区。作者按照募捐的内在逻辑顺序,介绍募捐目标如何构建,项目书如何制订,捐赠人如何找到,如何请求捐赠,对捐赠者如何承诺与鸣谢,如何实现捐赠人的意愿,一次捐赠成功后如何寻求再次捐赠,每一章都是募捐成功必不可少的秘笈宝典,也是作者 20 年心血的集中分享。例如,作者在第十三讲谈到对捐赠者的承诺与鸣谢时,有如下一段文字:

> 有些大学明确捐了多少数额、是什么样的项目可以命名,那么,也包括如何用人名命名。假如说这个人是用他先辈的名字命名,那么,还相对容易一些。如果说用捐赠者个人来命名,因为捐赠者今后还有很长的路要走,有各种各样的事情会发生,会有各种各样的情况变化。所以大学要根据本校的实际情况确定命名规则,什么样的人可以命名,当命名者发生什么样的情况的时候,这个命名就取消,在协议文本中尽可能明确,以免引起误解,甚至引发风波。所以,要做到这样,学校应该有

章可循。也许这个"章"不一定公开拿出来,但在实际掌握过程当中,一定要有一个基本的标准,有一个全校上下的共识。

几年前,某大学的真维斯楼事件,是对这段文字的最好注解。

募捐的实践,可谓寻捐有的,请捐有章,谢捐有度,这些大学募捐的"真经"来自作者的20年实践,也散落在《大学募捐十六讲》的下篇的字里行间。

作者常年在香港,募捐的绝大多数成果来自香港的企业家的支持。书中"外一篇",记录了他与陈曾焘、赵安中、方铿、左涤江、田家炳、朱恩馀、蒙民伟、方润华、周伯英、林健忠、伍沾德等十多位他最崇敬的捐赠者的温馨故事及温暖画面,从中我们感受到募捐者起步的艰难、请捐的不易,领略到企业家们捐赠教育事业的慷慨大度与个人生活节俭乃至吝啬的鲜明对比,也分享了中国大学募捐的真实案例。这本书给中国大学募捐留下了历史记忆,特别值得大学募捐的同人们品味,也是关心中国教育慈善事业的研究者最鲜活的素材。

佛谚云,功不唐捐,付出的终有回报。作者1977年考入南京大学生物系,毕业留校不久,公派到美国做访问学者。1995年,应学校"征召",放弃自己的专业,步入还是一片荒芜的募捐处女地,而今他不仅成为大学募捐领域的翘楚,也是大学募捐理论思考的先行者。本书在出版前,作者已经多次在新加坡、香港、上海、杭州等地,慷慨地为兄弟高校的同人讲课,并从反馈意见中不断完善。

笔者以为,校友成为大学捐赠主体时代在我国尚未到来,面向企业家的募捐起步不久。《大学募捐十六讲》一书中作者独特的体验与领悟,在今后相当一段时间内,都值得大学募捐的实践者和理论研究者关注。

(原载2015年7月17日《中国出版传媒商报》)

另一种历史

民革江苏省委历经8年,组织并主编的《群英风采》系列,共五卷,计有学习教育卷、优秀提案卷、组织机构卷、艺术作品卷和人物事迹卷,2017年新年前夕,整体出版,这是江苏民革自身建设的标志性成果之一。该系列包含五大主题,民革党员思想建设,反映参政议政主要形式的党员个人或组织提案,江苏各级民革组织的建置沿革,展现民革党员才情的艺术作品和江苏民革各个时期党员的传记。

《群英风采》(以下简称《群》)以民革党员为中心,记录不同历史时期及当下江苏全省民革党员在本职岗位上服务国家经济社会建设的主要成就,参政议政的重要成果,党员个人与伟大时代相呼应的成长轨迹,一个个民革党员的"小我",汇聚成江苏民革党员的"大我",以这样一种特定的方式多面向呈现江苏民革活的历史,透过这些鲜活、具体而微的图文文献,我们可拼接出一幅幅江苏民革多姿多彩的历史长编画卷。

民革江苏省委主编这样一套书,有崇高的使命感和鲜明的历史意识。民革作为中国特色的参政党,将在相当长的历史时期履行参政党的使命。民革的历史是中国特色社会主义政党史、政治史的重要组成部分。不可否认的是,由于历史和现实的原因,参政党多关注当下,聚焦对国家治理能力建设的议政参政,聚力对国家社会经济发展的建言献策,无论是中央或地方,参政党不可能像执政党那样有专门的党派史机构,参政党普遍对自身历史缺乏应有的梳理和整理,党派自身历史意识不强,有些民主党派的基层组织的党员,对自己所在党派的发展历史,知之不详,甚至所知甚少,这样的大背景下,可资研究的民主党派史料相对稀缺,几乎成为常态。《群》系列图书的出版,是江苏民革各级组织自身建设的重要尝试。《群》系列图书有一卷,是有关江苏民革各级组织机构的,这次组织编写民革组织建置沿革,在客观上倒逼省内各级民革组织,厘清所在组织发展脉络,许多同志通过查询档案、走访政协机关以及部分老同志,弄清了自身组织所在何来,谁人创建,经历了哪些分合、调整、更替等,经考辨审定,留下了许多真实而宝贵的材料,这一卷也成了江苏各级民革组织专题史。

《群》系图书资料性高度真实。提案是统一战线成员建言献策的最重要的形式,也是民革党员中的政协委员民主监督、参政议政的成果。优秀提案卷,精选了江苏全省各级民革党员有代表性的提案110篇,涉及民主法制、经济发展、科教文化、医疗卫生、环保节能、社会民生等主题,案例直接由撰写提案者提供,且有党员提案文档、政府承办者回复文档、社会反响文档等完整的链条,图文俱在,互为印证,涉及的人物、事件、时空与提案缘由等要素直接来自源头,没有二传、三传产生的失真,保证了真实性。人物事迹卷,主要展现江苏民革党员务实进取,勤勉敬业,关注改革,推动创新,努力在本职岗位上创造出新的成绩的风采,由本人提供素材、组委会派人采写,经本人或后人核实,再经主编或约请专家审定,最后经出版社资深编辑把关,确保真实性与可信度,称得上是江苏民革史记的人物"列传",涵盖了自有江苏民革组织以来120位党员的大小传记,这些人物素材是江苏民革最具体、最生动、最有生命力的历史,也是今后研究江苏统一战线历史的宝贵资料。丰富了中国特色社会主义政党史、政治史的研究史料。《群》书出版的文献价值、研究价值于此可见一斑。

《群》书系列较为立体地再现了江苏民革党员的不同面向。学习教育卷,240位党员民革党员以理论学习、研究探讨、党务交流、人生感悟、实践总结等形式,检验了江苏民革党员对中国特色社会主义政治道路的主要内涵和基本特征的理解的深刻性和把握的全面性。240篇文章情理交融,为了解江苏民革党员坚持中国特色社会主义发展道路,走中国共产党领导的多党合作和政治协商制度,提供了具体而细致的材料,这是了解和研究江苏民革党员的理想信念、思想认识、精神风貌最鲜活的材料。艺术作品卷,以作品呈现的方式,汇集了江苏民革党员在书法、绘画、印刻、设计、剪纸、根雕、叶雕、刻瓷、盆景、篆刻、泥人雕塑等领域取得的成绩,透过他们的作品,可以了解民革党员的艺术造诣、人文情趣、精神追求和人生哲学,展现了民革党员的才艺、情操与境界。

中国人文传统中有"六经皆史"之说。《群》书系列所记载的,都是江苏民革组织的发展与党员个人的足印,在在都是江苏民革的历史。中国文化之所以历数千年而不坠,就是因为中国有重史、修史的传统,《群》书系列,虽不是严格意义的纂修历史,但是视为替未来纂修江苏民革史所做的一次文献的准备是恰如其分的,就这个意义而言,《群》系图书整体无疑是江苏民革历史的长编。这份民革历史的长编,兼具了资料性、工具性以及一定的理论性和艺术性,民革中央原主席周铁农高度肯定这一创意成果,欣然题写了主书名。出版后引起了江苏省内兄弟民主党派的关注,国家图书馆及主要省市图书馆、主要大学图书馆及民革中央和民革省市区都收藏了这套书。

《群》系图书是民革省级组织探讨参政党史料整理的大胆尝试,既有成功的经验,也有摸索中难免的不足。即江苏民革的共时性面向得到充分的呈现,而历时性面向稍显不足。如果有机会,建议增补一卷"大事记",这样,可以进一步增加这套图书的厚重感。

(原载 2017 年 2 月 28 日《团结报》,收录时略改动)

用生命书写华章

——读蔡年生先生著《中国抗生素发展纪事》

蔡年生先生是从我的家乡走出来的著名药学家。我认识先生是因为2018年她在南京大学出版社出版了一部书《蔡家五房：百年家族的回望与传承》。一位科学家在告别研究一线后，很快写出一部跨度百年的家族历史，我惊叹于老一辈科学家的家国情怀与人文关怀，惊叹于作者在梳理纷繁复杂的百年家族历史所表现出的惊人的记忆力、娴熟的剪裁力与高超的文字驾驭能力。2018年夏，我在南京新街口与先生的一次餐叙中，听她说起准备写一部中国抗生素的书，今年盛夏之时，蔡先生已经完成了这部《中国抗生素发展纪事》。我作为一个历史学出身的出版人，觉得这是一个有历史意义、含金量很高的选题。

蔡先生长期工作于抗生素学术研究、学术交流、国际合作、科研管理、新药开发等领域，兼任多项管理工作和领导工作。她把最美好的年华献给了共和国抗生素事业的发展。她是新中国抗生素事业的建设者、见证者，如今用寿于金石的文字，为新中国抗生素事业记事、画像、存史，成为新中国抗生素事业的记录者、研究者。

蔡先生从北京医学院（今北京大学医学部）毕业后不久就到新成立的"抗菌素研究所"工作。她自称这是"前生注定的缘分"。蔡先生曾有两位亲人在 20 世纪 50 年代因患肺结核无药可医而离世。她年少时也曾不幸染上浸润性肺结核,是苏联进口的链霉素挽救了她的生命。因此,她对抗生素的认识与理解,刻上了生命的烙印。她对抗生素事业的挚爱与投入,不仅有专业的使命、岗位的责任,还有穿越生死的感悟和成己达人、普度众生的宗教式情怀。她奉献给读者的是新中国抗生素人的集体记忆,作为后来者的我们,不仅享受蔡先生等前辈科学家研发产品带来的健康福惠,也了解到在中国共产党的领导下,在以学成归国科学家为代表的医药科研人员的努力下,新中国抗生素事业如何从零起步,不断开拓创新,造福人民健康。汤飞凡、樊庆生、童村、张为申、马誉澂……这些原本大多数人不甚熟悉的名字,经蔡先生铺陈叙述,娓娓道来,变得非常可亲可爱可敬佩。他们放弃国外优厚的条件、优渥的待遇,把最先进的抗生素研究知识、器皿、试剂、溶剂带回来,建设一穷二白的祖国,他们之于中国的抗生素事业,犹如钱学森、孙家栋、王大珩、王淦昌、黄纬禄等科学家之于"两弹一星"工程一样,赤胆忠心、大爱无疆,理应名垂青史。蔡先生客串了科学界的司马迁,为他们纪事写传,虽寥寥数语,亦功莫大焉。

蔡先生这一辈科学家有幸得到这一批回国科学家的亲炙,并耳濡目染,在科学态度、奉献精神等方面受其影响。他们的学术生命已经与新中国抗生素事业的发展交融在一起。

蔡先生曾任国家科委抗菌素专业组学术秘书工作,先后担任中国药学会理事、常务理事,抗生素专业委员会委员、副主任委员、主任委员、名誉主任委员以及《中国抗生素杂志》《中国新药杂志》等学术刊物编委、常务编委等职,工作面宽,视野开阔,洞悉新中国抗生素的发展,由她亲笔撰写新中国抗生素发展的本末,读者既可以看到 70 年来新中国抗生素事业的风雨历程,也可以听到她个人生命拔节的律动。

这部书稿的杀青恰逢中国抗击新冠疫情取得阶段性重大胜利,部分海外国家仍处在新冠疫情的沼泽中的历史节点。书稿的问世,将为当下中国新冠疫苗研制人员带来鼓励,也给尚未完全结束疫情的祖国带来历史的启迪。今天的中国,人才储备、科学发展、综合国力等是新中国成立之初所不可同日而语的。新中国在西方国家封锁的条件下,尚且可以依靠自身的力量,研发出抗生素新药,今天在人类的公敌新冠病毒面前,中国科学家也一定会研制出抗疫新药,助国人战胜疫情,恢复正常的生活。这也是这部书稿在当下的现实意义所在。

蔡先生去年秋天开始撰写书稿,大部分章节是在今年疫情期间完成的。蒙蔡先生厚爱,她每写完一章,我都有幸先读为快。其实,我是十足的门外汉,所学所专与抗生素研究完全不搭界。我只能从出版的视角,就表达风格、写作方式如何更贴近读者提一点看法供参考。现在捧读书稿,想到著作者是年过八十的老人,在疫情期间,依旧夜以继日,青灯黄卷,剔抉爬梳资料,厘清来龙去脉,为中国抗生素发展编年纪事。这是在与时间赛跑,是用生命在写作。

本书所记所述,都是蔡先生的亲历、亲见、亲闻,她并不满足于个人记忆或记录,为确保材料准确,还是尽可能引用了一些权威的文献材料,有政府公报,如《中华人民共和国发展国民经济第一个五年计划(1953—1957)》,有学术期刊,如《中国抗生素杂志》《药学学报》,有专业书籍,如《药物生物技术》《国外医药抗生素分册》,有综合性研究专著,如《当代中国历史研究》等。除了文献资料,图像资料也是非常丰富,不仅可以补充文献资料的不足,增添大众喜闻乐见的表达元素,而且这些图片本身就是珍贵的历史资料,也是重要历史场景的再现。例如,"1955 年 12 月 11 日周总理接见出席全国抗生素学术会议的中外代表""1956 年全国十二年科学规划医学组科学家合影""1959年社会主义国家第三次国际性抗生素会议照"和"中国代表团与英国生物化学家钱恩教授合影"等等。这虽然是一部专业性的书,但深入浅出,文字干净,语言流畅,图文并茂,十分可读。

在铺陈70年抗生素事业的发展事实的同时,作者也为滥用抗生素的用药生态担忧,提倡医药产业链的任何环节都要慎用抗生素,彰显了一位科学家利计天下的社会责任。她用数据告诉读者,西方国家抗生素的使用率在20%~30%,中国的比率一度高达70%~80%,果断呼吁特定人员停用某些抗生素。抗生素的出现治愈了人类千年沉疴,但过度使用抗生素,人类有可能再度蹈入无药可用的尴尬境地。这样的话由研发抗生素的药学家说出来,更加权威、专业,是科学精神,也是严谨态度,振聋发聩,警醒社会。

这本书就是一部《中国抗生素简史》,借用控制论的创始人维纳的话,是中国抗生素发展书写领域留下的第一个学术足印。作者过于谦逊,取名《中国抗生素发展纪事》。但无论用什么书名,这部书所陈述的历程是作者学术生命的投影,而这部书的书写,更是作者与病毒抗争、燃烧生命的结晶。

(蔡年生著:《中国抗生素纪事》,化学工业出版社,2021年2月版)

——— 序与跋

"左""右"逢源的出版教育

2006年11月,我应澳大利亚拉筹伯大学(La Trobe University)费约翰(Fitzgerald John)教授之邀请,赴该校社会科学研究院做访问学者。期间,我有机会熟悉澳大利亚的出版和出版教育。

我首先从熟悉澳大利亚大学出版开始,找到了一些出版史资料,如《西澳大学出版史》,了解到澳大利亚大学出版社经历过独立运营——被世界大出版集团收购——脱离收购母体再独立运营的过程。其次,就近访问了澳大利亚的出版同人,主要是维多利亚州编辑出版学会主席、墨尔本皇家理工大学(RMIT)编辑出版项目主任迈克尔·韦伯斯特(Michael Webster)教授。韦伯斯特介绍了维多利亚州的出版历史与出版教育,并用最经典的两句话概括了澳大利亚的出版教育:"一只脚在学术,一只脚在产业"(One Foot in Academic, One Foot in In-

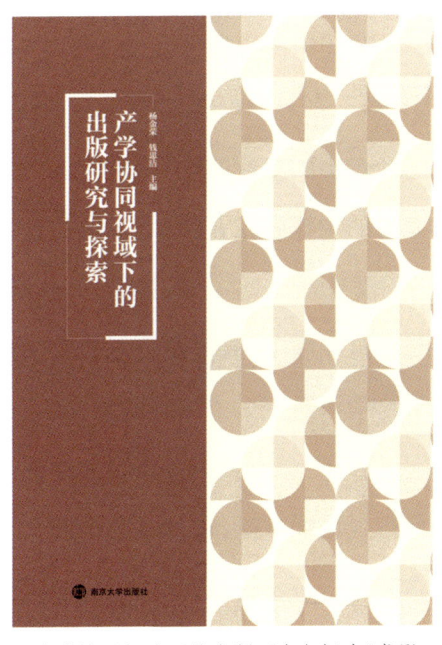

《产学协同视域下的出版研究与探索》书影

dustry)。

韦伯斯特先生脱口而出的一句话,所来有自。澳大利亚不少大学开设编辑出版学,有硕士课程班、硕士学位班,莫纳什大学(Monash University)等少数高校还授予博士学位。自20世纪80年代末开始,澳大利亚开始了出版课程的改革,这种改革以出版产业为导向,引入出版产业的管理者参与出版教育课程设置,尝试改变出版产与学两张皮的局面。回国后,应《中国编辑》杂志编辑耿丽萍女士约请,我写了一篇《澳大利亚高等出版教育的定位、特点与启迪》发表于该刊2007年第4期,向国内读者介绍了澳大利亚的高等出版教育,我以为这是可以攻玉的他山之石。

2011年开始,南京大学研究生院在国内聘请部分业界出版专业导师,我也忝列其中。如何指导好这些投奔南京大学双一流学科的学子?我想到了韦伯斯特教授说过的两句话。

理想中的出版专业硕士学生应该具备完整的学术训练,完备的大学通识教育,有一个主修专业,有一个辅修专业。如果有了这样的知识结构,学生经过出版专业的学习,就有了学科话语权＋出版专业训练。但目前中国大学的主辅修专业还不是很常见。南京大学早期曾开办过双学位,采取4＋2模式,即4年主修本科＋2年辅修本科,获得两个学位。但把辅修课程与学位相联系,看似照顾了修读者的利益,其实是学位意识太重,反而淡化了跨学科对于人才培养的意义。1949年以前,中国的高等教育受美国影响大一些,大学通识教育意识比较明显;1949年以后,中国高等教育受苏联教育模式影响至深,相当一段时间内,重视知识习得的深度,忽视了广度。这是教育行政主管部门思考的问题,也不是短期可以解决的。出版专业的硕士生,不管是写学位论文,还是将来进入出版行业工作,如果本科与硕士都是修读同一个专业,而没有其他学术兴趣,研究的问题意识和工作后的学术话语权就要受到限制。从跨学科的视角和多年出版实践来看，我个人主张大学招收出版专业的研究生，在相同情况下，应该优先鼓励本科是其他专业的学生，要特别鼓励已经有过出版工作经历的学生，不过，这一部分生源已经越来越少了，因为出版企业录用新人，已经基本从研究生开始了。可喜的是这几年跨专业报考出版专业硕士的学生越来越多。

如何指导不同专业背景的出版专业研究生，我的摸索是先从学术态度、学术方法的层面与学生共勉，如读书要心细如发，甘坐冷板凳，下笨功夫；研究要选一流的题目，切口要窄，善于"小题大做"；要善于做学术史梳理的工作；搜集材料"宁详毋略，宁繁毋简"；要适当关注一些新兴学科的方法或理论，建构自己的研究框架，等等。当然这样的旨趣明显是取法乎上。我会照例给学生开列一个阅读书单，但更鼓励学生自己找书读，学生具体读什么，在大的框架下做什么方向的论文，都不做限制，完全自由。编辑出版专业出身的学生，课程之外应该培养自己的兴趣、爱好，有足够的阅读量和持续的学术关注。未来的出版人需要有敏锐的眼光和专业的素养，才有可能立于时代的潮头，做出时代需要的好书。

就产业而言，出版专业的研究生应该多了解出版产业链的各个环节，了解出版产业的内在规律、运行逻辑乃至商业模式，了解国家的出版条例、政府部门的政策和行业的动态。读一点中国出版史，从中国出版的过去看现在和未来；读一点海外出版史，汲取世界优秀出版人的先进理念和经验教训。在我而言，我会尽可能结合案例给学生讲选题策划、编辑加工、宣传营销等，或长或短，不拘形式，学生可以随时发问，可近距离了解出版，也会安排她们旁听出版社员工的入职培训课程，了解最新的出版政策条文等。这些还只是"知之"的范畴，更希望学生更上一层，"好之""乐之"。希望他们从人类文明薪火相传的历史中，认识出版，理解出版。2019年，我在给南京大学出版社新编辑做题为"出版漫谈"入职培训的讲演时,鼓励他们说,图书出版的历史以千年计,报刊的历史以百年计,电台的历史勉强百年,电视的历史以十年记,网络与新媒体的历史,是20世纪末开始的事。从大传媒的视野看,图书出版历史最悠久,也最有生命力。何以如此?因为图书出版与民族的教育,民族的文化传承休戚与共,科学教育、思想启蒙和文化接力,离不开图书出版。出版不仅仅是技术的,产业的,更是教育的,文化的,不仅是形式的,更是内容的。出版人不仅应熟悉出版的"术",更应关怀出版的"道",不仅应重视手的熟练,更应关注眼的敏锐,不仅勤于"行",更要善于"思"。近代中国的著名出版家,无一不是一流的学问家、作家或翻译家。作为中国出版的传人,应该有学术理想,有知识生产的责任感与文化传承的使命感,才可在五千年灿烂文明的文化大国实现出版人的理想。

"左脚学术,右脚产业",不仅仅是出版教育的理念或模式,也是接受出版教育的学子的和出版工作者永远的"双修"课程。从这个意义上说,"左""右"逢源,才会有均衡的出版及出版教育。

自2011年开始,我兼职指导出版专硕,掐指算来,转瞬10年,指导学生十余人,先后有8位学生顺利毕业,她们有的学以致用,从事编辑工作,成为出版大家庭的新血轮,编辑出了"中国好书";有的宣教三尺讲坛,传编辑之道,授出版之业,解学子之惑,成为出版教学科研的后起之秀;有的拥抱新媒体,从事数字出版、内容运营,属于编辑出版的"后浪",她们的成绩,归功于她们的努力和在母校奠定的扎实基础。

她们的论文选题都是根据自己的学术兴趣自行确定的,有些我也曾给与启发,她们找到了所"好"所"乐"与出版研究的结合点。喜欢画动漫的就研究了新媒体的"条漫",喜欢日本小说的就从出版的视角研究东野圭吾作品在中国的翻译出版与传播,喜欢日本动漫的就研究日刊《少年周刊

JUMP》品牌策略,等等。

最近几年,我特别要求学生实习与毕业论文的选题结合起来,学会从实践中找研究题目,在实践中搜集资料、数据,只有在对产业有真切认知的基础上研撰的论文才接地气。无论是传统的,还是数字的,切实了解出版产业的内在逻辑,使产业的一只脚更加着地有力。

作为兼任导师,也都是努力左脚学术,右脚产业。攻读学位,海外访学,出版专著,参加国内外学术会议、承担课题;另一方面,用做学术史的方法,研发选题,开创学术出版的板块,通过学术参与,接触作者,争取优质学术出版资源,申报国家重点图书出版规划项目和国家出版基金资助项目。新千年第二个十年以来,又有学术外译,推进学术出版成果国际化,立足出版实践,把出版研究的论文写在产业的岗位上。这些基本构成出版专硕导师的素描,我也不例外。值此十年纪念,回望指导出版专硕、教学相长的风雨兼程,经历了出版教育产业导师制在南京大学的萌芽、发育、成长,与学生们一道见证高等出版教育的变革,选取出版专业硕士研究生论文的主干,勒编成册,既是我指导诸位弟子的剪影,也为出版教育提供了记忆文本,以此献给大学出版教育的十年。

(本文为杨金荣、钱思洁主编《产学协同视域下的出版研究与探索》一书的序言,收入时略有改动)

看得见的历史

2015年夏,我在金陵遇见了随同旅美历史学家李又宁教授来南京大学的华文作家石丽东老师。我对她的了解从她赠我的一本大作《谁与争锋:美国华人杰出人物》(台湾商务印书馆,2013年5月版)开始。

这本书记述了36位在美华人奋斗并取得成功的故事,书中有些人物是中国大陆读者所熟悉的。如杰出科学家丁肇中、著名导演李安,更多的人物故事,是中国大陆读者并不十分熟悉的,如第一位华裔太空人王赣骏,第一位获得"美国生物科技奖"的唐南珊,第一位华裔国际空间站站长焦立中,等等。石丽东老师是新闻学科班出身,获得台湾政治大学新闻所硕士,通晓华美两种文字,曾任职美国《休斯敦邮报》,经常奔赴重大科技事件的现场,撰写了大量的新闻报道,特别对在美杰出华人的事功关注有加。其所著《当代新闻报道》一书,是台湾大专院校新闻学专业的必备书,出版后多次印刷,这本凝结她新闻理论与实践的经典作品,是她学术贡献的写照。她聚焦华裔在美国社会的贡献,书写的不仅仅是炎黄子孙的岁月风华,更多的是身为同胞发自内心的民族自豪。这些鲜活的新闻报道,在岁月的流淌中慢慢成为固化的历史或档案,新闻人兼自由作家不知不觉转身成为历史现场的见证者、历史资料的采集者,其于在美华人历史档案的贡献,受到知名华族史学家李又宁教授的肯定与鼓励。

《谁与争锋》一书对于华人读者,读来精神振奋。诚如著名华文作家王鼎钧先生为其所作的推荐序所言,这些"活出铜像样子来"的炎黄子孙奋斗的故事,不仅是写给当下的中国人,也是为后世子孙所写。如果把华人在美国的奋斗史比作一部北美大陆的当代《史记》,这一篇篇文字,就是栩栩如生的在美杰出华人的"列传"。这些可圈可点的杰出华人故事,能够在中国大陆流传,也是丽东老师的心愿。恰逢中国大陆提倡"大众创业、万众创新",得知作者另著有两册《成功立业在美国》,采写的对象也是在美打拼的华人,我就与她商议,可否把两种书"打散"了再组合,分门编纂科技、人文、艺术、政商等多卷册的"双创"故事,多维度展现华人在美国多领域打拼、奋斗与成功的励志史记,给中国大陆同胞的"创业"与"创新"提供一份精神镜鉴,遂有了读者诸君手中的这本《在美华人"双创"故事·科技卷》,接踵而来的还有"人文卷""艺术卷"和"政商卷"。

丽东老师持续几十年的采访、撰稿,不仅是新闻人的敬业精神驱使,更有一种历史使命感在召唤。华人在美读书、生活、工作十分不易,更遑论在异族他乡取得骄人的成绩。但美国社会的进步,国家的强盛,包括了华人在内的多元族裔的贡献,这也是事实。作为华人媒体人、自由作家,丽东老师用自己的笔为自己的同胞留下了寿于金石的文字。她在读研究生时,论文题目便是"《万国公报》及其在晚清所推动的西化运动",比较关注中西文化的互动,这大概是她认知华人在美国贡献的历史底色。她的文字,从昨天的新闻故事到未来的历史材料,其实是一种内在而深刻的文化自觉,她要以事实(史实)告诉当下与未来,美国科技与社会的巨大进步,集聚了许多科学家、大学教授、艺术家、商人乃至政府职员在内的华人群体的智慧与努力,美国主流社会是很少有人愿意讲述或聆听华人这样一个少数族裔的成功故事的,如何以华文书写华族人杰的故事,成为她这位新闻人兼作家的一份沉甸甸的责任。

从 2015 年夏间讨论选题,到《在美华人"双创"故事·科技卷》即将与读者见面,历时 3 年,作者校核文字,润色文稿,增删材料,搜寻照片,与编辑之间的邮件往来多达 120 余通。其间,她还不幸遭遇了人生最沉痛的打击。2017 年 7 月中旬,在美国纽约圣约翰大学召开的"留美与近代中国教育"的国际学术研讨会上,我再次见到丽东老师,她不仅带来她的研究成果,也带来书稿校读的最新消息。

《在美华人双创故事·科技卷》书影

《在美华人"双创"故事·科技卷》遴选了 25 篇华裔科学家的故事,他们中有第一次登上太空的王赣骏、第一位担任太空站站长的焦立中、诺贝尔奖获得者丁肇中,有把毕生献给国际防痨事业的许汉光,有为香港高等教育做出重要贡献的香港科技大学原校长朱经武、香港城市大学现任校长郭位,等等,他们的"创新创业"故事,不仅是他们个人的荣耀,也是他们的母邦走向世界开创未来可资借鉴的巨大精神资源。

手捧这部书稿,我想起自己在南京大学念本科时所经历的一件难忘之事。我曾在南京大学礼堂有幸聆听了著名华人科学家李政道教授的报告。

他说,到20世纪末21世纪初,华人科学家一定会在许多科学领域执牛耳,许多美国的大学研究院的学术领袖将会由美籍华人担任。李政道先生对中华民族如此理性而坚定的自信,对华族科技人员的期许,让在场聆听者终生难忘!这是三十多年前一位科学大师向国人传递的文化自信!李政道先生的自信所来有自,他个人的成功固然是明证,他所推动的中美联合培养物理学研究生计划(CUSPEA),历时10年,为中国大陆培养物理学人才近千人,争取美国大学资助上亿美元,这样一个实实在在培养人才的计划,自然让李政道教授看好华族在世界科学技术发展的未来。另一方面,当时已经有华人在美国的科学研究与科技应用领域崭露头角。20世纪六七十年代以来,自中国台湾去美国留学的一代,到了80年代,已经开始在美国的科学研究领域大显身手,例如,本书采写的王赣骏,在1985年4月29日这一天,成为第一个进入太空的炎黄子孙,同时也是世界上第一位亲自登上太空轨道,亲自动手做自己所设计的物理实验的科学家。

《在美华人"双创"故事·科技卷》采写对象多数来自中国台湾地区,不过他们的父母辈差不多全来自中国大陆。王赣骏出生在江西,后随父母迁居台湾,1963年入读美国加州大学洛杉矶分校。本书作者石丽东女史自己也是出生在湖北巴东,生长在台湾,后在美国留学工作。1949年两岸分隔以后,台湾学生赴美留学潮约早于中国大陆20年,因此中国大陆留学生在美脱颖而出为华人争光的时代自然有一个"时差"。就在我写这篇文字的时候,1985年毕业于南京大学物理系的张翔院士正式执掌香港大学。2008年,他获得《时代周刊》评选的全球十大科学发现的发明,2010年,他成为美国国家工程院院士,这与王赣骏登上太空"时差"差不多20年。如今中国大陆赴美留学的学生已经雄踞美国国际学生人数榜首,他们之中未来一定会涌现出许多各领风骚的科技、人文、艺术乃至政商的精英,因此《在美华人

"双创"故事》会像电视连续剧一样,可以一集接着一集上演下去。

古希腊哲学家说过,人不能两次踏进同一条河流。这本书所呈现的"双创"故事,也许无法简单复制。但故事里所蕴含的求新哲学与人文精神,对后来者应该有所激励,有所启迪,我以为这是丽东老师写作的初心,也是我读完这本书的一点感悟。

(原刊于2018年12月19日美国《世界日报》B8版)

元代驸马蔡梦祥其人其事考[*]

元代时,江苏泰兴地方出了一位驸马蔡梦祥,蔡氏家谱记载了公主的名字曰月璁。元代是蒙古族统治中原,泰兴地方属于元代"南人"之地,蔡家大院走出了一位驸马爷,蔡氏家族增添了显赫的荣光,元代政治与社会的历史也在此留下了一扇视窗,供后人解读。

一、方志文献中的蔡梦祥

关于驸马蔡梦祥的记载,主要见于地方志。最早的有明代《嘉靖惟扬志》和《万历重修泰兴县志》,有清一代的泰兴县志几乎都有对驸马蔡梦祥的记载。

清康熙《江南通志》、四库全书本《乾隆江南通志》均记载:

> 元蔡梦祥,泰兴人,事母至孝,四世同居。明天启旌其门。

清《康熙扬州府志》记载:

---

[*] 蔡梦祥乃《蔡家五房:百年家族的回望与传承》一书作者蔡年生教授的远祖,该书2018年5月由南京大学出版社出版,此文是笔者审读《蔡家五房》书稿后的一篇考证文字。

庆云寺在泰兴县城南庆延铺,宋咸平年建。邑驸马蔡梦祥所舍宅也。

清乾隆重印《嘉靖惟扬志》记载:

蔡济,泰兴人,为将士郎;蔡梦祥,济之子,为总管。

清嘉庆重印《万历重修泰兴县志》记载:

元蔡济,宋咸淳有司委镇马驮沙,以破海寇。授承信郎,元尹本县,兼判江都。蔡梦祥,济之子,驸马都尉扬州路总管,事见孝友。

蔡梦祥,济之子,事母以孝。闻四世同居。裕宗朝表其门曰"孝义"。官至总管。

陆光裕,浙江平湖人。嘉靖乙卯举人,客泰兴,寓庆云寺。寺本宋都尉蔡梦祥舍宅为兹。

宋总管驸马都尉蔡梦祥,宅在城庆延铺,四世同居,裕宗表其门,曰"孝义"。

王穉登《重修庆云寺碑》:

泰兴有庆云禅寺,元驸马都尉邑人蔡梦祥所舍宅也。

民国二十年(1931年)刊本《宣统泰兴县志续》有关蔡梦祥的记载信息

最多,兹抄录于下:

> 南京礼部尚书平湖陆光裕复泰兴庆云寺碑记:泰兴县城南厢有古刹曰庆云禅寺,宋咸平二年邑人驸马都尉蔡梦祥舍宅建也。
>
> 元蔡济,本徽州人,父昊受宋命为扬州路总管(按此非宋官名,谱必有误。)当元兵之冲要,为浙福之藩篱有功,封永宁侯。济始迁居泰兴。(《蔡氏族谱》)
>
> 咸淳中有司委镇马驮沙,以破海寇功,授承信郎。元兵渡江,率泰兴江阴之民,迎河南张宏纲军,后有战功。历官泰兴尹、泰州监使。
>
> 蔡梦祥,济子,以宣命为河南管民总管,性至孝。父殁,庐墓三年,刻木像事之。母殁亦然。郡县惊异,有司上其事,朝廷再表其门曰"蔡孝子之门"。
>
> 蔡济泰兴尹、泰州监使。

以上泰兴地方志的文本信息,可勾勒出驸马蔡梦祥粗线条的画像。

蔡梦祥父亲蔡济,祖父蔡昊。蔡家原来居住在徽州,到蔡梦祥的父亲蔡济始迁居泰兴,这一迁移,给蔡家带来了命运的大转折。蔡济为宋元之交人,宋朝时,受命驻防马驮沙即今江苏靖江一带,因破海盗有功,任承信郎,这是个很小的武官。元兵渡江后,蔡济因助蒙元兵伐宋有战功,先后任泰兴县尹和泰州监使。祖父蔡昊在宋代也是地方官,但撰修蔡家族谱的人,混淆了元代与宋代的职官,把元代的官名扬州路总管,安插在他头上,显然错了。

蔡梦祥的父亲蔡济因战功而任地方官,留名乡邦文献,蔡梦祥则是因为孝义而受到官府的赞赏,相当于今天受表彰的道德楷模。蔡梦祥的主要事迹是孝道。方志文献上记载三件事,一是四世同居,家族和睦,其乐融融。

今天两代人已很少同堂了,遑论四代同堂这样温馨的画面。二是,蔡梦祥特别孝顺母亲,所谓"事母至孝"。三是其父母亲死后,"庐墓三年","刻木像事之",就是在父母亲的坟茔旁盖起庐棚,挂起父母亲的木刻遗像,事亲如亲在,守墓三年。中国古代有丁忧之礼,即父母去世,守丧三年。为人子者,若在官府,须去官守丧,子女们三年之中不得有婚丧喜庆之典,是一种礼制。蔡梦祥的庐墓三年则超越了常礼,把孝道推到了极致。

蔡梦祥事母至孝的事迹传到了官府,受到表扬,最终上报到了元大都。元裕宗表其门曰"蔡孝子之门"。这件事件发生在公元1276—1285年之间。因为蒙元征服泰兴地方一带在1276年,元裕宗死于1285年。这件事在当时人有记载。元代文人写过不少赞赏蔡梦祥孝义的诗篇,元代大诗人虞集有序蔡孝子诗,为这些士大夫的作品作序,收集在《元文类》中。

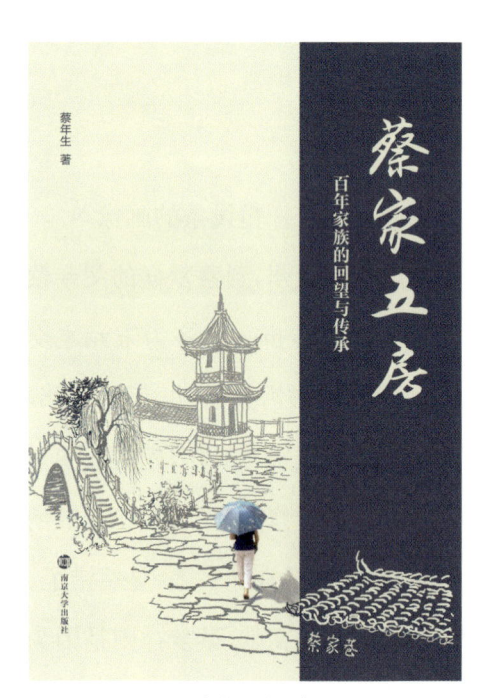

《蔡家五房》书影

元裕宗是元朝第一个皇帝忽必烈的嫡长子,名字儿只斤·真金,他自幼深受汉文化影响,他的启蒙课本就是儒家文化的典籍《孝经》,因此服膺儒家纲常伦理,所以虽为蒙古族皇储,却十分欣赏像蔡梦祥这样的孝义之士。

清康熙《江南通志》、四库全书本《乾隆江南通志》均记载说"元蔡梦祥,泰兴人,事母至孝,四世同居。明天启旌其门"。这里有一个错误,清代修泰兴方志的人误把元裕宗当作了明裕宗(唐裕王朱器墭,死于明天启二年),所以才有"明天启旌其门"。这显然不符合常理。元代人蔡梦祥的孝义,怎么到了300多年后的明代末期才表彰呢?"裕宗旌其门"应该是"元裕宗旌其门"。蔡梦祥在当朝就受到了皇太子的嘉勉。

蔡家迁居泰兴后,在县城南厢庆延铺,今天已在泰兴城内。庆延铺有庆云禅寺,建于宋真宗咸平二年(公元999年)。上列康熙《扬州府志》《万历重修泰兴县志》《宣统泰兴县志续》记载,说驸马蔡梦祥在宋代咸平年间把自己的住宅拿出一部分来建庆云禅寺,显然有误。蔡梦祥是元代人,宋咸平年间距离元代有270多年。有可能是在重修庆云禅寺时,蔡家宅地与古庆云禅寺相邻,复建时捐献部分宅地。1990年泰兴地方重修了千年古刹庆云禅寺,1997年塔院落成,2015年,大雄宝殿落成,庆云禅寺位于在泰兴城区西偏南方向的鼓楼西路。

二、蔡梦祥的传世诗文

在《永乐大典》中保存有《蔡梦祥集》蔡梦祥的诗集《梅边吟藁》,录有蔡梦祥诗八首。《永乐大典》介绍蔡梦祥时,说他是"元代人,字里不详"。《全元诗》也选录蔡梦祥诗八首,今抄录如下。

(一)张京叔佥事惠诗次韵

> 青骢缓辔入龟城,春满穷闾暗有情。
> 山岳动摇银笔重,日星辉霍绣衣明。
> 满腔报国丹心露,双鬓忧民白发生。
> 神政肃然词讼简,公余时听读书声。

（二）邑簿林雨江惠诗次韵

东风无情哭杜鹃，白杨萧萧古道边。

思亲思亲心苍然，荒郊寒食空年年。

嗟失怙恃何太早，茕茕呱呱苦忧挠。

灵椿雕谢摧萱草，落花满地无心扫。

酸风苦雨暗销魂，烟沙扑面日色昏。

时思亭前酹一尊，痛心泉涌血泪痕。

街哀独立松楸下，迷目茫茫飞野马。

翘首吁天恨莫舍，为我心忧知我者。

我心之忧终此身，先生佳章慰我真。

口泽手泽痛愈深，那敢远继考叔纯。

座中多是葭莩客，不为赏心游紫陌。

看君吟对青青柏，蓼莪可蔽诗三百。

（三）冰壶行

冰壶行，冰壶行。

玉泉未为洁，宝月未是明。

照人见肺腑，察物分粗精。

山灵川祇知辟易，奸邪掩眼瞻已倾。

野夫来近冰壶行，冰壶影里寒光生。

挠之不浊如珠渊之澄彻，凝然不动如云崖之峥嵘。

一方寸地即太极，阳舒阴惨四序平。

严霜栗冽用秋杀，时雨沾润嘘春荣。

明良赓歌在即日,毋俾赞美专阿衡。

(四)茅斋

草创衡茅只数椽,时亲佳友阅吟篇。
虽然眼底无他地,却是人间小有天。
月冷动人东阁兴,风凉快我北窗眠。
粉墙朱户谁家宅,昨日笙歌今寂然。

(五)寄孙宰

忆昔孙抃真英豪,箕裘事业遗儿曹。
文章誉望满天下,至今仰望书楼高。
吴兴太守扬善政,莅官处事如明镜。
千年汗竹载香名,历世观之皆起敬。
公家功业有如斯,公家才学世所知。
暂尔栖鸾来斗邑,矮屋打头从人嗤。
发挥政事春雷震,游戏辞章驱笔阵。
修程腾踏未易量,直须腰挂黄金印。

(六)寄陈侯

汉朝校尉扬威雄,百蛮畏服心冲冲。
有孙胆气吐长虹,六韬三略藏心胸。
玺书喜拜新恩隆,映门旌旆生春风。
战袍白昼耀日红,稳骑铁驴腰彤弓。
将军百战争先锋,七擒七纵谈笑中。

黑头早画麒麟容,皇家青史标奇功。

(七)寄张忠显

冲寒按辔莅龟城,姑射仙人有意迎。
柳絮风前春万里,梨花月底夜三更。
醉乡空阔不知冷,诗兴峥嵘转觉清。
只恐客窗情绪恶,衾裯如铁梦难成。

(八)寄刘君锡

情分才深又语离,停云有恨复谁知。
几千余里梦回处,二十四桥月落时。
对酒每思君别久,望书徒怪雁来迟。
邮亭若也逢人便,不寄梅花也寄诗。

以上八首诗,前两首诗是酬唱之作,用的是别人诗歌的原字原韵,即次韵。中间两首借物言志,抒发个人的情怀,后四首是赠与时人的诗。蔡梦祥在元代颇有诗名。《永乐大典》作为中国皇家最大的百科全书式的文献集,蔡梦祥的诗文得以入选,这是后世对他文学地位的肯定。另一个可以一窥蔡梦祥文学成就的标尺,是其诗入选《全元诗》。但蔡梦祥的诗文声名远不如他的孝子之名,这从元代大儒虞集序蔡孝子诗可见一斑。

三、元代文人笔下的蔡梦祥

今天可以看到最早的有关蔡梦祥的记载,是元代著名学人虞集的序"蔡孝子诗"。

虞集是元代最负文名的学人,是"元儒四家"之一,又是著名的诗人,被称为"元诗四家"之一,为元代中期文坛盟主,诗文俱称大家。虞集还是著名的理学家,非常看重道德教化,他之序蔡梦祥诗,大概有两层意义,一是赞赏蔡梦祥的孝义,这与他的理学思想十分契合;二是由于蔡梦祥的身份,与王室有姻亲关系,而虞集喜好歌颂元室,故有此序文。以下是虞集序蔡梦祥诗的全文。

蔡孝子诗序

礼之起,其初盖缘人情,而圣人节之,以天理之攸当而定之。使之质不过于鄙野,文不过于虚浮,如是而已矣。今有能缘情以尽其心,若扬州孝子梦祥者,宜在乎君子之所取也。盖昔有丁兰者,伤亲没而不得见,刻木像而事之,饮食温清,奉之若生存,梦祥慕焉,其父殁,庐墓三年,刻木像父事之。母殁,亦刻木像母事之。自闾里郡县,咸共惊异。部使者核实,有司上其事,朝廷因表其门曰"蔡孝子之门"。古者亲丧未敛,刊凿木而为之重。既葬,作主而事之,曰是神明之所依也,其制可得而言矣。盖以栗若坚木为之,员其首象天也,方其趺象地也,陷其中象其心之虚。其题之以其姓若讳,窍其两旁,当其长三分之一,若以通神明之出入也。题其面曰某亲某官封之主,儒先君子率尔而行之,盖求之至而议之精矣。故昔有画像而祭之者,既而曰一须发之不似,则为他人矣,于是不复用,然后知主道之所以尽善也。是故其将祭也,必先斋焉,思其居处笑语,所以若将见之。及祭而后奉主以出,焫萧灌鬯,求之以形气者微矣。有尸有祝,求之以神明者著矣。既祭则藏之,言不可亵也。一之以神道则已疏,一之以人道则近于不可知。故曰生事之以礼,死葬之以礼,祭之以礼,而孝子之道备矣。先王之制礼可考也,而近世学不讲,公卿大夫之贵,宫室拟王者,而祖考无所于依。淫神异鬼则像而祀之,而祖考之神明无所于食也。则孝子之为木像也,几主道矣。缘其情之所起,而知进于礼,则孝子诚足以为天下劝哉!蔡父济,当天兵渡江时,尝率泰兴江阴之民,迎河南武定安之军。后有战功,遂历泰兴尹、泰州监使以殁。梦祥以宣命为河南辖下管民总管云。大夫君子赋诗美孝子,太常博士虞某为之序。

虞集在序文中,主要以蔡梦祥事母至孝为例,阐释了中国文化中的孝道与礼制,父母在,为人子者,要事之以礼;父母殁,则葬之以礼,祭之以礼。他评价蔡梦祥的孝义,是起于对父母的感恩之情,也是对中国儒家传统礼制的坚守,称赞蔡梦祥"其诚足为天下人劝",值得天下人镜鉴学习。

虞集的序文不是为蔡梦祥个人诗作序,而是当朝有不少人赋诗赞美蔡梦祥,虞集为这些赞美蔡梦祥的诗集作序,是对蔡梦祥孝义美德的称许。虞集序文作于太常博士任上,在1312—1319年间。文中关于梦祥父亲蔡济的事功及蔡梦祥的官职,也是迄今所知距离蔡梦祥父子最近的记载,因而最接近历史真相。

蔡梦祥的官职是河南江北行省扬州路总管。我们今天的"省"这一行政区划,源于元代,当时称"行省",省下还有路、府、州、县,扬州路在当时是上路,所谓上路主要是指户籍人口规模相对大,扬州路总管是蔡梦祥当时的官阶。

四、蔡梦祥何以成为驸马

地方志文献记载蔡梦祥家族由江南的徽州迁入。蔡家族谱有说远祖自福建迁入。据双凤堂刻本《蔡氏宗谱》记载,泰兴蔡氏先祖源自福建济阳,济阳蔡氏在有宋一代,名门辈出,蔡襄、蔡京均出自济阳蔡氏。族谱记载迁入泰兴的蔡氏一世祖乃蔡京的五世孙,地方志记载的蔡昊为迁入泰兴的三世祖,被封为"永宁侯"。

在元代,蒙古族为"国族",享有的地位最高,特权最多。色目人(西域人及部分契丹人等少数民族)、"汉人"(指淮河以北原金朝境内的汉族与契丹、女真等族)次之。"南人"(最后为元朝征服的原南宋境内包括江浙、江西、湖广三行省和河南行省南部各族)地位相对最低。蔡家无疑属"南人"。元初也没有兴科举,元代的科举到了元仁宗(1313年)时才下诏开科的,虞集在太常博士任上为赞美蔡梦祥的诗作序,时间已经到了1312—1319年间,那时蔡梦祥已经赢得文人雅士的赞誉了,地方志没有他通过科举的记载,那么,属于"四等人"中"南人"的蔡梦祥是如何被招为驸马的?这是很有意思的问题,不仅蔡家后人会关心,就是研究历史的人也会关注,因为它已经超出了蔡门一家的历史,牵涉到元初的政治史与社会史。

元代大儒虞集在序蔡孝子诗中有一段话很关键:"蔡父济,当天兵渡江时,尝率泰兴江阴之民,迎河南武定安之军。后有战功,遂历泰兴尹、泰州监使以殁。梦祥以宣命为河南辖下管民总管云。""天兵"指元朝军队,"河南武定安之军",可能是"河南武定王之军"之误。"河南武定王",是元代蒙古族大将阿术。1276年,他降服了今天扬州、泰州一带的南宋军队,事见《元史·阿术传》。在灭南宋的过程中,蔡梦祥的父亲曾经率军民迎接元朝的军队,即阿术率领的蒙元大军。蔡济参与了征伐南宋的战争,且有战功,为元代开国建立了功勋。泰兴地方在宋末元初的军政地图上,地位十分显赫,战争结束后,阿术在泰兴领二千食邑,就是可以收二千户的租税,作为俸禄,这件事也见于《元史·阿术传》的记载:"至元十三年九月辛酉,(阿术)入见世祖于大明殿,陈宋俘,第功行赏,实封泰兴县二千户。"蒙元军队在征伐过程中极其野蛮,蔡济的反戈避免了蒙古兵的嗜血屠杀,保全了一方百姓的性命。这也是有史可证的:"(至元十三年)七月乙卯,泰州守将孙良臣开门纳降,执李庭芝、姜才,奉命戮扬州市。扬、泰既下,阿术申严士卒,禁暴掠,有武卫军校掠民二马,即斩以徇。"(《元史·阿术传》)蒙元军队对于抵抗的南宋军民与输诚的军民,是区别对待的。蔡济因战功被新朝被任命为泰兴地方官。

蔡氏族谱记载,蔡梦祥迎娶的公主为月璁公主,此公主不见于官修的《元史》。月璁公主很有可能是宗王之女,而非元帝骨肉。有元一代,宗王之女,也称公主。而富甲一方的豪门是可以娶宗王之女为妻的。《元史·虞集传》记载:"南昌富民有'伍真父'者,赀产甲一方,娶诸王女为妻,充本位下郡总管。"蔡梦祥以"宣命"任扬州路总管,可能与《元史·虞集传》中南昌富民娶诸王子女,充本郡总管的例子相类似。因为做了驸马,充任扬州路总管。

蒙元大军征服扬州、泰州后,阿术受封泰兴县二千户食邑。月璁公主极有可能是河南王阿术的女儿,蔡梦祥有可能是阿术的金龟婿。根据《元史·诸王表》可知,蒙元时期,与成吉思汗黄金家族有关的蒙古贵族男子,亦受封宗王。阿术无疑是宗王。蔡济的战功,赢得了元朝的信任,在元初行汉法、用汉人的环境下,蔡梦祥与元代宗王之女联姻,成为驸马都尉、扬州路总管,这也是元朝统治者对汉人的笼络,通过姻亲关系,骨肉相连,也有反制汉人起兵谋反的意味。蔡梦祥官至扬州路总管,也与驸马都尉的身份有关。因为如果不是有驸马的身份,他的官阶是不会高于其"有战功"的父亲的。

蔡梦祥父子成为有元一代朝廷命官的事例,也说明元代不同民族之间虽有等级制度,对于有功新朝的"南人"也是有晋升管道的,毕竟在征伐南宋的战争中,需要争取汉族士大夫的支持,如同蒙古族统治中原,需要采用儒家的政治制度一样。

蔡梦祥孝顺父母的品格也是他赢得驸马都尉的原因,他因此得到储君的表彰。旌表蔡门的是元裕宗。裕宗是元朝第一位皇帝忽必烈之嫡长子,也是第二位皇帝元成宗铁穆耳的父亲,他在1273年被封为皇太子,按照汉家天子的皇位继承制度,本应是是忽必烈帝位的继承者。真金自幼深受儒家文化影响,后因禅让事件而忧郁成疾,不久病逝。有元一代的皇帝都是真金的后裔。

真金也是忽必烈行汉法的有力支持者。所谓行汉法,是蒙古族统治中原后,采用儒家的治国理政的思想与政治制度,起用汉族官员等等。祖籍泰兴的著名元史研究专家、已故台湾"中研院"院士萧启庆教授的研究认为,忽必烈即位之初,推行汉法,意图通过任用汉人以达到笼络汉人的目的。

大将军阿术以公主月璁嫁给深受皇太子赏识的蔡梦祥,不仅用以笼络新征服的汉族人,也是他迎合皇太子裕宗的政治考量。阿术是大蒙古国开国功臣速不台之孙,在征伐南宋的战争中立下赫赫战功,官至中书省平章政事,遗憾的是阿术在讨伐叛王的战役中死去,裕宗不久也抑郁而亡。王室婚姻的政治效应没有得到发挥,倒是留下了蒙古族公主与汉族士人爱情的千古佳话。

寓乐于记

改革开放四十余年,也是国人英语学习投入最多的四十年。从1977年恢复高考不考英语,到逐步增加英语考试比重,再到高考英语百分之百计入成绩,英语在高考中的地位比肩语文、数学。与之相对应,英语课的开设,从大学开始,向高中、初中和小学高年级延伸,进入新千年,英语课纳入国民教育全课程,从小学一年级开始系统学习英语,更有"不愿输在起跑线"者,幼儿园就开始英语学习,英语学习甚至超越了母语学习。进入大学后,学生学习英语的时间占比也非常高。20世经90年代初,在某著名重点大学甚至流行这样的一句话,文科生毕业后可以吃英语的饭,理科生可以吃英语和计算机的饭。以上在在说明社会对英语学习的需求是极其旺盛的。这与改革开放的社会发展是同步的。

四十余年来,关于英语学习的图书汗牛充栋。有关英语单词记忆的图书也是数不胜数,各种记忆单词方法、技巧的图书琳琅满目,层出不穷。这些图书几乎都有个共同点,即假定英语学习者都会成为标准的英语学习者,所以按照英语的思维,遵循英语单词的构词法则,让英语学习者背诵词根、词干的意义,了解一些常用前缀、后缀,学会理解式记忆。这当然是理想的英语单词学习途径,但未必适合所有的学习者。国人学习普通话尚且有人

"乡音未改鬓毛衰",学习、记忆属于完全不同文化背景的英语是很难做到像英语为母语的学习者一样字正腔圆、章法有度的。英语学习的终极目的在于学以致用。如果有适合自己的方法学习英语,背诵单词,即使是不合经典的"土法子"也不失为一种选择。这种选择英语学习者从未放弃过。据说,民国时期,上海人学英语就有人把 summer vacation 念成上海话"啥么勿开心"。当年中国人民志愿军在朝鲜战场上遇到美国士兵,要说"缴枪不杀",临时教给的土办法是让他们说"葡萄糖",音谐英语"Put down",据说十分管用,美国士兵也听懂了是放下武器。这样的"土法子",不仅在硝烟弥漫的战场可以"救场",而且在英语学习者中一直野蛮生长。20 世纪 80 年代,我在南京大学读本科时,修读过知名英语语言学家刘纯豹教授的课程,他讲的语言学原理如今早已忘记,但他批评有人把 very good 记成"肥肉骨头",把 chopsticks 记成"敲不死踢死"的风趣笑谈,至今记忆犹在。可见,下里巴人式的"联想"记忆是很容易留下印记的。网络时代,类似说法就更不胜枚举了,例如,把 ambulance(救护车)记成"俺不能死",pregnant(怀孕)记成"扑来个男的",ponderous(肥胖的)记成"胖得要死",pest(害虫)记成"拍死它"音和意皆诙谐捧腹。这些看似滑稽可笑的记忆法,一方面反映了英语学习者的困惑,更多地折射出对学习英语记诵"土办法"的探索。

南京大学博士后程东祥,在吉林大学获得工学博士,自大学研究生时代就钻研英语单词记忆法,研究如何按照汉文化思维方式通俗易懂记英语单词,为大学英语四级、六级和考研词汇学习提供帮助。程博士的书曾经在母校吉林大学出版过,销售不错。他的这种钻研精神的结果应该是前面提到的国人记诵英语单词"土法"的集中的体现。最近他又对原书稿打磨、修改出版,为英语学习者提供一种与众不同的记忆方法,即汉式逻辑记忆法,也是属于下里巴人式的联想记忆,读者在诙谐之中或许会烙下深刻的印记。

我作为出版界的一名老兵,曾兼任外语编辑部主任多年,组织出版过不少英语单词记忆用书,每一本单词记忆图书都是作者的一种探索,都为读者提供了一种选择。东祥博士后的英语汉式逻辑记忆法也是一种"土办法",是英语单词记忆百花园中的一朵再度盛开的鲜花,充满了泥土气息,相信一定会有学习者喜欢、适应,并收割意想不到的收获。

东祥博士后希望我为他的书写几句话,我聊作数语,权以为序。

(《英语词汇汉式逻辑记忆》,南京大学出版社 2020 年 8 月版)

后 记

商务印书馆元老高梦旦先生曾经有言:"吾之所欲言,人既代我而言之,则不啻我之自言。我之所不能言,言之所不能达,人且代我而尽言之,则更胜于我之自言。异日斯说行,天下蒙其泽,我必与焉,否亦同归于尽而已。"这句话说出了天下出版人的欲言而所未言。

2020年最热门的文化话题,无疑是《胡适留学日记》手稿拍出了1.3亿元的天价,成为世间最贵的"日记"。前此,"亚东图书馆遗真"先后在商务印书馆、上海图书馆、杭州图书馆、江苏美术馆以及安徽大学校园巡展《胡适留学日记》手稿等一批"新文化运动文化遗产"。著名文化史学者张宝明教授称这是一位出版人与两位思想家共同创造的"纸上传奇",历史学家耿云志先生称亚东图书馆与胡适、陈独秀两位思想家相互成全。作为出版人,我看亚东图书馆与胡陈二人是"彼此成就,惺惺相惜"。世间最贵日记的问世,无言地阐说了什么是"天下蒙其泽"。虽然是"寂寞身后事",足可留下"千秋万岁名",这份荣耀属于思想家,也属于出版人。

正是有了无数出版人像高梦旦先生所说的"人且代我而尽言之,则更胜于我之自言"的文化情怀,让"天下蒙其泽",文明薪火才得以赓续不断,文化传承才有了生生不息的活力。

新文化运动带给时代的馈赠是可遇不可求的,这样的机会在中国历史上不啻是千年一遇。今天的出版人已经很难复制亚东图书馆的成功与辉煌。

笔者忝列出版界,没有奢望创造"纸上传奇",只是希望像教师教好书,农民种好地一样,把书做好。

20世纪80年代曾迎来思想解放的波峰,出版了不少新思潮图书。20世纪80年代,也进入改革开放后回归正轨的科学研究的收获期,出版了一批集大成研究成果,仅以南京大学的历史学研究为例,韩儒林先生主编的第一部《元朝史》、王绳祖先生主编的《国际关系史》10卷本均在20世纪80年代中后期出版。90年代进入了本土学术研究的黄金收获期,学术出版迎来了机遇期。

我编辑的第一部学术著作是南京大学元史研究室主编的著名蒙元史专家韩儒林先生九十周年诞辰纪念文集。虽然是纪念文集,汇集了海内外第一流蒙元史学者的专文。书稿在总编办公室一直没有人接手,盖因这部书稿涉及的知识太过专门,编辑工作有挑战性。当时没有确定的书名,只有后来的副书名"韩儒林先生纪念文集"。我与姚大力教授商量书名,姚老师说可以取名《草地集》,这个颇有诗意的书名恰到好处地对应了韩先生唯一的文集《穹庐集》,也隐喻韩儒林先生蒙元史研究的奠基性贡献,我记得他不无认真地说,他很喜欢这个书名,将来他要出文集,就定《草地集》。不过最后姚老师所定主书名为《内陆亚洲历史文化研究》。

我约稿的第一部学术图书是4卷本的《西域通史》,由陈得芝师领衔,新疆考古所的王秉华研究员,南京大学元史研究室的魏良弢、刘迎胜、华涛教授等老师担纲研撰。原本希望在新世纪之交出版问世,一直未能如愿。

我参与编辑的第一部大型学术图书是老校长匡亚明教授主编的201部《中国思想家评传丛书》项目,担任《评传丛书》编辑的过程,也是很好的学习和自我提高的过程。我曾有机会协助审稿《拓跋宏评传》等,为完善书稿贡献过自己的些微意见,也曾坚持己见,退改《评传丛书》的某一部书稿。编辑《评传丛书》让我有机会聆听主编匡亚明教授的灼见,耳濡目染《评传丛书》几位副主编如茅家琦教授、林德宏教授、蒋广学教授对待学术与学术出版的谨严态度。

20世纪90年代后期开始,我尝试寻求自己的学术出版方向,策划自己专业范围的选题。1999年,我编辑了杰出校友、著名历史学家章开沅先生编译的《天理难容:美国传教士眼中的南京大屠杀》,6年以后,又编辑出版该书的日文版。1999年,我签约张宪文教授主编的国内第一部《中华民国史》(4卷本),2001年,编辑出版了张宪文先生主编的国内第一部研究十四年抗战全史著作《中国抗日战争史》,以后见视之,出版这本书还是有点牛犊之勇。同年,编辑出版了我的导师崔之清教授主编的《太平天国战争全史》(4卷本),这是国内研究太平天国军事史、战争史、战略史的集大成之作,2019年再版印刷。2005年,中共中央总书记胡锦涛在人民大会堂与中国国民党主席连战先生握手,这历史性的相逢一笑,也给民国研究出版吹来了暖风。2006年,《中华民国史》终于出版,在海内外产生了一定的影响,先后在南京大学和奉化溪口举行新书品评会。2009年,我再次和张宪文教授签订《共和肇始:南京临时政府研究》一书的合同,2012年1月,该书与香港中和出版集团联袂出版,入选了全国纪念辛亥革命100周年20种重点图书,2015年获得第五届中华优秀出版物奖提名奖。2012年下半年,有美国国会图书馆亚洲部研究主任居蜜博士的《居正与近代中国》出版,9月14日在台北首发,阵容壮观,中国国民党荣誉主席连战先生发表情深意切的致辞。2015年4月,海峡两岸70位历史学者联手撰著的18卷本《中华民国专题史》在南京紫金山庄发布。2016年,张生教授主编的10卷本《钓鱼岛问题文献集》出版。其间,约请朱庆葆教授主编4卷本《中国禁毒史》、蓝凡教授的4卷本《中华民国艺术史》,均入选十三五国家重点图书出版规划项目。民国历史研究出版初具特色。2009年,笔者被推选为"江苏省首批新闻出版行业领军人才"。

南京大屠杀史研究是民国史研究的一个引人注目的专题。2012年12月6日,张宪文教授主编的《南京大屠杀全史》在北京首发,第二年,该书获中国出版政府奖图书类奖提名奖。自2015年开始,这一主题搭上了国家丝路书香工程和中华学术外译项目的顺风车,先后出版了英文、韩文、希伯来文、印地文,签约了阿拉伯文、哈萨克文、泰文、西班牙文、俄文、波兰文等10个语种。我为自己将"南京大屠杀史研究成果"多语种"走出去"尽一点绵薄之力,而感到欣慰。2017年,我以"《南京大屠杀全史》海外多语种出版研究"为题获南京市百名优秀文化人才资助项目。2019年4月19日的《中国出版传媒商报》记者在采访我的报道中,用了"历史使命""责任意识"和"专业情怀"三个词概括我在这一领域所做的工作,实在是愧不敢当。

南京大学的国际关系史研究实力相当雄厚,我在读书期间,选修过吴世民教授的"近代国际关系史",也偶尔会在历史系大楼遇见中国国际关系史研究会创会会长王绳祖教授。中国自己培养的第一位国际关系史博士朱瀛泉教授后来与我同住一栋大楼。2000年前后,我在朱瀛泉教授的支持下,开始做一点国际关系史方面的选题,先后出版《国际关系评论》8集,主持"十一五"国家重点图书出版规划项目"全球视域下的国际关系丛书"(20卷)。前几年,增添一位本校国际关系史的硕士,专门开发这一板块。目前这一块也成长得很好,国家社科基金后期资助项目有国际关系、国际政治的书稿多次指定在南大出版。

进入本千年,政府的文化事业与文化产业政策对学术出版形成了重要支撑,笔者依靠南京大学的学术资源与学术平台,成功申请并主持国家重点图书规划项目、国家出版基金资助项目、国家丝路书香工程和国家社科基金中华学术外译项目近 30 项。

这些努力不敢说让"天下蒙其泽",对学科建设与学术发展也许还有点意义。

我也曾客串策划主题出版"祖国读本"两种,《建国 50 周年知识问答 500 题》和《国旗国徽国歌国都知识问答 200 题》,并成功在澳门教科文中心向各界代表赠送读本的活动。跨界约请著名作家范小青女史写了一部城市文化随笔《苏州人》,获得 2015 年度"江苏好书",这些算是学术出版之余的插曲。

出版是遗憾的艺术。一方面,以后见之明审视,所有的出版物都是特定时空的产物,都有时空局限的烙印;另一方面,出版人都希望把自己的学术文化理想"人且代我而尽言之",但现实是必须有所为,有所不为,有所为,有所不能为,所以难免会有书稿被退回,选题被婉拒,为学不易,做出版亦不易。

出版的遗憾还在于,出版已经专业化、职业化和产业化,出版人已经很难像近现代中国史上的出版前辈那样,在出版与学术的旋转门之间从容切换。记得 2000 年夏,我在上海乌鲁木齐南路的美国驻上海领事馆面签时,被问到最刁钻的问题是,编辑为什么要做访问学者。我当时的回答签证官是默认的。但现实中,似乎学者与编辑已不相容。2004 年 5 月,以出版《中华民国史纲》而为天下知的河南人民出版社的一位青年编辑蔡瑛先生给我写了一封约稿信,后来他又来到南京大学,向我面约书稿,我与他在南大鼓楼校区汉口路上的飞特餐厅吃了便饭,并以作者身份签下一份出版合同。2011 年秋,河北人民出版社资深编辑王静先生也给我打来一通电话,约我写一部《胡适晚年》,并寄赠一部同系列的作品《茅盾先生晚年》。但无论河南人民社还是河北人民社,最终都没有收到我的书稿。我所以要在此提及此事,是因为我知道约稿意味着什么,约稿无果又意味着什么,我要借此机会向两位同道表示诚挚的谢意与深深的歉意。

呈现在读者面前的这些零星,甚至有点零碎的研究、讲演、回忆、评述,散见于自二十世纪九十年代至本千年第二个十年的各个时段,从中多少可以窥见学术文化出版的时代变化。学术研究的范式在变,学术出版的范式也会转换,希冀这些携有个人心灵体验与时代印迹的文字能够为现代学术出版留下一点个案性记忆,并恳请方家及出版同道不吝指正。

这些文字是我在工作之余思考、敲打出来的。感谢内子王玲,没有她的支持,是不可能有眼前这部书稿的;感谢在大洋彼岸打工的女儿,她经常与我讨论读书的话题,给我带来文化的反哺;也感谢我的出版同人们给予编辑出版此书的种种便利与支持。

杨金荣

2020 年 12 月 28 日

于南京大学出版研究院